A 2

Y 6094.
A.a.970

mq. le portrait de l'auteur

Ye

1700-1

LES ŒVVRES

CHRESTIENNES
DE CLAVDE HOPIL,
PARISIEN:

Auec vn Meslange de Poësie.

A PARIS,

Chez MATTHIEV GVILLEMOT, au
Pallais, à la gallerie par où on va
à la Chancellerie.

M. D. C. III.

Auec Priuilege du Roy.

L'AVTHEVR A
MONSIEVR HOPIL,
SON PERE.

I les Anciens offroient à leurs Dieux les premiers fruicts de l'annee; I'ose (non par exemple, mais par devoir) vous presenter les premiers reiettons de ma Muse. L'esperance que i'ay que vous les receurez aussi fauorablement qu'ils sont indignes de vostre meur iugement, est fondee sur ce poinct, qu'estant les enfans de vos enfans, vous les cherirez comme

vostres, & m'asseure que se retirant à l'abry de vostre bienvueillance, ils euiteront les iniures de ceux qui payent, par les mains d'ingratitude, le labeur d'autruy au prix du blasme. Trois causes m'ont semond à vous offrir ces premices de mon esprit : la premiere & principale est, Que m'ayant produict, esleué, & allaicté mon esprit dés sa naissance, ou plustost dés sa cognoissance, du souuerain laict de la vertu : ie vous dois, par obligation naturelle, l'interest de tant de bienfaicts, qui ne peuuent estre suiuis d'vne entiere recognoissance. La seconde est, l'indicible contentemét que vous auez autresfois pris à la lecture de ces petites Oeuures Chrestiennes, ioinct à

EPISTRE.

la recommandation que dés lors vous me fiftes, de mediter sur ce seul & digne suject, que l'on peut veritablement nommer le Roy de tous les sujects qui peuuent tomber en l'imagination, se former en l'esprit, & se conseruer en la memoire des hommes. La troisiesme, ce sont les vœux & frequents souhaits de mes plus familiers amis, lesquels m'ont instamment prié & coniuré de mettre ces essais au iour, afin qu'ils en ayent la veuë. Ie leur donne librement congé d'aller vers vous, sçachant qu'ils auront le bon visage, & que vous leur comuniquerez plus d'honneur & d'amitié, que leur merite ne peut esperer. S'ils s'absentent de moy, il me restera ce seul re-

EPISTRE.

gret, de n'auoir eu autant de science à les produire, que i'ay d'affection à vous les offrir. Vous suppliant considerer, que mon esprit, qui n'est encore qu'vn ieune ente, n'ayant porté ceste annee que des fueilles & des fleurs, produira pour l'aduenir des fruicts en leur naturelle perfection.

vostre tres-humble & tres-obeissant fils, CLAVDE HOPIL.

A MONSIEVR HOPIL, SVR SES OEVVRES,
Sonnet.

Quand mon ame se mire en tes conceptions,
Vne saincte fureur me rauit sur Parnasse,
(Où les Muses neuf fois te laucrent la face)
Pour sauourer le suc de tes inuentions.

Ie ne blasme celuy qui, franc de passions,
Peint au vif vn Amour, que son ame n'embrasse,
Mais ie loue celuy qui, plein de toute grace,
Chante des veritez, & non des fictions.

Ie voy par tes beaux vers, sacrez accens d'elite,
Que le Ciel est le Mont où ton esprit medite,
Et la grace de Dieu, ton ruisseau Castalin:

Ton cœur est inspiré par les celestes Anges,
Ta pure voix enfante vn accent tout diuin,
Et du grand Apollon tu chantes les louanges.

N. L.

AU SIEUR HOPIL,
SVR SES OEVVRES CHRESTIENNES.
Stances.

L'Amovr est vn suject trop petit pour tes vers,
Le diuin maintenant a ton ame saisie,
Meditant sur celuy qui forma l'vniuers,
C'est delaisser la mort pour receuoir la vie.
Ton esprit est trop grand, il a voulu choisir
Vn suject tout parfaict pour ton ame parfaire,
Ce suject pouuoit seul contéter ton desir,
Des prophanes sujects tu t'es voulu distraire.
Mon Hopil, quand ie voy ta meditation
Auoir tant de pouuoir au printemps de ton aage,
Ie dis (voyant les fleurs en leur perfectiō)
Que les fruicts en Automne en auront dauantage.

A. FILLON

ODE
AV SIEVR HOPIL,
sur ses diuerses Poesies.

STROPHE I.

A lyre melodieuse
Qui sonne diuersement,
Côme un astre au fir-
   mament
Entre nous est radieuse :
Veu que les vers compassez
Que tu fredonnes sur elle,
D'vne dextre naturelle,
Nous en asseurent assez:
Ses nerfs qui sont agencez
Par les Deliennes mains,
Decorent les sens humains,

Et chatouilleroient l'oreille
Des trois Eumenides sœurs,
Tant leur grace nompareille
Est remplie de douceurs.

ANTISTROPHE.

Ny le Thracien Orphee
Ne peut à toy s'egaler,
Ny celuy, dont le parler
Rendit Thebes estoffee;
Car leurs metres sonoreux
Ornoient des vaines statuës,
Qui pouuoient estre abatuës
Par les foudres rigoureux:
Mais les tiens plus doucereux
Que le nectar, ny le miel,
Chantent le vray Roy du ciel,
Et de la ronde machine,
Roy qui, plus braue qu'Atlas,
Enleue de son eschine

Le contenu d'icy bas.

EPODE.

*Apres l'auoir adoré,
D'vne humilité fidele,
Deſſus ton luth admiré
Tu vantes Cipris la belle,
Non pour luy donner ta foy,
Mais pour dechaſſer l'eſmoy
Qu'apporte la fleche dure
De ſon amoureux enfant,
Dont la mortelle bleſſure
De nos cœurs va triomphant.*

STROPHE 2.

*C'eſt ainſi qu'il faut que l'hõme
Immortaliſe ſon nom,
Et ſon loüable renom,
Ains que la Parque l'aſſomme:*

C'est ainsi que les enfans
Du chantre Hyperionide,
A la nymphe Pieride
Voüent leurs faits triomphans;
Les vers dominent les ans:
Mais toy leur docte moteur,
Et de leur mesure autheur,
Tu vaincs la riuiere blesme:
Te couronnant, comme moy,
D'vne couronne supresme,
Exempte du pasle effroy.

ANTISTROPHE.

Bienheureux celuy qui chante
A nostre façon des vers,
Et qu'en des tons diuers
L'oreille subtile enchante:
Mal-heureux ces rimasseurs,
Qui de communes paroles,
Troublent les sainctes caroles,

Des Aganippides sœurs;
Car l'absinte de leurs cœurs,
Et de leur vulgaire voix,
Aigrit le nectar François,
Plusque le courroux nostre ame;
Et puis, ils ne cherchent pas
En leur erreur vn dictame,
Qui les sauue du trespas.

EPODE.

HOPIL, ces corbeaux diuers
Qui paroissent en la France,
Couuent laschement des vers,
Monstrueux dés leur naissance;
Mais les tiens francs de l'oubly,
Cignes qui fendent le ply
De l'Aönide fontaine
Les domptent; or poursuy donc
A courtiser la neufuaine,
Qui ne t'abandonna onc.

I. LE BLANC.

L'AVTHEVR
à son Liure.

VA, Liure va, & souffre qu'on te lise,
A mes amis, dy que tu viens de moy;
Et si quelqu'vn iustement te mesprise,
S'il faut rougir, ie rougiray pour toy.

Extraict du Priuilege du Roy.

PAR grace & Priuilege du Roy, il est permis à Matthieu Guillemot, Marchand Libraire, d'Imprimer ou faire Imprimer par tel Imprimeur que bon luy semblera, le present liure intitulé, *Les œuures Chrestiennes de Claude Hopil, Parisien*: & sont faictes deffences à tous Libraires, Imprimeurs & autres, de quelque qualité & condition qu'ils soient, d'Imprimer ou faire Imprimer, vendre ne distribuer d'autres desdits liures, que de ceux que ledit Guillemot aura Imprimez ou fait Imprimer, & ce iusques au temps & terme de dix ans, à compter du iour & datte que ledit liure sera acheué d'Imprimer, sur peyne de Confiscation desdits liures & damande arbitraire, ainsi que plus à plein est contenu audit Priuilege. Faict le 27. Ianuier, 1603.

Signé par le Roy en son Conseil.
LE BOSSY.

OEVVRES
CHRESTIENNES.

Discours touchant le suject qui
a meu l'Autheur d'escrire.

COMME vn homme sur mer par
les flots agité,
L'orage redoublant, en fin se void
porté
Par les cheuaux d'Eole en quel-
que Isle deserte,
Franc de mal, non de peur, ayant desia faict perte,
De l'espoir qu'il auoit de se voir dans le port:
Alors il faict vn vœu, que si le benin sort
L'exempte de peril, le sauue de naufrage,
Iamais il ne verra la mer, que du riuage.

Ainsi i'allois voguant sur l'orageuse mer
De ce monde inconstant, qui pensa m'abismer:
Ia les flots me couuroient, & mon ame incertaine,
Repaissoit mes desirs d'vne esperance vaine,

A

DISCOVRS.

Quand ie fis vn tel vœu, difant, O grand Neptun,
Puiſſant Roy de la mer, & le pere commun
De la terre & des cieux, ſauue moy, debonnaire,
Tu le peux, Tout-puiſſant, tu le veux comme Pere:
Tu vois les flots irez qui coniurent ma mort:
Fais ſurgir mon eſprit au ſalutaire port,
Afin que liberé des paſſions du monde,
Il contemple du bord les eſclaues de l'onde,
Ceux qu'ocherchans des biens en vn païs lointain,
Sont faicts au gré du ſort de la mort le butin:
Sur la mondaine mer, les vaines chantereſſes
Captiuent les eſprits par leurs voix charmereſſes:
Heureux qui eſt au port, en vn paiſible lieu,
Où ſes ſens ſont rauis des douceurs de ſon Dieu,
Où ſon eſprit s'exerce en ſa ſaincte parole,
Le ſauoureux nectar, qui les ames conſole,
Parmy tant de malheurs, d'ennuis, d'afflictions,
Qui ſe meſlent parmy toutes nos actions.

I'auois faict ce deſſein de frequenter le monde,
Meſmes de m'expoſer à la mercy de l'onde
En vne extremité; mais voyant que les flots
Agitoient les eſprits, ſans trêue, ſans repos,
Ie me ſuis retiré de la tourbe orageuſe,
Pour mener à part moy vne vie plus heureuſe.

En fin i'ay ietté l'encre auant qu'il fuſt plus tard
Dans le port du ſilence, & tirant à l'eſcart
Mes penſers, trauaillez du vent & de l'orage,
Suis venu prendre haleine au ſein de ce riuage,
Soniurant mes eſprits par vœux, & par ſerment,
S'ils deſirent ma vie, & leur contentement,

DISCOVRS.

Vouloir au cabinet du paisible silence
En faueur des neuf Sœurs leur donner audience.
 Il leur est accordé: à l'instant mes esprits,
D'vne saincte fureur diuinement espris,
Consultent mes pensers qui ne veulent rien faire,
Si ma muette main ne sert de secretaire:
Sans elle, les pensers isnels & violens,
Sans espoir de retour s'iroient tous exalans,
Car dés qu'vne figure en nostre esprit s'esleue,
L'imagination d'vne autre nous l'enleue,
De façon que c'est faire vne chimere en l'air,
Faire des monts tout d'or, faire des bœufs voller,
Conceuoir au penser, si la plume ouuriere,
Aux enfans de l'esprit ne faict voir la lumiere.
 O diuin Appollon, qui presides, puissant,
Sur ce mont consacré qui te va benissant,
De grace, vnis vn peu les cordes de ma lyre,
Indigne de ton los, il faut que ie t'admire.
 Et toy, (Neufuaine) assiste à mes sainctes chāsons,
Nymphes ie n'ay succé, comme vos nourrissons,
De ce nectar qui faict que l'ame prophetise;
Que vostre grace, ô Sœurs, m'inspire, & fauorise.
 Certes la Poësie est vn don gracieux,
Qu'on ne peut acquerir, ains il faut que les cieux
L'infusent en l'esprit, au poinct de la naissance:
Tout art s'apprend par art, par estude & sciēce,
Le seul Poëte naist, & personne ne peut
Par art le deuenir, si nature ne veut.
 Et bien qu'en ses biens-faicts la nature inegale,
Enuers moy, de ce don, n'ait esté liberale,

A ij

DISCOVRS.

Si ne veux-ie laisser, porté de sa faueur,
Monstrer les tendres fruicts de mon premier labeur:
Ma muse à les produire, a porté mon courage,
Pour fuir oisiueté, le poison de nostre aage:
Si l'on dict qu'en cecy mon stil est trop abiect,
Ie dy qu'vn foible esprit veut vn ample suject:
Mais tu prens vn sujet que tu ne peux cōprendre,
Et que moins tu conçois, en te voulant estendre:
Ie respond à cecy, que de mesmes que l'œil,
En sa claire rondeur comprend ce grand Soleil:
Le Soleil des esprits est comprins tout de mesme,
Non selon la grandeur de son estre supresme,
Mais selon le pouuoir de nostre esprit finy,
Qui ne peut conceuoir vn obiect infiny.

Passe vn peu plus auant (Muse) ie te supplie,
Contemple mes enfans, & de grace n'oublie
A leur bien enseigner le chemin de vertu:
Destourne les du mal, dont le sentier battu
Fourmille de passans; & leur dy que la sente
Qui conduit au sainct mont qui les ames contente,
Est penible à grauir, cause mainte douleur,
,, Mais qui craint l'esguillon, ne iouist de la fleur.

Muse fais leur sçauoir que les choses du monde
Pirouettent sans fin, comme vn vent dessus l'onde,
Qui croit les posseder il se trompe souuent,
Car en pensant iouir il embrasse le vent.

Dy leur que la richesse est vne espoisse nuë,
Qui en vn mesme instant grossit & diminuë:
Que ceste bresue vie est vn feu vehement,
Et qu'vn siecle n'est rien qu'vn leger pensement.

Que la mort icy bas, ne nous perd point de veuë,
Et que son dard charmeur noꝰ prẽd à l'impourueuë,
Que la terre ne peut partager que nos os:
Que c'est au Ciel des cieux où gist nostre repos;
Que ce monde n'est rien qu'vn continu martyre,
Où l'homme est enchesné, & qu'au Ciel il respire,
Respire vne autre vie, vne vie sans fin,
Et qui ne sçait que c'est de mort ny de destin.

Et si de tels discours, ils faisoient peu de compte,
Ou, Muse, si tu vois qu'vne innocente honte,
Par secrets mouuemens, a pouuo'r d'arrester
Le desir qu'ils auoient de se representer;
Dy leur que pour blasmer l'erreur d'vne figure,
On se prend à l'autheur, & non à la facture.

A iij

ELEGIES,
OV MEDITATIONS
CHRESTIENNES.

LE monde est comme vn port où
abordent tous vices,
Le monde est, aux meschans, vn
fleuue de delices,
Vne mer de plaisirs, où preside le
fort,
Qui guide les esprits aux riues de la mort.
Mais le monde est, aux bons, vn paisible riuage,
D'où voyant fixement le dangereux naufrage
Des esprits desuoyez du salutaire port,
Se tiennent à couuert des orages de mort.
Bien-heureux qui flottans sur la grand' mer du
monde,
Au vent de ses desirs ne se fie, ains se fonde
Et bastit son espoir sur le fort de vertu,
Qui des flots, qui des vents ne peut estre abbatu.
Ceste mondaine mer regorge d'amertume,
Où l'esprit vigoureux à nager s'accoustume,
Où sans crainte de mort, renonçant aux appas
Des allechantes voix qui trament son trespas,

A iiij

Il franchit les torrens, en bouchant les oreilles,
Afin n'estre pippé de si douces merueilles:
Le monde est vn canal qui porte les esprits,
(Ie dy ceux qui ne sont des vanitez espris)
Au celeste riuage, où la plaine est florie,
Ou l'ame bien-heureuse est dignement nourrie
De ce pain eternel, ce miel delicieux,
Dont mesmes sont seruis les Anges precieux.
 Mais l'esprit ne peut pas aborder ce riuage,
Exempt de vents, de flots, de neiges, de rauage,
Sirecreu de douleur, honteux de ses mesfaicts,
Il ne vuide l'humeur de ses vices infects:
Si mesme se plongeant au fonds de l'amertume,
Il ne purge son cœur de la mondaine escume,
Bourbe qui rejaillit iusqu'à nos foibles yeux,
Et nous voile l'aspect du Palais glorieux.
 Helas! si nous n'auons l'ame innocente & pure,
Le diuin Createur m'escognoist sa facture,
Il priue de sa face vn esprit vicieux,
Et qui n'est pur & net ne peut entrer aux cieux.
Puisse mon cœur vomir le suc de son offense,
Et, dolent, sauourer le fiel de repentance!
Comme la volupté des sens ne se peut pas
Sauourer en l'esprit, voisin de son trespas,
Malsain, indisposé: De mesmes, les delices
Que le Seigneur eschange à ces mõdains supplices,
Ne se peuuent gouster que par l'esprit purgé
De l'humeur du peché, du vice deschargé.
Le vice engendre en l'ame vn incurable vlcere,
Qui infecte le cœur du diuin sanctuaire:

CHRESTIENNES.

Or si ce cœur est sain, & franc de tout mesfaict,
Il loge, glorieux, le grand Dieu tout parfaict:
Rendons le pur & sainct, ce n'est pas peu de chose
De loger un esprit qui des Anges dispose,
Qui tient le frein de l'onde, & l'Empire du Ciel,
Et regit à son gré ce rond vniuersel.
  Chrestiẽs nous deuõs faire ainsi que faict la mere,
Qui pour seurer son fils, frotte de drogue amere
Le bout de ses tetins: aussi pour degouster
Nos sens de ces douceurs, dont ils veulent gouster
En nos ames, il faut establir une peine,
Qui serue à nos desirs de violente geine,
Afin que vomissant le venin de nos cœurs,
En fin nous demeuriõs de nous mesmes vainqueurs.
  Qui s'abstient de malfaire il se dompte soy-mesme,
Et se domptant acquiert un diuin diadesme:
C'est peu que surmonter un puissant Empereur,
C'est beaucoup de dompter ceste flatteuse erreur
Qui saisit doucement nos ames, & les guide
En l'eternelle nuict, où mensonge preside.
  L'ame doibt icy bas imiter ces oyseaux,
Qui au poinct de l'hyuer, s'assẽblẽt par troupeaux,
Volent vers un climat que le Soleil tempere.
  Ce monde est un hyuer, où le iuste n'espere
Que les froides langueurs d'un delice glissant,
Dont la glace decele un poison pourrissant,
Qui dissipe les sens, quand une fois nos ames
Ont fondu leurs desirs au moyen de leurs flames.
  Ce monde est un esgoust, volons deuers les cieux,
Pour humer le doux air d'un printemps gracieux,

ELEGIES

D'vn Printemps eternel, où l'Ame souueraine
Embausme tous nos sens de sa diuine haleine,
Haleine qui nous faict des desirs respirer,
De benir le Seigneur, en esprit l'adorer,
Louer ce grãd Moteur, qui seul tout a faict naistre,
Celuy qu'on sçait qui est, & non cõme il peut estre.

  Mon ame, leue toy, rasserene tes yeux,
Esueille tes pensers du somne vicieux,
R'anime tes esprits, dy leur qu'on les appelle
Au celeste banquet de la nopce immortelle,
Où Dieu sa grace allie auecques ses bens,
Pour estre au chœur sacré heureusement vnis,
(Ames) tous ces plaisirs que les cieux nº ordõnẽt,
(Bien qu'en infinité, pour la peine se donnent:)
Comme les diamans & les perles encor,
Que les yeux des mortels agréent plus que l'or,
Se trouuent aux deserts, aux terres plus estranges;
De mesme (almes esprits) les delices des Anges,
Les thresors eternels brillent parmy les cieux:
Ne faut, pour acquerir ces ioyaux precieux,
Arrester ses pensers aux choses de ce monde.
,, Qui fonde sur la terre, il bastit dessus l'onde:
Et qui veut atterrer les supposts de la mort,
Qu'il maistrise les biens du variable sort,
Qu'il mesprise la terre, & son ame achemine
Au lieu comblé de ioye où iustice domine:
Apprenne que ce monde est vne mer d'ennuis,
Vn fleuue d'amertume, vn abisme de nuicts,
Que son ame est du Ciel, & que, comme diuine,
Elle doit estre ioincte à sa prime origine,

Se despouiller icy de ce corps imparfaict,
Pour là haut s'allier à son espoux parfaict,
Et desillant ses sens du vicieux nuage,
Semondre ses desirs au celeste voyage,
Esleuer sa pensee au lieu d'eternité,
Au trosne glorieux de la Diuinité,
Où son estre premier elle admire & contemple,
Son Roy, le S. des Saincts qui l'eslit pour son temple,
Heureux qui près son Dieu veut ainsi rechercher
Vne paix à son ame, vn repos à sa chair.

Tableau raccourcy des deux vies.

DEPLORABLE Bourgeois de ce bas element,
Qui passe l'humain cours si miserablement,
Que ton ame est deceuë, ô fol, si tu preferes
Ceste vie inconstante, & pleine de miseres,
A la vie immuable, où les iustes sont faicts
Semblables de tous poincts à ces chastres parfaicts,
Qui celebrent de Dieu la gloire souhaittable,
Et sauourent, assis à sa tressaincte table,
L'essenciel aliment des Anges immortels.
    Escoutez donc que c'est (ô fragiles mortels)
De ceste pauure vie, immunde, passagere,
Qui se perche en nos cœurs, puis s'enuole, legere:

Las! appellons nous vie, vne suitte de iours,
Que l'on traine, en suant, en ce penible cours:
Vie l'appellons nous, d'airs puants affligee,
Regorgeante d'humeurs, de douleurs outragee,
Qui se consume en dueil, qui seiche de chaleurs,
Qui s'exale en souspirs, & se distile en pleurs?
Est-ce vie, où l'on n'a rien que solicitude?
Est-ce vie, où les maux tournent en habitude?
Où l'ignorant discourt selon la passion,
Où l'ame sacrifie à vaine ambition,
Où la pale auarice agite sa pensee,
Où le moindre desir la rend comme insensee?

Helas! l'homme n'a pas encores veu le iour,
Qu'il predict les malheurs de ce triste seiour,
Par ses yeux arrousez de larmeuse affluence,
Par ses cris enfantins, tesmoins de sa naissance.

Quel suiect (hommelets) auons nous de priser
La vie qui se peut, comme vn verre, briser?
Si l'homme contemplons, en sa flouette enfance,
Ce n'est rien que misere, & que simple ignorance,
Il faut l'appasteler, comme vn petit moineau:
Il est comme impotent, & ne peut mesme l'eau
Et le feu discerner: c'est vne viue souche:
A peine il peut chasser vne puce, vne mouche,
Qui le fasche, le poind, le chatouille, le mord:
Sans cesse il faut berser, sa nourrice ne dord
Vn moment en repos: son brayant cry l'appelle,
Et ne peut l'appaiser, sinon de la mammelle.

La ieunesse entreuient, où deslors il est plein
De folles volontez: comme vn ieune poulain

Qui trauerse les prez & sans selle & sans bride,
Il court esperduëment où son vouloir le guide,
Orphelin de raison, se laissant transporter
Où ses ardents desirs le veulent emporter.

De ceste adolescence il passe en aage d'homme,
Où le soucy l'espoint, où ses ans il consomme
A faire vn vile amas de richesses, afin
D'euiter les abbois de l'Inuentrice Faim.

Alors qu'ambition son ame ne respire,
Aux honneurs, aux thresors, & fragile il aspire,
Et, fol, ne iuge pas que le souuerain bien
(Sacrifiant à l'or) ne peut pas estre sien.

Ainsi coulant ses iours, plein de solicitude,
Arriue au dernier aage à la decrepitude.
Or' il est si debile en ceste extremité,
Que ses os sont rompus de mole infirmité:
Alors vn teinct terreux il porte sur la face,
Lors desnué de force, il ne change de place,
Qu'il ne prenne en sa main vn baston pour appuy:
Il traine ses vieux ans en langoureux ennuy:
Et mollement perché sous vne cheminee,
Tousse, crache, se deult, songeant à la iournee
Où DIEV retirera son ame de prison,
Pour la loger heureuse en sa saincte maison,
Maison où l'Eternel est enuironné d'Anges,
De Saincts & de Martyrs, annoçans ses loüanges.

O bien-heureuse vie exempte de la mort,
O vie sans douleur, ô tres-asseuré port,
Où l'ame desfiant les orages & l'onde,
Et mesprise, & se rid de la farce du monde.

O souueraine vie, où regne en vnité
Vn esprit trois fois Dieu de toute eternité,
Où franche de trauaux nostre ame se delecte
De humer le pur iour de sa face parfaicte,
Qui ses sens esclaircit, goustant heureusement
L'angelique nectar & le sainct aliment.

O vie, c'est à toy que mon penser aspire,
Qu'vn desir me semond, que mon cœur te desire:
Mon ame n'a plaisir qu'à se ramenteuoir
De tes rares douceurs le salutaire espoir.
Ie languis apres toy, ie plore, ie m'embraze,
Ie t'admire & souhaitte, haletant en extaze,
Les rauissans rayons du souuerain aspect,
Infusant aux benis contentement parfaict.

Ha! vie, ie me deulx, car mon ame volante,
Chetifue, est enchesnee en sa prison relante,
Son destin la retient dans le cachot mondain:
Si elle volle à toy, elle reuient soudain.

Vn iour elle fera sa derniere sortie,
S'enuolera là haut, & tiendra sa partie
Auec ces beaux esprits, ces chantres du Seigneur,
Qui celebrent sans fin son immortel honneur.

Las! les enfans de Dieu font feste solemnelle,
Ils benissent en paix sa grandeur eternelle,
Et ceste vision de la diuinité
Les rendra bien constans en leur felicité.

Mon Dieu qu'ils sont rauis en ceste demeurance!
Pour l'estat de la gloire, il y a difference,
Vn seul Tout-puissant regne en souueraineté,
Mais la ioye est commune, & l'heur non limité.

CHRESTIENNES. 8

En ceste saincte Cour, de tant de ioyes pleine,
Regne vne charité parfaicte & souueraine,
DIEV y est tout en tous, ils l'admirent tousiour,
Et tousiours sont rauis en son parfaict amour.
　Ha! q̃ l'hõme est heureux qui delaissãt le mõde,
Iouit de l'autre vie, en delices feconde:
Ha! que l'hõme est heureux qui laisse ce vain corps,
Orphelin de son ame, & la pousse dehors.
　Dieu! que l'hõme est content, qui desille son ame
Des erreurs terriens: qui souspire qui pasme
En l'eternel amour, & vise à tout moment
De l'esprit au vray but de son contentement,
Et de qui les pensers, & les promptes idees
Sont vers ce poinct final directement bandees,
De qui le cœur feal se confie en la loy
De son Dieu, qu'il confesse & son Pere & son Roy:
Le confesse son Dieu, dautant qu'il l'a faict naistre
En essence capable, au ciel, de le cognoistre,
L'adorant icy bas en pure verité,
Pour obtenir l'arrest de sa felicité,
Quand l'ame heureusement de son corps desuoilee,
Par les airs espurez aura pris sa volee.
Le confesse son Pere, estant son Createur,
Qui, Pere tout benin, fait son enfant tuteur
De la possession de la vie eternelle.
Le confesse son Roy, sa grandeur supernelle
Glorieuse, regnante au lieu d'eternité
En sa magnificence, & triple en vnité.
　Supplions le Seigneur qu'à nous il ne s'irrite,
Que sa bonté supplee à nostre demerite.

ELEGIES

Comme il est nostre DIEV, qu'il nous tēde la main,
Et nous face aborder ce haure souuerain,
Où sauuez dès perils de ces vagues molestes,
Nous annoncions sa grace aux habitans celestes.
Supplions l'Eternel qu'ainsi qu'il nous a faicts
A sa belle semblance, il aime ses effects,
Que pleurās nos mesfaits, & luy faisās hōmage.
Il nous laisse r'entrer au celeste heritage,
Duquel pour nos pechez il nous auoit desmis,
Et depuis par le sang de son cher Fils remis.
 Prions finalement ce grand Roy fauorable,
Qu'il luy plaise addoucir sa colere equitable,
Et que fermant les yeux à nostre infirmité,
Il nous couronne au ciel de l'immortalité:
C'est la fin des trauaux, & du bien la naissance,
Où l'ame est, hors de l'homme, vnie à son essence.

HOMMELETS qui vivez icy selon la chair,
Et q la volupté desirez rechercher,
Vos ames periront, car qui rit en ce monde,
De plaints, de pleurs, en l'autre incessāment abōde.
 La douillette Venus aneantit nos sens,
C'est vne douce erreur qui nous rend languissans,
Vne vaine Circé qui de loin nous faict feste,
Nous priue de raison, & nous transforme en beste:
Alors comme orphelins du don plus precieux
Que nous ayons receu du Createur des cieux,

Nostre ame se veautrant dans la fange mondaine,
Desdaigne du Seigneur la grace souueraine.
　La molle volupté, doux poison de nos corps,
Se monstre éuidemment belle par le dehors:
Ainsi que la Syrene, vn long poil la decore,
Pareil au trin de cil qui le monde redore:
Ses yeux remplis d'attraicts, brunelets, doux, vein-
　queurs,
Allumettes d'amour, enflamment tous les cœurs:
Vne bouche serree, vne mammelle ronde,
Vne vermeille iouë, vn pillier où se fonde
Le palais des esprits, rond, douillet, & poly,
Delicates les mains, & le sein embelly
D'vne telle blancheur, que seroit sacrilege
De le parangonner à la luisante neige:
Mais comme la Syrene, en ce qu'on ne voit point,
A le derriere ainsi qu'vn grand serpent qui poind,
Vne queuë venimeuse, effroiable, pointuë.
　Ainsi la volupté, où le fol s'habituë,
Soubs ombre de douceur, nous ostant la raison,
Douce au commencement, n'est en fin que poison,
Et qui veut éuiter sa flesche meurdriere,
La regarde deuant, la contemple derriere.
　Elle plonge nos cœurs dans ses contentemens,
Et borne nos desirs de regrets, de tourments;
On luy veut agreer, on luy veut faire hommage,
Et ne differe en rien d'vn chien atteint de rage,
Sinon qu'en nous mordant, l'vn darde son venin,
Et l'autre en nous baisant : ô delice inhumain
Qui, en fin, fais mourir, comme fait le lierre

Les arbres qu'il auoit embraßez sur la terre.
　Les vicieux esprits lesquels se sont plongez,
Trop ieunes de vertu, mais las! du vice aagez,
Dans les flateuses eaux dont la liqueur amere
A ces voluptueux est vn triste salaire:
　O poison ensucré, ô venin langoureux,
Meslé d'vn ypocras, ou d'vn laict doucereux,
Heureux trois fois celuy qui, pendant ces miseres,
Seure tous ses desirs de vos douceurs ameres.
　Si du commencement elles ont quelque goust,
Las! elles donnent puis à l'ame vn tel degoust,
Qu'elle s'aneantit, tenant comme moleste,
La grace qui luy vient de la faueur celeste.
　Le plaisir de la chair est vne douce mer,
Qui, sous l'ombre d'vn bien, faict nos cœurs abis-
　　mer:
Ces delices ne sont que pillules dorees,
Belles à nostre veuë & par dehors sucrees,
Recellans des liqueurs, qui, nous venant saisir,
Infectent tous les sens de l'ame, & le desir.
　Ceste charnelle erreur est vne douce force
Qui par allechemens, nos appetits amorce
A deuorer friands, vn mortel hameçon,
Qui comme enuenimé, allanguist la raison.
　C'est vne frenaisie, vn vaultour qui nous rõge,
C'est vne illusion, vn prompt esclair, vn songe,
Dont le fresle plaisir se perd sur le resueil.
　Le sensuel desduict est vn luisant cercueil,
Qui blanchit par dehors, paré d'enrichißure,
Est puant au dedans, & plein de pourriture.

La volupté nous plaist, elle est blanche à nos yeux,
Elle aggrée aux desirs (ie dis aux vicieux)
Mais soudain qu'elle peut se glisser en nos ames,
Elle pourrit nos sens, amortissant nos flammes.

Quiconque veut aussi s'accointer de son Dieu,
Doit mespriser l'amour de ce terrestre lieu:
Petit est nostre amour, il ne peut pas s'estendre
Depuis la terre au Ciel, l'homme ne peut entendre
A l'amour de soy-mesme, & celuy du tres hault:

Il faut quitter la terre, il faut franchir le sault,
Eslancer ses pensers, ses desirs, à toute heure,
Au dessus de ce monde, en la saincte demeure
Du supreme Moteur, c'est la pure beauté
Qui promet vn guerdon du prix d'eternité,
A l'esprit qui le cherche, à toute ame qui l'aime,
Et renonce aux desirs du monde & de soy-mesme.

Qui n'abandonnera la terre pour le Ciel,
Vn fragile plaisir pour vn bien eternel?
C'est la seule clarté de sa face parfaicte,
Qui rend, en ses desirs, nostre ame satisfaicte:
C'est le rauissement des Anges bien-vnis,
C'est l'vnique repos de nos labeurs finis,
C'est le souuerain but où l'espoir nous eslance,
De nostre ferme foy, la digne recompense,
Des promesses de Dieu le payement parfaict,
L'acquest que par sa croix, son cher fils nous a faict.

C'est la derniere main de sa misericorde,
C'est le chœur bien vny d'eternelle concorde:
Ce qu'oreille n'a ouy, ce que l'œil n'a perceu,
Ce qui rauit les cieux, ce qu'esprit n'a conceu.

B ij

C'est ce souuerain bien, où l'ame doit pretendre,
Que les Anges parfaicts n'ont peu mesme comprendre.
C'est la gloire où Iesus est entré par sa mort,
Pour nous tendre les bras, & nous ouurir le port:
C'est le palais auquel les fideles cheminent,
Où nos ames desirs heureusement terminent:
Où bornant, le grand Dieu, sa liberalité,
Nous rend admirateurs de sa diuinité.
 Pendant le glissant cours de la mondaine roüe,
Destournons nos desirs de la charnelle boüe,
Deliurons nos pensers de ces cachots diuers,
Pour les donner à cil qui crea l'vniuers.
 L'esprit n'est pas à nous, nous ne sommes que cendre,
S'il'ame vient de DIEV, ne luy deuons nous rendre?

―――――――――

COMME vn homme esgaré par vn desert, de nuict,
Est ioyeux quand il void la rouge aube qui luit,
Et ne peut toutesfois oublier les figures
Que son esprit forgeoit dans les ombres obscures,
Ny mesme deposer la crainte qu'il auoit
Quand l'horreur de la nuict ses esprits esmouuoit.
 Ainsi, bien qu'à mon ame ores se re presente
La lueur de l'espoir de la ioyë constante,

Que tu promets, Seigneur, à tes bons seruiteurs,
Lesquels, de ton pur bien, tu veux faire tuteurs?
Las, toutesfois l'horreur de mes fautes passees,
Reitere vn accez à mes tristes pensees,
Et me faict dire ainsi : Seigneur, estoit-ce moy,
Qui tantost flechissois au ioug d'vn tel esmoy?
Bon-Dieu qu'est deuenu l'estat de ma misere?
Que mon estre est changè : toute ame qui espere
Au Maistre souuerain du hautain firmament,
Fonde à eternité, bastit asseurement :
  Mais l'ame qui s'addonne aux flatteuses ma-
    lices,
Et qui confit sa vie au miel des delices,
Veut faire d'vn plaisir sourdre cent mille pleurs,
Pour s'enyurer du fiel des ameres douleurs :
Au plain de ses desduits, elle esblouit sa veuë,
Et desdaigne l'aspect de la grand' voute bleuë,
Au declin, son sens trouble, & sa force languist :
La grace de son Dieu, d'elle s'esuanouit,
Et comme sa vertu mourante se decline,
A la mort de son bien, son pasle cœur encline.
  Seigneur, retire moy du ioug de ces meschans,
Qui nous font aualler des poisons allechans,
Qui troublent tellement le fond de la pensee,
Que nostre ame tresbuche, & s'esgare, insensee,
Durant ces longues nuicts, par les deserts ombreux,
Recelans les cachots des vices tenebreux.
  Fais (Pere de clarté) que ta grace renforce
Ma tendre infirmité, qui perd toute sa force :
Illumine mon cœur, guide ses fresles pas,

Ne permets qu'il succombe aux sensuels appas.
Comme vn foible enfançon laissé de sa nourrice,
Se laisseroit glisser au premier precipice:
Ainsi (grand nourricier) si sur moy tu n'as l'œil,
Simple ie tomberay dans l'extreme cercueil,
Où ta grace animante, est mise en oubliance,
Où se brise (Seigneur) la nouuelle alliance
Que plein de charité, tout benin, tu nous fis
Au moyen de la mort de ton bien aimé Fils.
 Enflamme mes esprits, ô beauté supernelle,
Et rends, pour t'adorer, mon ame pure & belle:
Esleue son aspect du centre de ce lieu,
Vers la face du Ciel, au trosne de son DIEV:
 Pardonne moy, Seigneur, helas! ie ne suis digne
D'vn objet si parfaict, que d'vn gracieux signe
Tu l'attires à toy, luy faisant mespriser
Ce perissable bien qui la veut maistriser.
 Exauce moy, Seigneur, augmente mon courage
Au temps d'affliction, au milieu de l'orage,
Que le Vent, que les flots, ne puissent l'esmouuoir,
Et leurs vaines fureurs n'esbranlent mon espoir.
 Pere, ne vois tu pas que la mere fidele,
A son fils l'armoyant presente la mammelle?
Mon DIEV, ie crie à toy, souueraine bonté,
Fomente tous mes sens du laict de charité,
Afin que conforté de si douce substance,
Mon cœur incorruptible embrasse l'esperance
Que tu me fais reluire au trauers des ennuis,
Que mon ame ressent en ces mondaines nuicts.
 Tandis que ie chemine en ceste austere sente,

Si pour me destourner, mon peché se presente,
Ie lascheray la bonde à mes profonds souspirs,
Pour dissiper en l'air mes empestez desirs:
Mes yeux enfanteront des larmeux precipices,
Où pour sauuer mon ame, abismeray mes vices.

FOL est qui trauersant ces tourmen-
   tes mondaines,
Entre tous ses pensers aux ondes
   incertaines:
Qui s'establit çà las, fonde sans iu-
   gement
Sur vn roseau ployable au moindre mouuement.
   La terre est le sejour de la masse fragile,
Et le ciel de l'esprit est le seur domicile;
De façon que nostre ame est indigne d'agir
Dedans ce corps mortel, qu'il luy conuient regir,
Si elle ne contemple, au prix de sa puissance,
Le sejour exalté de sa saincte naissance;
Et fermant ses desirs à toute vanité,
N'esleue ses pensers au lieu d'eternité.
   Qu'est-ce que ceste vie? Vn vain fantosme, vn
      songe,
Qui deçoit nos esprits, & nous pippe & nous ronge,
Nostre aage est vn souspir, & qu'est-ce plº que rié?
Quoy? viure plusieurs ans, appellons nous vn bien?
Les bestes comme nous iouissent de cet estre:
Mais l'eternelle vie, où nous deuons renaistre,
Les Anges seulement, & les heureux esprits

B iiij

ELEGIES

Iouïssent de ce bien au celeste pourpris,
Saincte cité de Dieu, dont les portes diuines
Sont faictes de cristal, ou bien de perles fines,
Les murs de diamans, & plus brillans encor,
Les palais esleuez en riche masse d'or,
Ayant pour fondement vn si rare edifice,
Vne base eternelle, & sans nul artifice:
Les cieux resplendissans où tendent mes desirs,
Ont pour thuille de l'or, pour pierre des saphirs:
Tout ce que l'Orient & que l'Inde recelle,
Est vile, n'est que terre, & que chose mortelle:
Mais les rares tresors de ce diuin pourpris
Sont saincts, sont eternels, d'inestimable prix:
Aussi l'esprit humain ne les pouuant descrire,
Ny les imaginer, il faut qu'il les admire.

 A toy, mon Createur, mon Sauueur & mon
  Roy,
Ie dresse mes desirs & les yeux de ma foy:
Ie feray des degrez en mon cœur qui s'enflamme,
Monteray par iceux au palais de mon ame,
De l'ame à mon esprit, de l'esprit à mon DIEV,
Qui regne, glorieux, au perdurable lieu.

 En ce lieu ne luit point de lumiere commune,
Vne clarté d'Estoille, vne splendeur de Lune,
Ny d'astre qui subsiste au fatal maniement
Voltige sans arrest, luise inegalement:
Ains la pure clarté de la vraye lumiere,
Communiquant aux bons sa grace coustumiere:
Ce Palais triomphant du grand Roy glorieux,
Est remply de liesse, & sons melodieux,

Qui rauissent les cœurs luisant au superfice,
Et dedans & par tout le Soleil de iustice,
Exalté des Esprits, qui l'aimant ardamment,
Succent le diuin laict au sein du firmament,
Laict qui l'amour de DIEV, de plus en plus im-
    prime,
Par qui l'ame esleuee, aux mysteres s'anime,
Mysteres que sans yeux nous desirons sçauoir,
Beau sçauoir que ça bas on ne peut conceuoir:
Iusqu'à ce que l'esprit desuny de sa masse,
Ait pris deuant son DIEV vne eternelle place,
Au moyen de la foy qui le faict aspirer,
Au moyen de l'espoir qui le faict desirer,
Au moyen de l'amour qui le porte & l'eslance
Au Ciel, des bien-heureux, l'heureuse recompense.

   Seigneur, qui m'as creé par ta toute bonté,
Puny par ta iustice, & qui m'as racheptré
Par ta saincte clemence: à toy, soit toute gloire,
En mon cœur soit grauée à iamais ta memoire.

   Qu'errant en ce cachot ie te puisse benir:
Si que l'esprit du corps, se venant desvnir,
Ie demeure auec toy tous les iours de ma vie,
En ta saincte maison, où nostre ame est rauie.
Qui est sa vië, que toy? (Pere de verité)
Et qui sont ses beaux iours, sinon l'eternité?

ENFANS issus du ciel, qui trauersez à nage
Ceste mondaine mer, necessaire voyage,
N'estes vous pas recreus, n'estes vous pas lassez?
Craignez vous point les flots, l'vn sur l'autre entassez?
Quoy, vos fresles vaisseaux peuuent ils faire teste
A l'orage, aux torrens, d'vne telle tempeste?
Dittes, qui vous conduit, quelle guide auez vous,
(Esprits) que vous trouuez ce voyage si doux?
Hé! qu'il vous ennuyoit en ces terres estranges!
Contens vous retournez dans le palais des Anges,
Palais qui d'autant plus s'esloigne des meschans,
Qui goustent de Sathan les poisons allechans:
Palais qui d'autant plus, du iuste s'auoisine,
Obseruant les arrests de la grandeur diuine.

Esprits, DIEV vous inspire en vos intentions,
Et fauorise au vent de vos affections:
Vostre but est le Ciel, où le desir vous porte:
Ailez sont vos pensers: la foy sera la porte
Par où vous entrerez, au moyen de l'espoir,
Et de la charité, au cristalin manoir.

Lors vous contemplerez de ce plaisant riuage,
A l'abry des malheurs, ceux-cy qui font naufrage,
Deplorans la misere où nous sommes plongez,
Ne pouuant s'en tirer, pour estre trop chargez

Des tristes ans du vice: helas, ames fideles,
Pour voler devers vous, que n'avōs nous vos ailes!
Nous auons mesprisé les degrez de la foy,
Qui seruent à monter au temple du grand Roy:
Et nous auons en terre encré nostre asseurance,
Au lieu d'enter au ciel nostre viue esperance.
  Nous auons folement prodigué nos amours,
Au lieu de les voüer à l'estre de nos iours,
A ce seul Createur de toute creature,
Qui a tant esleué l'homme sur la nature,
Qu'icy les animaux flechissent sous sa main,
Au Ciel l'associant à l'Ange sur-humain.
  Pense bien (vermisseau) à ta dignité telle,
Qu'estant formé mortel, ton ame est immortelle,
C'est vn degré d'honneur, c'est vne dignité,
Qui participe fort de la Diuinité,
Content, viure à iamais en paix perpetuelle.
  Helas! c'est vne mort que la vie actuelle,
Où l'esprit est captif au ioug des passions,
Bien-heureux qui commande à ses affections:
Heureuse l'ame pure, & à qui la parole
De l'vnique Sauueur est vn prospere Eole
Pour la faire surgir au port d'eternité,
Où gist le vray suject de sa felicité.
  Tandis que nous faisons ce perilleux voyage,
Nous semblons aux enfans, qui vont sur le riuage
Amasser des cailloux de bizarre couleur,
Et qui certainement sont de nulle valeur:
Ignares, nous prisons la richesse mondaine,
Excrement terrien, qui n'est que chose vaine.

ELEGIES

Tout homme est sans raison qui donne son desir
A fole vanité, qui comme vn prompt Zephir
Soudain se perd de nous: he! que n'auons-nous hôte
D'vn tresor incognu faire si peu de compte,
D'vn thresor infiny reserué dans les Cieux
Pour les esleus de Dieu, non pour les vicieux?
Nous faisons trop de cas des friuoles du monde,
Ignorans de l'estat de la vie seconde,
Ainsi le simple enfant, eschange ignoramment
A la pomme, à la noix vn riche diamant:
   Ainsi laisse le cocq, la pierre precieuse,
Ainsi nous desdaignons la vertu glorieuse
Pour ignorer le bien qu'elle faict perceuoir
Quand vne fois l'esprit illustré la peut voir.
   Icy nous la voyons par foy, par esperance,
Au Ciel on la cognoist par parfaicte science,
Aussi n'est-ce en ce lieu qu'il la faut rechercher,
Ce tresor ne se peut dans la terre cacher:
C'est cet alme tresor, seul esgal à soy-mesme,
Qui tout ame enrichit: c'est la vertu supresme
Que nous deuons chercher, non parmy les horreurs
De ces fatales nuicts, nourrices des erreurs;
Ains au sejour diuin, où l'ame tres-parfaicte
Rauit les bien-heureux de sa face parfaicte.

De l'heure de la mort.

QVAND nostre ame tenduë où
son espoux l'appelle
Deuest ses passions, & sa robe mortelle,
Pour reuestir au Ciel, lieu de felicité,
Le precieux manteau de l'immortalité:
Quãd, dy je, elle cognoist qu'elle approche de l'heure
De son terme prefix, pour changer de demeure,
Lors se resouuenant des graues interests
Qui sont escheuz sur elle, elle crainct les arrests
Du souuerain des Cieux, n'ayant autre refuge
En ceste extremité, que la bonté du iuge.
Ses sens sont les tesmoins qui deposent du faict,
Son pasle cœur la poind, & l'accuse en effect,
Elle se voit reduicte en vne peine extresme,
Helas! voyant les siens faire contre elle mesme,
Sa Raison est son Iuge, aussi sa volonté
Est la triste prison de son indignité,
La craincte est le bourreau qui son penser trauaille,
Son penser, le fleau, qui cruel la tenaille,
Elle attache à ses plaincts des sanglottans souspirs,
Pour seruir à ses vœux d'ailes & de Zephirs,
Ores tournant ses yeux, pour contempler, pauurette,
Le temps mal mesnagé, qu'elle plainct & regrette:
Elle faict mille vœux, mais vains, que si son corps

N'estoit interrompu en ses parfaicts accords,
Elle reformeroit entierement sa vie,
Mais qui peut destourner de son destin l'enuie ?
Or pendant qu'agitée en ses perplexitez,
Aux larmes, aux regrets, ses sens sont excitez,
Vn sainct espoir la touche, vn prompt desir la porte
Vers le Iuge des Rois, qu'elle prie en la sorte:
 ETERNEL qui te sieds sur le throsne des Dieux,
Qui comme vne courtine as estendu les Cieux,
Entends à moy, Seigneur, moy qui suis ton image,
Ie viens faire, esplorée, à ta douceur hommage:
Ne prens garde (grand Iuge) à ma malignité,
Regarde moy des yeux de ta benignité,
Et non de ta iustice, à laquelle tout cede,
„ Ta grace est du pecheur le souuerain remede.
 Depuis l'heure (Seigneur) qu'entre mains tu m'as
 mis
Ce tributaire corps, & que tu l'as soubsmis
A moy, garde infidele, (ô bonté souueraine)
I'ay perpetré des maux moins nõbreux que l'areine
De l'ondoyante mer, helas! s'est-il passé
Vn poinct, vn seul moment, sans t'auoir offencé,
Moy seule, & non le corps redoute le supplice;
Car ie suis (Monseigneur) de ses erreurs l'autrice,
Fole ie l'ay seduit, aux vices l'animant,
Ie suis cause du mal, il en est l'instrument:
 Vse enuers moy (Seigneur) de ta grace indicible,
N'appelle en iugement mon crime irremißible,
Car le moindre penser me pourroit condamner,
Ce que tu peux sauuer le voudrois-tu damner?

De me tirer à toy (mon Dieu) qu'il t'est facile!
Qui peux en vn clin d'œil en sauuer plus de mille,
Las! ie me viens ietter (pere de verité)
Guidé d'espoir fidele, aux pieds de ta bonté:
Si tu ne veux la mort de celuy qui t'offense,
Ains qu'il viue en ta grace (ô Seigneur, ma defẽse)
Fais que puissent mes yeux sans cesse larmoyer,
Pour purger mon vlcere, & mes vices noyer:
Entends à mon secours, ô Dieu, l'heure me presse,
Desia, desia ie sens l'ennemy qui m'oppresse:
Las, Helas! le cruel m'assault de toutes parts,
Et mes pasles esprits captifs errent espars
En doute de leur vie: & Satan & le monde
Liurent ceste pauure ame à la mercy de l'onde.
O sainct port de salut, de grace ouure la main,
Tire la de peril, & la loge en ton sein.

　De ses larmeux souspirs ainsi ceste ame iniuste
Calme du tout puissant la cholere tres-juste:
Elle plore sa faulte, & ne s'apperçoit pas
Que son debile corps est voisin du trespas:
Mais elle y pense vn peu, ressentant que la masse
S'allentit, s'alanguist, & fremit & se glace:
　Vne pasle couleur esuanouit son teint,
Cet œil est demy clos, & cet autre s'esteint,
Son estomach panthois en vain, en vain s'efforce
De pousser son haleine, & son cœur est sans force,
Ses poulmons sanglottans, & son ciflet noué
Monstre que le gosier est du tout enroué:
Mesmes il ne peut pas, tant sa vigueur est mole,
Exprimer par ses mains vne seule parole,

ELEGIES

La langue est retenuë, il se sert en son lieu
Des leures du penser pour parler à son DIEV.
Les nerfs sont retirez, les membres se roidissent,
Tous les sens sont perclus, & les dents se noircissent,
La vertu luy defaut, & ne peut repousser
Vn extreme souspir pour sa mort annoncer.
Mais le cœur qui languit sans humeur & sans
 flame,
Se voyant tout à coup delaissé de son ame,
Pour terminer son mal en soy mesme tressault,
Et d'vn piteux souspir soudain franchit le sault.
Ainsi du corps mortel l'ame heureusemēt veufue
De l'esprit tout diuin espouse se retreuue
Au ciel, ayant quitté le lict d'iniquité
Pour le sainct pauillon du Roy d'eternité.

 (Chrestiens) si ceste mort est vn sault necessaire,
La meditation est vn frein salutaire
Pour dompter les desirs de nostre infirmité,
Qui se laisse emporter à toute vanité.

 Pensons bien à la mort, n'attendons sa venuë,
La mort est trescertaine, & son heure incogneuë:
La parque dans nos cœurs se glisse doucement,
Pour charmer nos esprits d'vn poison vehement.

 Tandis que nos cinq sens exercent leur office,
Et que le corps mortel iouit du benefice
De nostre ame auiuante, il faut que nos esprits
Soient ennemis du mal, & du bien soient espris.

 Il faut que nos pensers vers le ciel s'acheminēt,
Et l'acceʒ de la mort nos pasles sens ruminent,
Qui medite en sa mort ne redoute ses coups:

A

CHRESTIENNES. 17

A quiconque vit bien que ce passage est doux!
Les mescreans esprits elle ravit par force,
Et tire à soy les bons par vne douce amorce.
Le fidelle Chrestien n'a craincte de la mort,
Car des yeux de l'esprit il entreuoit le port,
Au combat de la mort, le corps perd la victoire,
Mais ceste heureuse mort, est de l'ame la gloire.

E vray seiour de l'hôme est le haut
firmament,
Le corps loge ça bas iusqu'au final
moment
De son terme mortel, or l'ame des-
voilee
Des aueugles erreurs, aux Cieux prend sa volee
Aise de retourner en son pays natal,
Deliure des liens de ce monde fatal,
Legere, elle s'esgaye hors sa prison charnelle,
Et franche du tribut de la mort eternelle,
Benit le Roy des Rois, dont les sainctes faueurs
L'introduisent au Ciel loyer de ses labeurs:
Ceste course mondaine, aussi qu'est-ce autre chose
Qu'vne penible lutte, où chacun se dispose
De faire à qui mieux mieux, pour remporter le prix
Dont le vainqueur triomphe au celeste pourpris?
Nos ames sont du ciel, & ce monde muable
Est vn destroict par où nostre corps perissable
Est contrainct de passer pour arriuer au lieu
Où la belle ame voit face à face son DIEV.
DIEV seul a tout creé, nous seuls à son image;
C

ELEGIES

S'il est donc nostre pere, & l'vnique heritage
De nos diuins esprits: hé! qu'auons-nous besoin
De demeurer icy? qui de nous aura soin?
Volons entre ses bras aux pecheurs fauorables,
Il nous tend, tout benin, ses ailes charitables.
 Seigneur, mon ame à toy desire s'enuoler,
Mais elle ne peut pas son destin violer;
Il faut, mon ame, il faut acheuer ceste course,
Et suer, pour monter à la celeste source,
Où, reprenant haleine, heureuse tu pourras
Sauourer l'eau sacree, ores tu chanteras,
Non pas des fictions comme font les Poëtes,
Mais du grand Appollon les louanges parfaictes:
Ceste liqueur qui coule au val delicieux,
(Chrestiens) c'est le nectar des anges precieux,
Sauourant ceste manne, ils ont l'ame rauie,
Car elle infuse en l'ame vne eternelle vie.
 Grand Dieu, voy tes enfans de la cime des Cieux,
Verse, verse sur nous vn rayon gracieux,
Tandis que nous voguons sur ces mondaines ondes;
Las! nous sommes bannis; nos ames vagabondes,
Chetiues, ont perdu leur prime dignité:
Tu nous as dechassez pour nostre indignité,
Du iardin d'Orient, où nos ames heureuses
Auoient pour fruict diuin tes graces sauoureuses.
Mais puis que ton cher fils est exprez descendu
Pour restaurer le bien que nous auions perdu,
Rappelle nos esprits de ces terres estranges
Pour les mesler là sus au chœur de tes louanges.
 Ce bas monde n'est rien qu'vne immunde cité,

CHRESTIENNES.

Le centre de misere, & de calamité;
Ie cherche ma patrie, & sans cesse chemine
Par l'espineux vallon, vers la Cité diuine.
    Comme le pelerin est de corps seulement
Au sentier qui le guide où gist son pensement:
Ainsi mon corps abject, en ce pelerinage,
Assiste, & faict les pas de ce fatal voyage,
(Seigneur) mais mon esprit, son penser, son desir,
A l'aspect de tes yeux, volettent à plaisir;
Mes pensers sont les traicts que t'enuoye mon ame,
Mes desirs sont les feux dont mon ame s'enflamme
Ardente de te voir visiblement, afin
D'admirer ta grandeur, sans principe & sans fin.

IL y a deux chemins au destroict terrien,
C'est le sentier du mal, & le sentier du bien.
Cestuy-cy n'est sinon vne estroite montaigne
D'espines parsemee, & l'autre vne campagne,
D'où l'on n'oit en passant vn fleuue grommelant,
Ains à flots argentez, vn ruisseau distilant,
L'ignorant passager se baigne dans ceste onde;
Bref c'est vn grand chemin ouuert à tout le monde.
    Mais comme les douceurs qu'on y peut perceuoir
(Enclins à nos plaisirs) nous pourroient deceuoir,
Fuyons, fuyons ce train, ceste trompeuse sente,
Où l'ombrage du bien à nous se represente;

C iij

ELEGIES

Où nous laissons le vray pour l'ombre rechercher,
Comme le chien deceu d'vn vain morceau de chair.

Quand nous aurons quitté la sente du delice,
Nous estans deuestus de la robe du vice,
Il faut, en s'esloignant de ce chemin battu,
Suer, pour remonter au coupeau de vertu :
Car la sente du vice est vne fondriere,
Vn creux où les esprits tresbuchent en arriere.

Mais ce n'est rien encor d'auoir quitté ce val,
Et d'auoir de son cœur desraciné le mal,
Si l'on n'y faict germer du vray bien la semence.
Car comme le Rustic, nourriçon d'esperance,
Ayant bien deffriché par assidu labeur,
Et sa terre remise à peu prés en valeur,
N'en receuroit les fruicts, auroit perdu sa peine,
S'il n'y semoit à temps vne seconde graine.

Apres auoir aussi cultiué nos esprits,
Dompté les vains desirs dont ils estoient espris,
Des vices arraché la rampante racine
Il faut espandre en eux la semence diuine,
Y planter ceste Loy, qui au bien nous induit,
Qui les fleurs, & les fruicts, au mesme instant pro-
duit.

Retranchons par le pied tous ces surgeons extresmes
Qui germent en nos sens des passions de mesmes,
Et prions le Seigneur qu'il nous vueille remplir
De sa grace, qui peut nos esprits embellir,
Sans ceste pure humeur, nos ames infertiles,
Sont comme vn arbre mort, seiches & inutiles.

Entons l'amour diuin au centre de nos cœurs,

Vaincus de sa douceur & du monde vainqueurs,
Que nostre ame se dresse au ciel sa douce attente,
La terre desdaignant, comme vne viue plante,
Et qu'elle gille estendant, pour ses rameaux espars,
Ses amoureux pensers, inuisibles regards,
Aux cieux, qu'elle y hallette, y aspire sans tréue,
Et que ses mouuemens, comme fleurs, elle esleue,
Les soupirs, les souhaits de son cœur exalant,
Comme fueilles, ses vœux animez, estalant:
Afin qu'elle produise en ces lieux solitaires,
Comme ses plus doux fruicts des œuures salutaires.

L'ame doit sur le monde eslauer ses desirs,
Et semondre ses sens aux souuerains plaisirs;
Mais regardant au Ciel de son salut le signe,
Il faut, en bien faisant, qu'elle s'en rende digne;
Croyant que c'est de Dieu la seule volonté
Qui la peut faire croistre en sa maturité.

Ames, ne croupissons en l'ordure des vices,
Allons voir ce beau Ciel, le iardin des delices,
Dont le fruict immortel substante les esprits,
De l'amour infiny infiniment espris.

Ames, ne suiuons ceux qui, priuez de lumiere,
Se iettent, aueuglez, en la sente premiere:
Recherchons ce chemin qui conduict au vray port,
Où nostre œil n'est deceu de l'ombre de la mort,
Où la grace de Dieu (Aurore salutaire)
Iusqu'aux portes du Ciel nous guide, nous esclaire.

Ciij

ELEGIES.

E monde est de douleurs vne fon-
taine viue,
Son eau, par diuers lieux, dedans
nos cœurs, arriue,
Nous enfle, & tout à coup suffo-
que nos esprits,
De l'amour terrien, esperdu'ment espris:
Aussi tost que la mort a sillé nos paupieres,
Esteignant de nos yeux les mortelles lumieres,
Elle endort la douleur qui en veillant nous cuit,
Et nous glisse au sommeil d'vne eternelle nuict :
L'esprit, à ce doux poinct, vers la diuine sphere,
Sur les aisles de foy, & d'espoir salutaire,
Comme vn flamboyant feu, s'enuole, pour s'vnir
Au principe infiny, & sa gloire benir:
En ceste region, les ames bien-heurees
Se mirent à l'obiect de leurs flammes sacrees,
Là, voyant leurs desirs heureusement esclos,
Elles vont admirant le Dieu de leur repos.
Que l'hôme, quant au corps, viuant, est miserable,
Sur tous les animaux son estre est deplorable:
Helas! il n'est rien plus qu'vne esponge qui boit
Toutes sortes de maux, que son ame conçoit;
La Parque est celle là, qui espreinct pitoyable,
Le suc de ses douleurs d'vne main secourable,
Douce, desracinant le soucy de ses os,
Afin qu'entre les morts il sommeille en repos.
Le monde faict trafic des trauaux de la vie,

Tantost il en debite à nostre ame asseruie,
Tantost il constituë, & met sur cestuy cy,
Au prix d'vn bien passé la rente d'vn soucy.
Ainsi pour vn plaisir, dont la fin est amere,
Nous receuons du monde, vn monde de misere:
Vn delice, aux mondains, que cherement il vend,
Il nous charme la veuë, il nous va deceuant,
Nous faisant eschanger vne chose asseuree,
En vn bien frauduleux, qui n'a point de durée.

Mais la Parque voulant à nos plainéts s'animer,
S'en vient à pieds laineux la boutique fermer,
Où se vend les trauaux de la vie actuelle,
De cuisantes douleurs, source perpetuelle;
Elle plonge nos cœurs dans vn profond sommeil,
Et charme nos ennuis, sans aucun appareil:
A quiconque vit bien la mort n'est point amere,
La parque, des meschans est le bourreau seucre,
D'vn visage riant, le Chrestien voit la mort,
Des orages passez le seur & calme port,
Sur la mondaine mer le fidele s'asseure,
Car l'innocence faict la mort paisible & seure.

Viuons donc de façon qu'à l'heure de la mort,
Puissions dire sans crainéte, & sans aucun remord,
Qu'encore nous viuons: car nous ne pouuons dire
Que nous soyons viuans, si nostre cœur aspire
A vanité mondaine, au lieu de viure bien,
Le temps mal employé nous est compté pour rien.

Le sage doit mourir auant que la nature,
Au corps fasse espouser la triste sepulture,
Ie dy de volonté, & prudent, doit pouruoir,

C iiij

ELEGIES

Ains que le poinct mortel il puisse apperceuoir,
A reigler tellement les ressorts de son ame,
Que le corps de la mort n'apprehende la trame:
Et comme fol celuy se feroit estimer,
Lequel sans appareil voudroit passer la mer,
Sans nef se hazardant sur le dos de Neptune:
Celuy qui veut surgir à la riue commune
De la tranquille mort, pour Phare doit auoir
La foy, qui son salut luy peut faire entreuoir,
Il se doit embarquer en la grace diuine;
Et de peur qu'vn orage annonçast sa ruine,
Il doit prendre le vent d'vn espoir bien-constant
Pour riuer au port où l'esprit est content,
Ses desirs esleuez luy seruiront de voile,
L'ardente charité de fauorable estoile
Pour guider sa belle ame au sein du Ciel des Cieux,
Où elle embrassera son espoux glorieux,
Qui la fauorisant luy don'ra pour douaire
Son esprit infiny, des iustes le salaire.

EGLOGVE.

CHARLOT, PHILEMON, DAPHNIS, Pasteurs.

CHARLOT & Philemon, deux
 riches Pastoureaux,
Ayans à l'abandon laissé leurs
 gras troupeaux,
D'vn pré verd & fecond paissans
 le mol herbage,
Se mirent sur les champs auec bon equipage,
Deuisans de leurs biens, de leurs possessions,
Ils estoient tellement esmeus de passions,
Qu'ils s'en alloiët errãs & par monts & par riues
Au lieu de se tenir prés leurs troupes craintiues,
Ne leur ayant laissé tant seulement vn chien,
Des paoureuses brebis fidele gardien.
Si tost qu'ils eurent ioinct vne haute montagne,
Au pied de son pẽdāt qu'vn clair ruisselet baigne,
Ils trouuerent Daphnis, pasteur qui n'auoit tant
De bestail que l'vn d'eux, & viuoit plus content:
Il estoit seul assis sur l'herbelette tendre,
Fredonnant d'vn pipeau, il se faisoit entendre
De trois fois deux cens pas de ce fleury sejour.
Trois dogues renfrongnez qu'jappoient à l'entour
De sa trouppe camuse, eussent donné carriere
A trois loups affamez: ouurant sa pannetiere,

ELEGIES

Ce gentil pastoureau soigneux de ses brebis,
Saluant les pasteurs, leur offrit du pain bis,
Leur promettant aussi que pour reprendre haleine,
Ils s'iroient raffraischir à la source prochaine;
Car c'estoit en Esté, que le flambeau des Cieux
Enflamme l'vniuers de ses feux radieux.
Charlot & Philemon contents de ceste veuë,
Firent auec Daphnis vne douce repeuë,
Et beurent aussi peu que ses bélans aigneaux:
Puis ayant deuoré leurs rustiques morceaux,
Imbus de l'appetit, saulce delicieuse,
Ils quitterent du mont la pente gracieuse,
Pour aller à la source, &, beans, aualler
Ceste eau, qu'à fils d'argent ils voyent distiller
Du profond d'vn rocher, que, rauis, ils admirent:
Prés la bouche du roc à l'instant ils s'assirent,
Pour iouyr du repos par leur labeur acquis,
Et repaistre les sens des mets les plus exquis.
Daphnis print la parole, & bien que ieune d'aage,
Non d'esprit & de mœurs, leur tint vn tel langage:

DAPHNIS.

Quel dessein auez vous, Pasteurs, dictes le moy,
Quel contraire destin, ains quel fatal esmoy
Peut priuer de vos yeux vos brebis desolees?
Les feres aime-sangles auront violees,
Estans à la mercy des cruels animaux,
Et vous estes, cruels, le suiect de leurs maux:
Abandonnant le parc, la beste les deuore,
Orphelins de support: Ignorez vous encore

Que l'œil du bon pasteur asseure le troupeau,
Le preserue, le rend & plus gras & plus beau?
Et qui desire voir ses aigneaux porte-laine
Accroistre heureusement, il doit prendre la peine
De voir si ses brebis les peuuent bien nourrir,
Et s'ils ont quelque mal, il les doit secourir,
Appliquant, au moyen des herbes & racines,
Aux membres douloureux, les propres medecines.
Non, ce n'est pas le tout que d'estre pastoureau,
Porter vne houlette, auoir vn grand troupeau,
Il en faut prendre soin, il le faut bien conduire,
Et le guidant aux champs, iournellement l'induire
A broutter des ver-prez le pastis doucereux,
Eslisant le plus tendre & le plus sauoureux.
Qu'il se void de pasteurs auiourd'huy sur la terre
Qui sont à leurs aigneaux vne secrette guerre,
Recelant, soubs l'habit d'vn vigilant pasteur,
Le cœur d'vn fier lyon, ou d'vn loup rauisseur.

CHARLOT.

Daphnis, ie ne sçay pas qui te meut à nous dire
Cecy : si c'est pour nous, ie n'y veux contredire;
Ces mots touchent nos cœurs, & nous sommes aussi
Du nombre des pasteurs qui ont peu de soucy
De leurs simples brebis : mais desormais i'espere
Aux miennes de seruir de pasteur & de pere.

PHILEMON.

Charitable pasteur, vrayement plus curieux
De mõ bien q̃ moymesme, & qui n'as aimé mieux
Repaistre nos esprits de chimeres, de fables,
Que de graues discours, solides, veritables,

ELEGIES

Nous benirons le iour, l'heure & l'instant si cher,
Que t'auons apperceu prés ce constant rocher:
Puisse tousiours ta voix fidelement constante
Produire les pensers de ton ame contente.

Infideles Pasteurs, nous auons delaissez
Par les bois, à l'escart, nos troupeaux mi-lassez:
Auoir abandonné nos troupes innocentes
A la mercy des loups, & des mains rauissantes!
Helas! qui les pourra secourir au besoin,
Si le parfaict Pasteur des Pasteurs n'en a soin?
Daphnis, tu le sçais bien, & ne le dy sans honte,
Que nos troupeaux nombreux nous sont donnez
   par conte
Par cet alme Pasteur qui repaist nos esprits
Du pur suc de sa grace, herbe d'infiny prix.

DAPHNIS.

La troupe que ie mene, & que mon belot garde,
Ie le sçay, n'est à moy, ie suis sa sauuegarde,
Le Pasteur que tu dis me l'a mise entre mains,
Afin de la sauuer des lyons inhumains:
Dernierement vn loup, sans ceste ieune chienne,
M'eust rauy la brebis que ie nomme la mienne:
Pasteurs, il ne faut donc s'estonner si les loups
Ensanglantent nos parcs: la faute vient de nous:
Il y faut auoir l'œil, & que les mastins mesmes
Iappent pour euiter les surprises extresmes:
Le fidele Pasteur qui cherit ses brebis,
N'aime vn friand repas, est content de pain bis,
Et de manne, & de miel, sa bergere est nourrie,
Serre sa troupe, au soir, dedans sa bergerie.

Ja l'ombre de la nuict tombe sur ce coupeau,
Il est temps de mener au logis mon troupeau,
Pasteurs, il se faict tard, partons, ie vous supplie,
Et m'octroyez ce bien, par l'amour qui nous lie,
De prendre en ce hameau & repos & repas.

CHARLOT.

L'offre d'vn bon amy ne se refuse pas.

DAPHNIS.

Et demain aussi tost que l'aube auant-courriere
En Orient aura desbouclé la barriere
Au grand pere du iour, vous partirez d'icy,
Et retiendrez de moy ceste sentence cy:
Qu'vn Pasteur esloigné de sa troupe de-
serte,
Esgarant ses brebis de son ame faict perte.

A SES SOEVRS,
MIROIR SPIRITVEL.

IE vous fais vn present de ce miroir
Chrestien,
Pour mirer vos esprits, & voir l'a-
me du bien,
Visible en ce miroir clair-poly de
nature,
Dont l'obiect n'est côceu que d'vne ame bien pure.
Pour le bien conceuoir, il vous faut embrasser
La luisante vertu, le vice terrasser:
Receuez ce miroir, où (cheres sœurs) i'asseure
Que verrez le palais où la vertu demeure.

ELEGIES

Dés que l'aube au matin desuoile son bel œil,
Et que vos moites yeux annoncent leur resueil,
Ayant laué vos mains, auant toute autre affair
Implorez du Seigneur la grace salutaire,
Puis allez à l'Eglise, en la saincte Maison,
(Germaines) il est dict, c'est le lieu d'oraison.

On adore vn seul Dieu, non des vaines idoles,
On ne croit ces abbus aux Papales escholes:
En ce temple diuin vous oirez à la fois
Mille deuots accens, mille angeliques voix,
Qui d'vn sacré concert sainctement sociable
Celebrent du haut Dieu la grandeur admirable.
Vos yeux, sources du cœur, s'esleueront aux Cieux,
Vos cœurs humiliez parleront pour vos yeux,
V° ioindrez les deux mains, eslaçant, de vos ames,
Dans le palais diuin, les suppliantes flammes.
De friuoles pensers n'ayant le cœur remply,
Pri rez iusques au poinct du seruice accomply.

Quant à vos actions, il faut qu'elles retiennent
Le mesme naturel du lieu d'où elles viennent:
La fille doit auoir vne simplicité,
Qui la fasse honorer en sa naïfueté,
En façon, en discours, doit estre retenuë,
Sur tout, que sa candeur augmente & continuë,
Vne grace sans art, & l'œil vn peu baissé,
Vn pudique regard, vn maintien non forcé,
Qu'elle obeisse à tout, & mesmes qu'elle n'ose
Mouuoir en compaignie vne nouuelle cause,
Renonçant aux discours des ieunes indiscrets,
Qui trompettent par tout les pensers plus secrets.

CHRESTIENNES. 24

Augmentant à la lettre, & mesme au preiudice
De son entier honneur, butte de leur malice.
(Filles) que vostre corps par folles actions,
Ne fasse mal iuger de vos intentions,
Le regard non trop doux, ny graue, mais modeste,
La honte sur le front, & le parler honneste.
N'allez sans qu'on vo⁹ prie, au bal, ny aux festins,
Ne croyez de leger les propos incertains,
Ne soyez desdaigneuses, hautaines, blandissantes,
(Germaines) ces humeurs sont par trop desplaisãtes,
Faictes qu'vne douceur reluise en vos regards,
N'esgarant follement vos yeux en toutes parts,
Fuyez sur tout le luxe, il est abominable,
Mais la proprieté est chose bien loüable.
Ne vous donnez au ieu, que vostre doux repas
Ne soit pris goulu'ment, ains soit pris par compas.
Parlez tousiours des bons en humble reuerence,
Et parlez des meschans en toute continence:
Gouvernez vostre langue, euitez le caquet,
Que vos frequens replicqs ne forment vn parquet.
Si parfois vous voulez lire dans quelque liure,
Laisser tout le mauuais, & le bon faut ensuyure,
Comme l'auette, aux fleurs, qui, pour faire son miel,
Ne prend que la douceur & laisse tout le fiel.
Mais vous fay-je point tort (Germaines fortunees)
D'inciter à vertu vos ames si bien nees?
Non, ie ne diray plus, les vertus embrassez,
Vos propres naturels vous y portent assez,
Vos cœurs sont pleins de foy, mirez-vous en vous-
mesmes,

pour recognoistre vous de Dieu les dons supres-
mes.
Sans la viuante foy tous les œuures sont vains:
Si l'œuure suit la foy, si les pensers diuins
Sont guidez de vos cœurs, vn iour (cheres germai-
nes)
Au ciel vous gousterez les graces souueraines
Que Dieu depart aux cœurs qui pleins de pieté
Se mirent à l'aspect de sa diuinité.

A MONSIEVR LE BOSSV,
SECRETAIRE DV ROY,
Sonnet.

NON ce n'est pas (mon Bossu) que ie
vueille
(En vous peignant ce haut che-
min des cieux)
Vous l'enseigner, car vos fideles
yeux
Ont recogneu sa trace nompareille:
Vostre candeur qui n'a point de pareille,
S'estant miree en ces vers glorieux,
Vous les lirez aux esprits vicieux,
Qui, vous loüant, y presteront l'oreille.
Vous dedier ce celeste sentier,
C'est à Phœbus consacrer le laurier
Des beaux esprits honoré diadesme:
Mais si, ces vers, mon Bossu, vous voyez,
En redressant les esprits desuoyez,
Vous y verrez le crayon de vous mesme.

LA VOYE SAINCTE.

PELERINS qui glissez ceste chetifue vie,
Aux flesches du malheur, comme vn blanc, asseruie,
Et vous qui mesprisant le sentier vicieux,
Demandez le chemin qui nous conduit aux cieux,
Mirez vous en ces vers qu'humble ie vo⁹ enuoie,
Pour y voir clairement de vos ames la voye.

Pour faire ce voyage, il faut (diuins esprits)
Esquipper vos desirs de Bleu-couleur de prix,
Orner tous vos pensers de la mesme parure,
De blãc parer vos cœurs, sans fard & sans dorure:
Vous accoster du bien, se distraire du mal,
Coulant sans passion ce triste cours fatal:

Vous verrez deux chemins en ce val miserable,
Destournez vous du grãd, c'est le chemin dãnable,
Prenez le plus estroict, fangeux & peu frayé,
Que vostre cœur foiblet ne soit point effrayé:
Apres les voyageurs plusieurs mastins abboyent,
Mais les bons passent droict, & iamais ne fournoyent.

Sur tout ne suiuez pas le sentier que i'ay dict,
Bien que plein de passans, c'est le chemin maudict,
Il est tout paué d'or, semé de perles fines,
Il est couuert de fleurs, l'autre couuert d'espines,
Cestuy-cy de chardons, de ronces parsemé:
Et l'autre large & droict de musq est parfumé.

Sur ce gauche chemin mille voix admirables

D

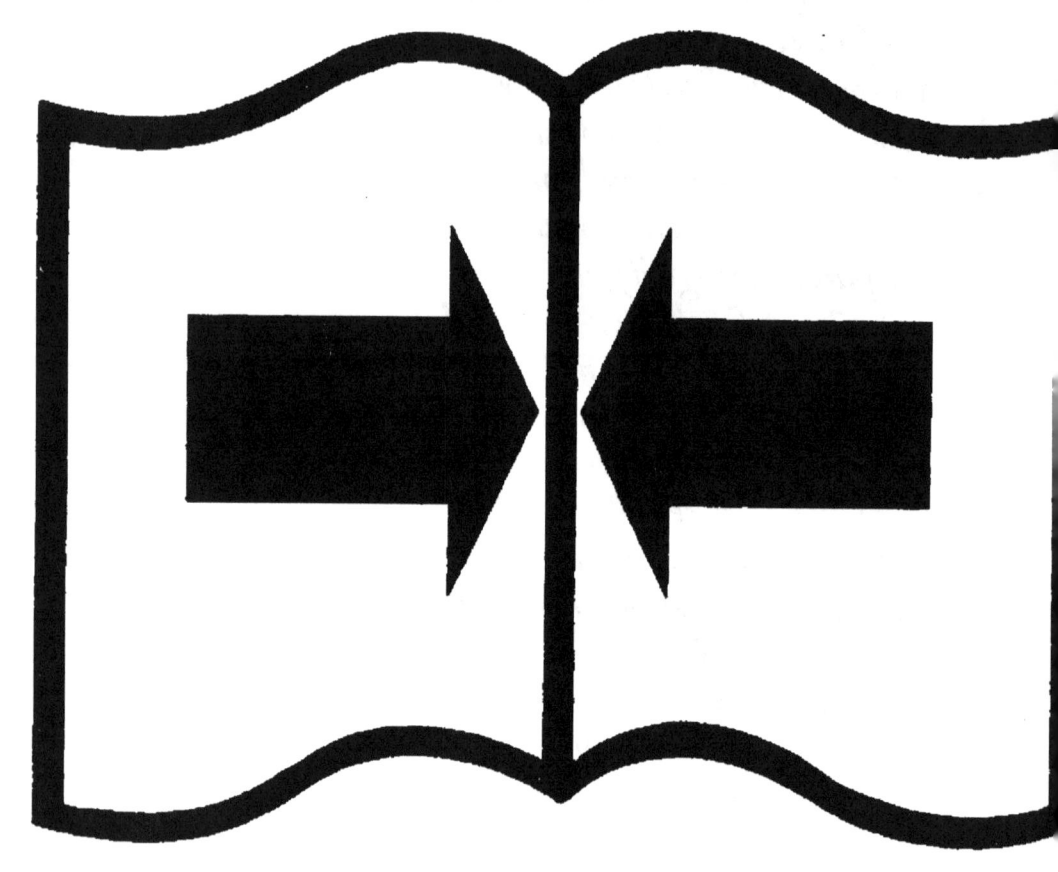

Reliure serrée

ELEGIES

Charment par leurs accens les cœurs mols & domptables,
Afin de les surprendre en leurs rets deceptifs,
Pour les rendre du mal miserables captifs.
Par ce douteux sentier on trouue d'aduenture
Les trois grands ennemis de la foible Nature,
Le monde auec Satan, & nostre propre chair
Veulent à tous mesfaicts nos ames attacher.
(Chrestiens) ne suiuons pas ceste sente mortelle,
Franchissons à costé la carriere immortelle:
Tout est plein de gluaux, tout est plein de filets,
De frauduleux tresors & d'enchantez palais.
Allons donc retrouuer ceste petite orniere,
Qui, bien qu'elle soit trouble, enseigne la lumiere:
Ce passage mondain ne dure qu'vn moment,
En la celeste voye on marche asseurément:
Chrestiens, si nous trouuons trois Dames sur la sente,
A l'vne seulement nostre desir consente:

Ambi- La plus riche a sur soy des perles d'Orient,
tion. La plus ieune des trois le visage riant,
Volup- Les yeux noirs, attrayans, pleins d'appas & de
té. charmes,
Les cheueux pēdillants, vn flābeau pour ses armes,
Sans honte paroist nuë à nos fragiles yeux,
Pour nos sens prouoquer aux desirs vicieux:
La prime porte au chef la couronne doree,
& semble que des deux elle soit adoree.

Prudē- L'autre simple en habits, a l'esprit reuestu
ce. De sagesse, de grace, & de toute vertu,
C'est celle qu'il fault suiure afin que son addresse

CHRESTIENNES.

Conduise nos esprits au sainct mont de Permesse,
Où les filles du ciel abbreuueront nos cœurs,
Au canal espuré de leurs sainctes liqueurs,
Alors ces vierges sœurs, pour ne marcher en doute,
Nous guid'ront au sentier de la diuine route,
Où nous rencontrerons de Dieu les dix enfans, — Les dix
Et suiurōs bien-heureux leurs guidons triomphās, cōman-
Sans s'escarter en rien de leur clarté diuine, demens
Qui les constans esprits au sainct port achemine. de Dieu
Puis nous entreuerrons l'agreable clarté
D'vn astre clair-voyant nommé la Pieté,
C'est vne viue estoille, vne lumiere saincte,
Qui nous rauit aux Cieux quand l'ame en est atteinte,
Sans fard est son habit, simple son action,
Fille de la Candeur, sœur de Deuotion:
Suiuons ce luisant Phare, afin que les tenebres
N'enueloppēt nos cœurs dās ces vmbres funebres.
Si nous apperceuons sept abismes diuers, — Les sept
Gardons nous de broncher à gauche, de trauers, pechez
Marchons droict sans chopper, & gardons que nos mortels
ames
Accostent la douceur de leurs mondaines flāmes,
Ce sont des cachots qui font l'ame estouffer,
Soudain que leurs filets la peuuent agraffer.
Oy, mais (me direz vous, mes amis) ie l'aduoüe,
Que ce chemin celeste est tout gasché de boüe,
Que la sente est bossuë, & qu'il se faut dompter,
Franc de passions à ce hault lieu monter.
Sçauez vous pas aussi qu'au prix de ces miseres

D ij

ELEGIES
Nous acheptons au ciel des souuerains salaires,
Qu'apres tant de trauaux on gouste au firmamēt,
La diuine liqueur d'vn pur contentement.
 Poursuiuons ce chemin, où nous verrons encore
Quelque belle vertu qui nos ames decore:
Heureux nous trouuerons trois Nimphes de hault prix,
De qui seront nos cœurs extremement espris:
D'vn habit argenté la premiere est vestuë,
D'vne pure candeur a l'ame reuestuë,
Son port grauemēt doux, ses yeux bleus & cōstans
Demonstrent ses esprits heureusement contens:
Non pl° qu'vn fort rocher en vain battu de l'onde,
Rien ne peut esbranler son ame ferme & munde:
Vers la voulte du ciel elle a les yeux tendus,
Les desirs esleuez, & les bras estendus:
Au son de ses propos s'esmeuuent les campagnes,
Murmurēt les rochers, & marchent les mōtagnes,
Elle grimpe, asseuree, au sommet des deserts,
Et, fidele, franchit les orageuses Mers.

Espe- *L'autre est belle du tout, diuerses fleurs paroissent*
rance. *Dessus sa robbe verte, & semble qu'elles naissent*
A l'instant à veuë d'œil, de moment en moment
Couuert d'vn bel azur est son œil animant,
Frappant du pied en terre, aux Cieux elle se mire,
Et, desdaignant le monde, à ses beautez aspire,
Elle en est amoureuse, & ses ailez souspirs
Y portent ses souhaits & ses diuins desirs;
D'vn verdoyant laurier elle entoure sa teste,
Esperant triompher de la saincte conqueste.

CHRESTIENNES. 27

La troisiesme surpasse, en graces, celle-cy,   Charité
Elle a la façon douce, & le parler aussi:
Vn rouge estincelant brille partout sur elle,
Elle brusle d'amour, elle est blanche, elle est belle,
Elle enflamme tous ceux qui passent par ce lieu,
D'humilité, de grace, & de l'amour de Dieu:
Elle infuse en nos cœurs l'amere repentance,
Pour meriter l'entree au palais de plaisance,
Elle espure nostre ame, elle purge nos cœurs,
Et, fidele, nous rend de nous mesmes vainqueurs:
De ses grands ennemis les maux, douce, elle peigne,
Et ceste saincte voye aux meschans elle enseigne,
Elle monstre comment nous deuons eschanger
Nos delices au ciel pour nos ames loger,
Elle vestit les nuds, les malades console,
Sustente l'indigent, qui, chetif, se desole,
Retire l'innocent, couure le deshonneur,
Guide les ignorans au palais du Seigneur,
Palais retentissant les tonnantes merueilles
Du souuerain Pasteur aux diuines oreilles,
Palais où les plaisirs renaissent en naissant,
Palais où nous allons le grand Roy benissant,
Palais, où reuestus du manteau d'innocence,
Nous chantons vniment l'eternelle puissance.

  Suiuons donc ces trois sœurs cheminās par cōpas,
Euitons le sentier aux damnables appas,
Ne les perdons de veuë: elles guident les ames
Au souuerain Midy des immortelles flammes.

  L'vne nous fait cognoistre, & nous fait endure
L'autre au milieu du mal fait le bien esperer,

D iiij

ELEGIES CHRESTIENNES.

L'autre nous fait aimer d'vne amour saincte & pure,
Donnant au Createur la vile creature,
Nous faisant mespriser les biens, iouets du sort,
Pour triompher des biens non subiets à la mort:

La Mort. En fin nous trouuerons ceste vieille superbe,
Qui fauchera nos ans, côme au pré l'on fait l'herbe,
Or la course est finie, & l'esprit plus parfaict
Libre de la prison de nostre corps infect,
S'en vole au Ciel des Cieux, sa misere limite,
Et comme hoste de Dieu auec ses Saincts habite:
Lors ses yeux desuoilez des erreurs d'icy bas,
Iouissent pleinement des espurez appas:
Lors il void son salut, contemplant la lumiere
Eternelle, immobile, & premiere & derniere:
L'ame foulant aux pieds les caduques honneurs,
Adore constamment le Seigneur des Seigneurs,
Qui pour nous rachepter de ce peril extresme,
Nous infuse sa grace, & se donne soy mesme.

SONNETS
SPIRITVELS.

I.

L n'est qu'vn Dieu, & nous n'auons qu'vne ame,
Ceux qui, lascifs, nomment vn nain sans yeux,
Non Dieutelet, ains le maistre des Dieux,
Ne sont touchez de la diuine flamme.
  Le vain amant qui presente à sa Dame
Son cœur comblé de desirs vicieux,
Quitte l'amour du vray Dieu glorieux,
Pour les desdains d'vn sujet qui l'enflamme.
  Ainsi ce fol excite le courroux
De l'Eternel tout benin, mais ialoux:
N'adorons point vn aueugle, vne femme,
  Ains cest esprit qui remplit chacun lieu:
N'ayant qu'vne ame, il faut n'auoir qu'vn Dieu,
N'ayant qu'vn Dieu, luy faut donner son ame.

SONNETS
II.

SI les Peintres ont faict Cythere toute nuë,
Ce n'est pour prouoquer à la lubricité
Ceux qui sur elle auront leur regard aresté,
Pour cest effect sans robe ils n'ont faict sa statuë:
 Ils ne l'ont peincte ainsi pour inciter la veuë
Des amans curieux à la lasciueté,
Ny pour signifier le plaisir augmenté
Entre ceux qui sont nuds (chose assez recognuë.)
 Ils l'ont depeinte ainsi pour nous monstrer coment
Le plaisir de Venus court à son chastiment,
Qu'il ne se peut cacher, qu'il est tout manifeste.
 Amour est peint bandé, pour mostrer qu'aueuglez
Nous nous iettons par tout aux plaisirs desreiglez,
Quittant le droict sentier de la vertu modeste.

III.

NOus auons peu de iours à couler icy bas,
Ils sont enregistrez, leur carriere est bornee,
La course des plaisirs, d'ennuis est terminee,
Et si, fols, nous laschons la bride à tous esbats.
 Retranchons de nos cœurs les vicieux appas
En deuidant le fil de nostre destinee,
Le vice pourrissant corrompt l'ame bien nee,
Il la souille, il l'infecte, & la porte au trespas.
 Sur vn arbre fruictier, vne branchette morte
Gaste le demeurant, & faict qu'il ne rapporte
(si l'on ne l'en separe) en fin que du bois mort.
 Chrestiens, si nous gardons vn seul vice dans l'ame,
Il auorte les fruicts que produiroit sa flamme,
Et, s'il n'est arraché, est cause de sa mort.

IIII.

Trois marques font cognoistre vn Chrestiē bien (armé
cōtre l'effort du mōde, & pour Christ sa defēce
La foy, de verité, pare sa conscience,
Et le rend, de son Dieu, le subiect bien-aimé.

D'vn salutaire espoir est son cœur animé,
Quel bien peut-on penser du prix de l'esperance,
Et l'humble charité la vertu de constance,
L'allie au sainct amour dont il est enflammé.

Ainsi ces trois vertus sont les mystiques ailes,
Qui portent dans le Ciel nos ames immortelles,
Pour se nicher au sein de la diuinité :

La foy nous faict enfans de la verité mesme,
L'espoir nous fait iouyr d'vne ioye supresme,
La Charité parfaict nostre felicité.

V.

Errant, chetif, parmy l'horreur du vice,
Traisné, captif de mes propres desirs,
Mon ame folle aspiroit aux plaisirs
Qui sont amers au declin du delice.

Mon cœur ayant mon penser pour complice
De la raison mesprisoit les souspirs,
La passion luy donnant des Zephirs
Pour le pousser en la mortelle lice.

Ces vents flateurs dont il estoit porté,
Sont les desirs, & la fragilité,
Qui iusqu'au port ne quitterent mon ame.

Mon cœur vouloit en ce port heberger :
Mais Repentance en luy se vint loger,
Pour refrener son erreur, & sa flamme.

SONNETS
VI.

Celuy qui pour franchir de ce monde l'orage,
Arme son cœur de foy, d'espoir, de charité,
Il desfie la mort, cet extréme naufrage,
Qui priue les peruers du port de sauueté.

Celuy qui de constance a muny son courage,
Peut enchrer ses pensers, en ceste extremité,
Dans le paisible port du celeste riuage,
Où nostre esprit repose au sein d'eternité.

Le monde est vne mer, où nostre ame chancelle,
Esclaue de ses flots, l'Eglise est sa nasselle,
Pour voile, elle a ses vœux, ses souspirs, son amour:

Pour gouuernail, la Croix, instrument necessaire,
Pour patron, Iesus Christ, son guide salutaire,
Pour vent, le sainct Esprit, & le Ciel, pour seiour.

VII.

Mon ame a sauouré la liqueur terrienne
Du vice limonneux, que mon infirmité
Luy a faict aualler dans la couppe mondaine,
Que son desir a pris des mains de volupté.

Mais ayant tourné l'œil sur sa foiblesse humaine,
Et veu tous les ressorts de sa malignité,
Elle a dict les plaisirs estre vne douce haleine
Qui flatte les esprits remplis de vanité.

Or reduisant sa vie au ioug de penitence,
Ses pensers l'ont remise au chemin d'esperance,
Cognoissant que ses sens mesmes auoient horreur

Des delices passez, amere friandise,
Comme celuy qui plein d'vne viande exquise,
Malade, s'il en voit, luy fera mal au cœur.

VIII.

Bien-heureux qui au Ciel son esperance fonde,
Il sauoure, çà bas, la bonté du Seigneur,
Qui bien sert ce grand maistre est comblé de bõheur,
Puis sa gloire lassus sur son ame redonde.

La soigneuse Arondelle, en amitié, feconde,
Cherche pour ses petits quelque chose, de peur
Qu'ils ne meurent de faim, si sont-ils en langueur
Souuent, crians apres leur mere vagabonde.

Mais dés que nous crions à l'autheur de nos iours,
Nous voyant alterez de son diuin secours,
Il nous met à la bouche (or' nostre ame l'embrasse)

Les mammelles de prix de sa douce bonté,
En nos leures rayant le pur laict de sa grace,
Pour estancher la soif de nostre infirmité.

IX.

Ceux qui nagent à gré, au courant des delices
De ce monde orageux, inconstant & mouuãt,
Se gabent de ceux-cy, qu'vn impetueux vent
Pousse au sueil des rochers, voisins des precipices.

Ceux-là boufis d'orgueil, font gloire de leurs vices
Seruent à leurs desirs, vont les bons poursuyuant
Pour les rendre confus, malings, les deceuant
Par leur faulse imposture, & leurs vains artifices.

De mesmes qu'vn tyran, du sommet d'vne tour
Se plaist à regarder vn lyon à l'entour
D'vn esclaue chetif, qu'il estrainct, & deschire.

Ces tigres animez, qui ont le bras puissant,
Deuant Dieu font ainsi desmembrer l'innocent,
Mais ils seront vn iour le suject de son ire.

SONNETS

X.

Si quelques-fois mes iumelles lumieres
Vont contemplant ce globe terrien,
Les yeux de l'ame, enuieux de leur bien,
Pour voir plus loin, deßillent leurs paupieres.
 Mon cœur esmeut ses flammes prisonnieres,
Pour admirer cet esprit ancien
Seul increé, qui tout a faict de rien,
Et donné l'ordre à ses causes premieres.
 Ainsi mes yeux, mes pensers, mes desirs,
Au Createur addreßant leurs souspirs,
Ne le voyant, le croyent, le desirent:
 Ouurant les yeux pour les Cieux entreuoir,
L'esprit pour voir cil qui les faict mouuoir,
Ie suis confus, & tous mes sens l'admirent.

XI.

L'Ame du vray Chrestien, est vn mistique feu,
La foy viuifiante, est la lumiere pure
Qui ses pensers esclaire, & ses desirs espure,
Les nuages de mort, dißipant peu à peu.
 Le feu, par la chaleur, opere en chacun lieu,
Et ceste qualité demonstre sa nature:
L'ardante charité, les œuures nous figure,
De l'ame qui s'enflamme en l'amour de son Dieu.
 Son espoir se rapporte à la flamme mouuante
Qui s'esleue & s'enuole en la voulte flambante,
Voisine region du palais etheré.
 Car son ame se meut, & ne vit, desireuse,
Que de l'espoir qu'elle a d'arriuer, bien-heureuse,
Au Ciel, port des esleus, son repos esperé.

SPIRITVELS.
XII.

Mais que nous sert d'amonceller icy,
Or dessus or, richesse sur richesse?
Fol qui se fie en si fole Maistresse,
Celuy qui l'aime, espouse le soucy :
　La crainéte loge en son esprit transy,
Cest rusée, à l'ame piperesse,
Tient, sous couleur d'vne vaine largesse,
Le pauure amant, esclaue, à sa mercy :
　Las! il est pauure, entant que, sans courage,
Il est subject à ceste ame volage
Qui le possede en ses affections.
　D'vn cœur entier, Dieu veut le sacrifice;
Il faut regir ses propres passions,
On ne peut faire à deux maistres seruice.

XIII.

Nous sommes exposez en ce perilleux monde
Comme sur vne Mer que la tempeste bat,
Nous sommes assaillis, & du vent, & de l'onde,
Le flot impetueux nos courages abbat.
　Mais nostre ame animant son espoir, qu'elle fonde
Dans le port des esleus, s'esleue, se debat;
Elle voit des peruers la barque vagabonde,
La crainéte du peril la semond au combat.
　Ce monde est vne mer qui rend la vie amere,
Afin qu'aux fresles cœurs elle puisse desplaire,
Car comme qui seroit en vn lieu fortuné
Comblé de biẽs, d'hõneurs, n'en partiroit qu'à peine;
Si ceste vie estoit de tous delices pleine,
On ne pourroit quitter le monde infortuné.

STANCES
CHRESTIENNES.

ON miserable esprit accablé sous la peine
Souspire incessamment ses maux & ses mesfaicts,
La peine est son salaire, & ses vices infects
Sont les mesmes liens du tourment qui me gesne.

Ie regrette ma vie escoulée en delices,
Et beny mes beaux iours en misere passez,
Mes chancellans esprits sont si fort incensez,
Que les tourmens me sont agreables supplices.

Ie me plais en mõ dueil, & tant plus ie m'y plõge,
Tant plus le desespoir est voisin de mon cœur,
Mais helas! s'il estoit de mon ame vainqueur,
Que seroit-ce de moy que l'ombrage d'vn songe?

Aussi tost que mõ corps s'iroit reduire en poudre,
Mon ame abandonnant ce caduque seiour,
Tomberoit és cachots, où ne luit autre iour

SONNETS
X.

Si quelques-fois mes iumelles lumieres
Vont contemplant ce globe terrien,
Les yeux de l'ame, enuieux de leur bien,
Pour voir plus loin, deßillent leurs paupieres.

Mon cœur esmeut ses flammes prisonnieres,
Pour admirer cet esprit ancien
Seul increé, qui tout a faict de rien,
Et donné l'ordre à ses causes premieres.

Ainsi mes yeux, mes pensers, mes desirs,
Au Createur addreßant leurs souspirs,
Ne le voyant, le croyent, le desirent:

Ouurant les yeux pour les Cieux entreuoir,
L'esprit pour voir cil qui les faict mouuoir,
Ie suis confus, & tous mes sens l'admirent.

XI.

L'Ame du vray Chrestien, est vn mistique feu,
La foy viuifiante, est la lumiere pure
Qui ses pensers esclaire, & ses desirs espure,
Les nuages de mort, dißipant peu à peu.

Le feu, par la chaleur, opere en chacun lieu,
Et ceste qualité demonstre sa nature:
L'ardante charité, les œuures nous figure,
De l'ame qui s'enflamme en l'amour de son Dieu.

Son espoir se rapporte à la flamme mouuante
Qui s'esleue & s'enuole en la voulte flambante,
Voisine region du palais etheré.

Car son ame se meut, & ne vit, desireuse,
Que de l'espoir qu'elle a d'arriuer, bien-heureuse,
Au Ciel, port des esleus, son repos esperé.

STANCES

Qu'vn noir feu fulphuré qui brule fans diffoudre.

 Le tourment fuit le vice, & le bien la mifere,
L'infortuné du monde eſt bien-heureux au Ciel,
Qui gouſte l'amertume, il fauoure le miel
Au Royaume eternel, des iuſtes, le falaire.

 Las! feray-je touſiours de l'ennemy la proye?
Mes fens enuenimez pourront-ils confentir
Qu'vn iour puiſſe mon ame vn feul bien reſentir,
Remettant fes defirs dans la celeſte voye?

 Et la chair, & le monde, & la maudite troupe,
Helas! ont coniuré la mort de mon repos :
Et l'orgueilleux démon me force à tout propos
De humer fes poifons dans l'infernale coupe.

 Il me flatte, il me pippe, il faiɫt tant qu'il me lie,
Puis m'aſſeruit au ioug du vicieux foucy,
Et mon cœur eſt ſi bien à la peine endurcy,
Que ie fuy le bien, & du mal ie m'allie.

 Qui fera diſſiper ces ombres folitaires
Qui captiuent mon ame en eternelle nuiɫt,
Sinon ce grand Phœbus qui fans Aube reluit,
Alliant à fa grace infinis beaux myſteres?

 Ie diſtilois ces vers, ainſi ie verſois ces larmes,
Larmes que la douleur attiroit de mes yeux,
Quand, efpris d'vn courroux & iuſte & furieux,
Tu n'oyois le dur fon de mes vaines allarmes.

 Mais depuis que ta main maiſtreſſe des beaux
  Anges,
Depuis que ton oreille ententiue à mes cris,
Que ton œil, de fa grace arrouſa mes efprits,
I'ay changé, bien-heureux, mes plaintes en louãges.

          Mon

Mon luth qui resonnoit vn air triste & funebre,
Au temps de ma misere, aux plaincts accoustumé,
A l'air de ta louange or' estant animé,
Resonne les vertus de ta bonté celebre.

Combien de fois ma voix vnissante à ma Lyre
A proferé ces vers, accens de verité!
Createur incompris, pere d'eternité,
Toute ame te benit, & tout esprit t'admire.

Tu as voulu créer toutes choses pour l'homme,
Tu l'as rendu semblable à tes sainct messagers,
(Ie dy quant à l'esprit) mais ses esprits legers
Se sont laissez glisser au desir d'vne pomme.

Seigneur, peux-tu bien voir l'indigne creature
Briser impudemment les decrets de son Dieu?
Pere, tu luy pardonne, & la loge en ton lieu,
Car tu cheris sur tout ta semblante facture.

Chantons du Createur les œuures nompareilles,
Nous ne iouyrons pas du bien de ses clartez
Si nous ne benissons ses parfaictes bontez,
Dont les moindres effects sont des rares merueilles.

Les esprits obstinez aux ombres il enuoye,
Prudent, il ne les faict heritiers de ses biens,
Il est sainct, il est iuste, il tend les bras aux siens,
Et leur prepare aux Cieux vne luisante voye.

E

STANCES

NOVS qui glissons au bord de ceste
mer mondaine
D'orages agitee, & de maux in-
finis,
N'esperons icy bas que trauaux
& que peine:
Le Seigneur est l'autheur du bien de ses benis,
Il infuse sa grace au cœur de repentance,
Sage, la desniant aux esprits d'arrogance.

   Pendant les tristes poincts que nos veines actiues
Agissent dans ce corps infect & pourrissant,
Ne consentons iamais que nos ames captiues,
Obeïssent au corps vilement perissant,
Il faut qu'il soit subiect aux immortelles flammes
Qui naissent du desir de nos diuines ames.

   Tandis que nous traisnons sur ceste masse ronde
Le char de nostre vie, entouré du malheur,
Leuons les yeux plus haut, que nostre cœur ne fonde
Sur le sable du monde vn caduque bon-heur,
Retirant nos esprits des amitiez mondaines,
Addressons nos pensers aux amours souueraines.

   Le fidele seruant desireux de complaire
A cil qui luy subuient en son aduersité,
Ne pense qu'à son maistre, afin qu'vn deub salaire
Vn iour il en reçoiue, en l'ayant merité:
Le seruant du Seigneur en l'esprit a sans cesse
Le miroir de sa loy, sa guide & son addresse.

   Lançons sur le palais du Seigneur des armées

CHRESTIENNES. 34

Les yeux de nos esprits, inuisibles clartez,
Rendons, à son amour, nos ames animees,
Et grauons en nos cœurs ses supremes bontez,
Il est tout pitoyable, & qui veut luy complaire,
Il receura sans doute vn eternel salaire.

IL, qui coulant ses iours abandon-
ne sa flamme
  Aux amours indecens,
Des tourmens infinis il prepare à
  ses sens,
Et la mort à son ame.
Mourir en vn instant cent fois, (ie l'ose dire)
  Et se desesperer,
Crier sans estre ouy, souffrir sans esperer,
  Helas! c'est son martyre.
Qu'vn plaisir couste cher au vil marché du mõde!
  Qu'il faict sourdre de mal!
Il vaut dix mil ennuis, & tout passé ce val,
  Sur nos ames redonde.
Veu que le mal se vend à prix fait du martyre,
  Et le bien n'est si cher:
He! comment se peut on au vice relascher,
  Et du bien s'esconduire.
Quãd vn esprit touché de l'esprit plein de doute,
  Veut faire quelque tort,
Ja meurdrir son prochain, n'encourt il pas la mort?
  Voyez que le mal couste.
Les esprits animez des immortelles flames
                                    E ij

STANCES

De Dieu lent à courroux,
Saints obseruent ses loix, y a-il rien plus doux?
  C'est l'obiect de nos ames.
C'est le diuin flambeau de ces ombres mortelle
  C'est l'vnique compas
Qui peut de nos esprits guider les douteux pas
  Au sentier des fideles.
Ne redoutons, au train de ceste droicte sente,
  Les frayeurs de la nuict,
Ces ombres periront, mais le iour tousiours luit
  Dans la celeste tente.
Quiconque y veut aller & paruenir encore,
  Die aux vices, adieu,
Qui s'esloigne du monde, il s'approche de Dieu,
  Qui le voit il l'adore.
Que nous somes peruers de bānir (qu'on l'aduou
  De nos cœurs, le Seigneur:
Las! ce sont nos pechez, car vn esprit si pur
  Ne s'aime dans la boüe.
Il ne loge iamais dans vn cœur qui murmure,
  Il hait l'infection,
L'ame qui veut loger vne perfection,
  Il faut qu'elle soit pure.
Les esprits, qui diuins se despouillent du vice,
  De Dieu sont les enfans,
il leur verse sa grace, ils suyuent triomphans,
  Le guidon de iustice.

SPRITS enfans de Dieu, qui
meus de sainctes flammes,
Guindez deuers le Ciel les desirs de
vos ames,
Cõtemplant cet ouurage incompris
& parfaict,
Leuez les yeux plus haut, vous voyés peu de chose,
Par dessus tous les Cieux est celuy qui dispose
De tout, en estant seul & la cause & l'effect.

De mesmes qu'aux Palais embellis de trophees,
Dont les Portiques sont d'Antiques estoffées,
Ce n'est l'or, ny l'esmail, le marbre, ny l'aspect
Des Planchers lambrissez, ny les viues peintures,
Ny les colomnes d'or, ny les Architectures
Qui meritent en rien qu'on leur porte respect.

Mais le Prince esleué en sa magnificence,
Sur vn trosne Royal, & de qui la presence
Remplit tout le palais de gloire & de splendeur:
Ainsi, ce n'est le Ciel, sa diuine facture,
Ny la perfection de sa rare figure,
Ce n'est sa pureté, ce n'est pas sa grandeur.

Ie croy que seulement sa lumiere n'est digne
Que nous esleuions l'œil (d'amour fidele signe)
Et le penser en-hault, pour le considerer,
Ce ne sont pas les Saincts, ce ne sont pas les Anges,
C'est ce grand Roy des Rois, qui commande aux Archanges,
Qui puissant, glorieux, se fait seul adorer.

E iij

STANCES

N'esleuons point les yeux vers la haute courtine
Addressons nos pensers à la grandeur diuine,
Sans, fresles, s'arrester au celeste ornement :
Et bien que nous soyons plus fragiles que verre,
Voyons ce grand Seigneur qui a fondé la terre,
Et tendu tous les Cieux en vn petit moment.

Et si nous cognoissons, debiles, nostre veuë
Pour voir, en ces bas lieux, la lumiere absoluë,
Nos yeux estans voilez du bandeau du peché,
Prions celuy qui dit, La lumiere soit faicte,
Et selon son vouloir à l'instant fut parfaicte,
Qu'il infuse sa grace en nostre esprit taché.

Que de ce val ombreux nous puissions voir sa face
Ou du moins l'entreuoir au trauers de sa grace,
Qu'il octroye en ce monde à ses humbles enfans :
L'ame qui sur Satan acquerra la victoire,
Le verra dans les Cieux, des clairs yeux de sa gloire
Où regnent les esprits iustes & triomphans.

Du Seigneur tout-puissant tres-parfaite est l'essence,
Tres-iuste, il hait le vice, & cherit l'innocence,
Et sa diuinité n'habite qu'vn pur lieu :
Espurons nos esprits de la fange charnelle,
Pour (plus dignes) loger la grandeur eternelle,
L'Esprit des bienheureux est le vray Ciel de DIEV

EVX qui voilez du vice, & de qui la prunelle
Tousiours se voit fichée en ce prophane lieu,
Dessillant vos erreurs de la nuict eternelle,
Plantez vos regards au sainct Temple de DIEV.

Non ce n'est pas à vous (ô iumelles verrieres)
Que ie vais addressant mes plainctes & mes cris,
Ie parle à mes pensers, inuisibles lumieres,
Qui, viues, donnent iour & vie à mes escris.

De ce mortel seiour trauersez les nuages,
Pensers equipez vous d'ailes de pieté,
Volez deuers les Cieux, si vous n'estes qu'ombrages,
Ils vous infuseront l'essence de clarté.

Alors desuelopez de ces cachots funebres,
A l'instant, garentis du Satanique effort,
Abhorrant les horreurs des ensouffrez tenebres,
Vous irez triumphant de la puissante mort.

Descouurez (mes pensers) les relantes cachettes,
Où mon cœur deceloit ses vices enuieillis,
Et renuersant l'humeur de ces poisons infectes,
Entourez mon esprit de roses & de lys.

Mon cœur, soyez touché de repentance viue,
Vous auez offensé la celeste bonté,
Mon ame, le Seigneur ordonne qu'on le suiue,
Fidele, parez vous de blanche pureté.

E iiij

STANCES

L'eternel est parfaict, desfaictes vous du vice,
Rendez vous, mon esprit, soubs ses loix asserny,
Il faict grace à tous ceux qui luy rendent seruice,
Mais d'vn cœur pur & sainct il veut estre seruy.

Offrez luy tous vos vœux, ne faites rien de reste,
Voüez luy vostre amour d'eternelle candeur,
Afin qu'aux derniers poincts sa puissance celeste
Vous place, bien qu'indigne, aux pieds de sa gran-
deur.

Mon ame esueille toy du somne qui te mine,
Suscite mes pensers à tousiours mediter,
Qu'ils portent mes desirs à la grandeur diuine,
Afin qu'vn iour tu puisse à sa gloire assister.

En ce lieu plein de ioye & de lumieres pures,
Tu verras fixement le souuerain moteur,
Et mettant en oubly les viles creatures,
Sans fin adoreras le diuin Createur.

L'HOMME qui cherit l'or, sinon pour son vsage,
A la fange mondaine asseruant ses desirs,
Acquiert mille douleurs à son ame en seruage,
Sans le triste interest de mille desplaisirs.

S'il donne ses pensers aux tresors de la terre,
Il retire son cœur du bien du firmament,
S'il embrasse l'honneur, vaine idole de verre,
Hé, qu'il est esloigné du vray contentement!

Qui desdaigne les biens, les fers, la seruitude
Du monde, de Satan, de l'orgueilleuse chair,
Faict prendre à ses desirs vne belle habitude,
Pour conduire au sainct port son tresor le plus cher.

De mesmes qu'vn vray pere expose sa richesse
A ses fils bien-aimez, dont meure est l'action,
N'estans plus gouuernez d'vne douce simplesse,
Ains paruenus au train de la discretion.

Ainsi si nostre cœur ne mesprise les vices
Qui naissent en ce monde, vn plaisir inconstant,
Dieu n'appelle nostre ame aux diuines delices,
Et perdons (effrenez) ce bien pur & constant.

Ames, foulons aux pieds les tresors de ce mõde,
(Ames) foulons aux pieds tout honneur terrien,
L'honneur est vn torrent qui nous porte sur l'onde,
Et l'or n'est seulement vn ombrage de bien.

L'or est vn instrument dont l'ennemy se ioüe,
L'honneur n'est que fumee, on compare son train,
Iettant la pierre en l'eau, à ceste large roüe
Qui peu à peu decline, & disparoist soudain.

Aux ailes de l'honneur n'attachons pas nos
    ames,
Mesprisons les tresors, immundices tres-ords,
Aux tresors eternels, voüons toutes nos flammes:
Pour agreer à l'ame, il faut desplaire au corps.

Stances

COMBIEN que nos esprits de diuine semence
Soient tenus icy bas aux prisons de leurs corps,
Ils ne doiuent pourtant y faire demeurance,
Ains voir, sans estre veuz, ce qui se faict dehors,
Et lors que le tronc gist dans ces fosses pourries,
Contempler du hault Dieu les sainctes galeries.

Voyez le corps humain, de toutes ses parties,
Le chef est le plus loin de la terre posé,
C'est par où l'ame fait ses plus belles sorties,
Et là le Createur sagement disposé,
Monstrant n'estre l'esprit vn prophane repaire,
Ains (estant pur & sainct) son diuin sanctuaire.

L'ame est le paradis de la diuine essence,
Le Seigneur est le ciel de sa pure candeur,
Si nostre cœur du vice auortoit la naissance,
Nos ames logeroient sa parfaicte grandeur,
Mais au goulphre des maux, miserable, il se plonge,
Tirant le suc du vice à guise d'vne esponge.

Alors de ce venin sa pauure ame enyuree,
Pesante, s'habituë en ce bas element,
Au lieu qu'elle deuroit, de tous vices se vree,
Establir sa demeure au doré firmament,
Donnant à ses desirs, à ses pensers fideles,
Pour voleter au ciel, à toute heure, des ailes.

Mais helas, nous craignons dans le port d'as-
　　seurance,
Et nous nous desfions de la saincte bonté,
Fresles, desesperans de la viue esperance
Entee en nos esprits par la diuinité:
Nos cœurs vuides de foy, de pieté nos ames,
Faulte de charité s'allanguissent leurs flammes.

　Dispersons de nos biés, & que peu nous en reste,
Donnons aux languissans des habits & du pain,
Mais que dy-ie, donner? seurement on leur preste,
Ils ont pour caution vn Seigneur souuerain,
Ce grand Dieu nous promet de nous payer la rente,
Et sa verité pure en veut estre garente.

　Mais quoy, nous ignorons de la vie eternelle,
Tout ce qui doit perir nous est plus que les Cieux:
Or celuy qui çà bas l'or remuë à la pelle,
Les mailles, les tournois mescontentent ses yeux:
Si nous sçauions que c'est du celeste heritage,
Nous ne donrions aux biens nos ames pour ostage.

　Retirons nos desirs des sujects de ce monde,
Attachons nostre esprit à la voulte des Cieux,
Mesprisons les honeurs, les biens, la terre & l'onde,
Pour meriter vn bien qui le rend glorieux,
Quand, limitant le cours de la mondaine lice,
Il void son Dieu vestu du manteau de iustice.

STANCES

TANDIS que nous humons
ceste espoisse lumiere,
Bastissons vn palais d'eternel
fondement,
Nous quitterons vn iour ce ter-
restre element,
Comme l'infect serpent nous n'aimons la poussiere.

Au lieu des lingots d'or, amour materielle,
Parons nos cœurs d'vn or pur, amour essentiel:
Doit-on pas postposer la vile terre au Ciel,
Et la chose finie à la chose essentielle?

Vous qui faictes vos fils heritiers d'auarice,
Idolatres des biens qui se peuuent briser,
Peres, enseignez leur, viuans, à mespriser
Cest or, à qui leur cœur se donne en sacrifice.

Hé, que nous faut-il tant à couler ceste vie,
La debile nature est contente de peu:
(Esprits Tantaliens) vos ames sont en feu,
Et la cupidité n'est iamais assouuie.

Ceste forte fureur aux ruisseaux se rapporte,
Qui n'aguere emperlez sont accreuz tellement,
Qu'ils meuuent les rochers d'vn effort vehement:
Elle se glisse au cœur, puis son homme elle emporte.

(Chrestiens) desracinons de nos cœurs ceste rage,
Qui cultiue icy bas, laisse en friche les Cieux,
(Ie dy quant à sa part) et son ame sans yeux,
Pour vn chãp de douleurs laisse vn sainct heritage.

CHRESTIENNES. 39

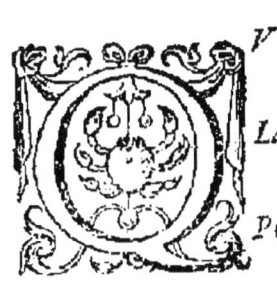QVE feray-ie, Seigneur, si tu n'es ma defense?
Las! ma faute m'accuse, & ie suis criminel:
Pere, permettras-tu que mon inique offense
oblige ma pauure ame au supplice eternel?

Soit que le clair Phœbus illumine la terre,
Et brille és pauillons du celeste pourpris,
Ma foible ame a sans tréue vne sanglante guerre
Contre ce faux Demon qui pippe les esprits.

Quand le monde est voilé, la terre sans allarmes,
Mon cœur est de douleurs plus viuement touché,
Ie me tourne en mon lict, & l'onde de mes larmes
Submerge mon esprit enyuré du peché.

Las! soubs l'effort du dueil ie flechy miserable,
Mon triste cœur se glisse au torrent de mes pleurs,
Et ie me laisse aller à l'orage imployable
Des sanglottans souspirs de mes aspres douleurs.

Le vent de mes souspirs, rude, pousse & repousse
Mon esprit, nud de force, aux riues de la mort,
Sans vn Zephir d'espoir, qui ce chemin rebrousse,
I'irois faire naufrage en l'Adamique port.

De mesmes qu'au captif douce est la dure chaine
(Certain de recouurer sa prime liberté)
L'espoir de mon salut adoucit fort ma peine,
Et conserue l'estat de ma fidelité.

STANCES

Mais ie coule ma vie à l'escart, solitaire,
Et ie ne hay que ceux qui me vont consolant,
L'abstinence du vice est reigle trop austere
(Ce semble à mon penser) pour mon esprit dolent.

   Mes yeux traistres appas des langueurs de mō ame
Ne trouuēt riē de doux que quelque obiet mōdain,
Mon cœur inanimé de la diuine flamme
S'allume des suiects qui s'enuolent soudain.

   Grand Soleil qui reluis sur les ames fideles,
Remply de tes clartez les yeux de mes esprits,
Lors, fichant mes desirs aux choses eternelles,
De toy sera mon cœur extresmement espris.

   A mes funebres cris ne ferme plus l'oreille,
Et n'ouure plus la bouche en mon affliction,
Pour aller annonçant (ô Dieu plein de merueille)
Le iuste & triste arrest de ma perdition.

   Seigneur, qu'attends tu plus pour remettre mon crime,
Puis que ie n'atten rien que le pardon requis :
A ce constant espoir ta clemence m'anime,
Et ta seule bonté ce pardon m'a conquis.

   Aux œuures rendissans de ta diuine grace,
Ne vueille plus (Seigneur) des longueurs apporter:
Mes pechez ont faict naistre vne telle disgrace
Pour ruinant mon espoir mon desespoir tenter.

   Le cuisant repentir va talonnant mon vice,
Et mon vice se plonge aux eaux d'vn fleuue amer,
Pourueu que le pecheur en toy se conuertisse,
Veux tu pas bien qu'il viue en te voulant aimer?

   Quel honneur aurois-tu si parmy les tenebres

CHRESTIENNES.

J'errois à l'abandon en l'eternelle nuict,
Où l'on entend l'horreur de mille voix funebres,
Où le feu tenebreux comme soulphre reluit?

Les consolations n'y sont point en vsage,
Les desirs y sont vains, l'espoir aneanty:
Deliure mon esprit d'vn si rude seruage,
Il a desja, Seigneur, tes graces ressenty.

Donne qu'en ta demeure infiniment finie,
Bien-heureux ie t'adore en toute pureté,
Rauy des purs accens de ta gloire infinie,
Proferez des esprits, enfans de verité.

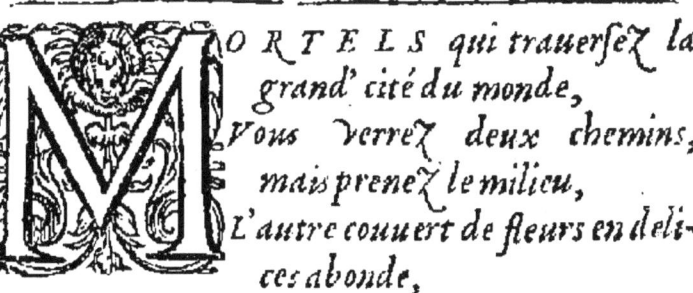

MORTELS qui trauersez la grand' cité du monde,
Vous verrez deux chemins, mais prenez le milieu,
L'autre couuert de fleurs en delices abonde,
Et l'espineux conduit à la cité de Dieu.

Cestuy-cy parsemé de mordantes espines
Sans doute conduit l'ame à sa felicité,
Chrestiens, ne laissez pas les delices diuines
Pour l'ombre d'vn plaisir qui vous est presenté.

Les plus ardents desirs qui font nager nos ames
Dans le fleuue de miel du vain contentement,
Voyent au mesme instant naistre & mourir leurs flammes,
Le delice du ciel vit eternellement.

Qui n'aime mieux mourir d'vne mort eternelle,
Que de viure vne vie à toute eternité,

STANCES
Qu'il lasche à tous pechez son ame criminelle,
Et mesprise les loix de la diuinité.

Dans le vaisseau du monde est le vin & la lie,
Mais la lie est la vie, & le vin est la mort,
La douceur à la mort pour iamais nous allie,
L'amertume nous porte & conduit à bon port.

Abbreuuons nos esprits des eaux de penitence,
Et disons aux plaisirs vn eternel adieu,
Vaine, en l'extreme iour, sera la repentance:
Mourir auec le monde est viure auecques Dieu.

EN la belle saison que le mignard Zephire
Ses flairs doux odoreux sur l'herbette respire,
Que les vermeilles fleurs passementent les champs,
Que tout rit par les prez, que là ieune Deesse
Courtise le Printemps, l'embrasse & le caresse,
Qu'on oit du Rossignol les doux-funestes chants,

Chassant de mon esprit les pensers de la vie,
Aussi franc de soucy que de haine & d'enuie,
Mon cœur vuide de tout fors de contentement,
Mesprisant les honneurs, tout seul ie me promeine,
Tantost par la forest, & tantost par la plaine,
Despoüillé de l'erreur qui nous va consumant:

Ha! (dy-ie) que des champs la vie est desirable!
L'on y vit bien-heureux, & l'on meurt miserable
Mendiant les faueurs du Royaume mondain:
On se pique à la presse, ô poignante misere!

E

Et l'on a peu souuent vne fleur qu'on espere,
Mais l'on les cueille icy sans se piquer la main.
  Fortuné, qui ne vend son heureuse franchise,
(Fleur à la verité des fleurs la plus exquise)
Qui ne la laisse abbattre au vent d'vn vain hõneur:
Heureux qui vit aux champs, où, paisible, il me-
  dite
Du souuerain des Rois la loüange redite,
Heureux d'vn tel sujet le celebre sonneur!
  Ainsi ie mesprisois l'ambition humaine,
Ainsi i'allois errant parmy la vague plaine,
L'incitant à benir le nom du Tout-puissant,
Et disois à l'instant: O plaines ombrageuses,
Loüez le Createur des campagnes heureuses,
Où les ames des Saincts vont sa gloire annonçant.
  Lors esleuant les yeux aux mõtaignes hautaines
Qui seruent de clochers aux agreables plaines,
Ie dis, auares monts, abbaissez vostre orgueil,
Me glissant doucement dans les creuses vallees,
I'entreuoy dans l'obscur des grottes recelees
Des cristallins ruisseaux qui contentent mon œil;
Lors fichant mes desirs sur toutes ces merueilles,
Ie fais au mesme instant à mes doubles oreilles
Sauourer des oyseaux les doux-attrayans sons:
I'exalte l'Eternel pere de l'harmonie,
Et dy, monts & ruisseaux, valons, tout le benie,
Addressant mes propos aux humides poissons;
O merueilleuse mer d'effect & d'apparence,
Des peuples sans poulmon l'humide demeurance,
Beny le Tout-puissant, estre de ta grandeur:

F

STANCES

C'est à vous que ie parle, ô bandes escaillees,
Qui fendez les sillons des campagnes sallees,
Benissez ce grand Dieu, le souuerain moteur.
  Mais c'est vous que ie touche, ô balais de la terre,
O postillons d'Eole, & des forests la guerre,
Qui enflez la marine à l'esgal des hauts monts:
Que vostre forte voix qui cisle, tonne, gronde,
S'espandant parmy l'air annonce à tout le monde
Les merueilles de Dieu, que sur tout nous aimons.
  Mignards chantres ailez, ô vagabonde troupe,
Qui les plaines de l'air orageux entrecouppe,
Qui volant, bricollez par le vague des airs,
Chantez de l'Eternel la florissante gloire,
De ses faicts tout-parfaicts ne perdez la memoire,
Soit graué son sainct los dans le cœur de mes vers.
  Et toy Roy des clartez qui le ciel enuironnes,
Et qui le iour du monde en vn iour postillonnes,
Et toy sa chere sœur royne d'obscurité,
Et vous astres du ciel qui marchez en cadence,
Benissez en vos cours l'eternelle puissance,
Ce grand Soleil qui luit dedans l'eternité.
  Et vous, monde parfaict, vous abbregé du mõde,
Grand Roy des animaux de la terre & de l'onde,
Qui estes icy bas tributaire de Dieu,
O race limonneuse, ô fils de la poussiere,
Adorez sa grandeur des grandeurs la premiere,
Pour estre quelque iour habitant du haut lieu.
  O Ciel, sacré palais de la bonté supreme,
Sejour des beaux esprits, modele de soy mesme,
Qui rameines les iours, & reguides les nuicts,

Annonce ses vertus, sa gloire triomphante,
Pour exalter son los, ma chere muse enfante
Ces vers que proferer dignement ie ne puis.
  C'est donc, c'est donc à vous, vous ames bien-
    heurees,
Qui vivez sur l'azur des voultes etherees,
Divins ambassadeurs du Monarque des Cieux,
Chantez incessamment ses louanges celebres,
Vos chants sont gracieux, & nos chãsons funebres,
Impures sont nos voix, & vos chants glorieux.
  Toy qui peux d'un regard faire trebler la terre,
Parlant en ta fureur par la voix du tonnerre,
Trois fois grand qui seul es, seul fus, & seul seras,
Reçoy de mon esprit les louanges escloses,
Bel esprit en qui sont toutes choses encloses,
Sois mon fidele appuy quand ce tout finiras.
Vië de nos esprits, pur soleil de nos ames,
Qui produis dans les Cieux des eternelles flammes,
Pour les esprits guidez du respect de ta loy,
Ie suis comme une fleur, subiect à pourriture,
Tu es mon Createur, ie suis ta creature,
Ne desherite point ceux qui viennent de toy.

F ij

STANCES

PRIERE.

MISERABLE pecheur, ose-ie vers les Cieux
Faire voler ma voix & l'esclat de mes yeux,
 Allumettes des vices?
Helas, i'ay merité, par mon sale peché,
 Cent sortes de supplices,
Seigneur, tu le sçais bien: car rien ne t'est caché.

Nous cherchōs vn desert en vain pour t'offēser,
Tes beaux yeux tout-voyās les cœurs peuuēt percer
 De leur diuine flamme,
I'accuse mon mesfaict, ne vueille consentir
 A la mort de mon ame,
Ie banny mon offense, & suy le repentir.

Desia mon crime auoit mon esprit estonné,
Et l'auoit iustement à la mort condamné,
 Sans toy, Dieu pitoyable,
Mon damnable mesfaict extreme en mauuaistié,
 Me rendoit miserable,
Mais les plus grands forfaicts cedent à ta pitié.

Mes yeux sont arrousez de larmeuse liqueur,
I'ay la plainte en la bouche, & les regrets au cœur,
 Mourez vaines pensees,
Ie demande, à genoux, pardon (doux punisseur)
 Les pasles mains pressees,
Fais luire sur mon ame vn rayon de douceur.

A toy, côme à mon Dieu, à toy, grand medecin,
Ie descouure mon mal, tu me peux rendre sain,
  Et seul guarir ma playe,
En vain l'on se repent, l'on plore son peché,
  Et quoy que l'homme essaye,
Helas, il perd son temps s'il n'est de Dieu touché.
  Seigneur, fais que ta grace entre dãs mes esprits,
Pour espurer mon cœur de ton amour espris,
  Et purger mon offense,
O Dieu tout-grand, tout-bon, si tu veux m'assister
  De ta saincte defense,
Tous les humains efforts ne me pourront donter.

MON esprit qui s'estoit au vice accoustumé,
Maintenant deuenu honteux de son offense,
De l'amour du Seigneur se sentant allumé,
Espure son vlcere en l'eau de penitence.
  En change des plaisirs ie gouste des douleurs,
Mes iours delicieux me sont des nuicts austeres,
Et toutesfois i'espere, au fort de mes langueurs,
Qu'il naistra des beaux iours de ces nuits solitaires.
  Côme vn fleuue leger nos iours s'en vont glißãt,
Les ans fuyent de nous, & les mois ont des ailes,
Mais las ie ne voy point mon trauail finißant,
Car il n'est point finy qu'aux voutes eternelles.
  Nous voguons incertains sur la mondaine mer,
Captifs, à la mercy de l'onde espouuantable,

F iij

STANCES

Nous passons tristement par vn riuage amer,
Pour arriuer au port du Palais souhaittable.
  C'est vn diuin palais remply d'eternité,
C'est la saincte maison de la diuine essence,
C'est où sans fin reluit la supreme vnité,
C'est l'vnique sejour de sa magnificence.
  Qu'on ne me vante plus les tresors d'icy bas,
Au prix de ceux du Ciel, ce n'est que de la fange.
Bien-heureux qui iouit des celestes esbas,
Chantant heureusement la diuine louange.

ONTEMPLANT, tout ra-
uy, du haut Dieu les merueilles,
Ie souhaitte, confus, & cent voix
& cent yeux,
Puis oyant loüanger son palais glo-
rieux,
Ha! (dy-ie) malheureux! que n'ay-ie cent oreilles?
  Ie desire cent voix pour chanter ses miracles,
Ie souhaitte cent yeux pour les voir clairement,
Mais ils passent de loin l'humain entendement,
L'autheur a pris aussi des Anges pour oracles.
  Quand nostre foible corps ne seroit riē qu'oreilles,
Nous ne pourrions ouir de sa gloire la voix,
Elle chante là haut tout cela que tu vois,
Est vile aux prix du ciel, biē que soit des merueilles.
  A nos yeux tendrelets paroist la voulte bleuë,
Mais ils sont esblouis de sa viue clarté,
C'est vn signe euident de nostre infirmité:

Pour vn si pur obiect trop foible est nostre veue.
  Cet astre, ce soleil qui dessus nous rayonne,
Embellit l'vniuers du beau de ses clartez,
Mais ses brillans rayons ne sont qu'obscuritez
Au prix de la splendeur qui le ciel enuironne:
  Beau ciel, ou l'eternel fait luire sa puissance,
Diuin ciel ou la gloire annonce sa grandeur,
Cour vrayement eternelle, & pleine de bon-heur,
De grace, de clartez & de magnificence.
  Errant parmy le monde, en quel lieu que i'eslace,
Mes yeux, ie ne voy rien que des diuins effects,
D'vn pouuoir infiny naist tous œuures parfaicts,
Et la perfection prend de Dieu sa naissance.
  Si i'erre par les prez embaumez de fleurettes,
Et si, d'aise rauy, ie contemple vne fleur,
Ie voy qu'elle est parfaicte en grace & en couleur,
L'Eternel ne se plaist qu'en des choses parfaictes.
  Ie dis en admirant la terre toute pleine
D'herbages & de fruicts, les graces du Seigneur:
Terre, ne sois ingrate, exalte son honneur,
Il faict que tant de biens tu enfantes sans peine.
  Puis approchant du bord de la mer irritee,
Ie contemple, extazé, les rochers sourcilleux,
Qui dressēt vers le ciel leur haut chef orgueilleux,
Dont la muette audace vn iour sera domptee.
  Lors en pouβāt ma voix, instrumēt de ma peine,
I dis: Source des eaux, vn iour vous tarirez,
O superbes rochers, vn iour vous perirez,
Contre le Tout-puissant la resistance est vaine.
  Les elemens (dit-il) periront par la flamme,

F iiij

STANCES

Le feu mesme sera par le feu consumé,
L'homme seul qui sera de ma grace allumé,
Trouuera dans le ciel la place de son ame.

   Seigneur, fais que, les biens du mõde, ie mesprise,
Et de ta grace esmeu, que ie puisse animer
Mon cœur à te seruir, & mon ame à t'aimer;
Elle est de ton amour infiniment esprise.

   Le pecheur obstiné, reprouué, miserable,
Au vice abandonné, ne suit que les meschans:
Mon Dieu, ie te veux suiure, & par mille beaux
   chants
Celebrer ton honneur au sejour perdurable.

CONTRE LA GLOIRE.

MONDAINS qui repaissez de
   vanité vos ames,
Affamant vos esprits de souue-
   raines flammes,
De mortelles poisons vostre cœur se nourrit:
Grauez ces vers icy dedans vostre memoire:
La vertu n'entre point au cœur remply de gloire,
Car la gloire est vn vent qui tempeste l'esprit.

   Nous sommes comparez en la saincte Escriture
A la simple brebis, tres-douce de nature,
Mais l'humain sacrifie à l'inhumanité:
Las! il faut comparer nos humeurs deshonnestes
Aux cheuaux, aux lyons, les plus superbes bestes
Nous alions la gloire à nostre infirmité.

Si le tigre affamé volontiers n'intereſſe
Vn plus foible que luy, s'il eſt de ſon eſpece,
Hé! l'homme peut-il bien offenſer ſon pareil?
Ceux qui, par vn duel, amortiſſent leurs flammes,
Sous vn ombreux honneur, periſſent, & leurs ames
Se plongent dans la mort, ſans eſpoir de reſueil.

Vous à qui la vertu ſemble vous faire hommage,
Portans la haine en l'ame, & la gloire au courage,
Vous couuez le venin de la damnation,
Venin qui s'eſcoulant au profond de voſtre ame,
Y germe des tourmens, aneantit ſa flamme,
Et vous porte au ſommet de la preſumption.

L'orgueil eſt vne tour d'où le vent de la gloire
Nous va precipitant dedans la foſſe noire,
Où l'eſprit eſt battu de ſon propre meſfaict:
Ceſte gloire eſt vn feu qui ſoudain ſe conſume;
Dieu reiette l'eſprit qui, fol, de ſoy preſume:
La gloire n'appartient qu'à l'eſprit tout parfaict.

La vigne ne s'eſleue ainſi qu'vn cheſne tendre,
Et la voit-on pluſtoſt ſur la terre s'eſtendre,
Le figuier cheuelu monte vn petit plus haut:
Ces deux arbres de prix ont des branches ombreuſes
Dont ils couurent leurs fruicts pleins d'humeurs ſa-
    uoureuſes,
Si bien qui les veut voir, accoſter il les faut.

Chreſtiens, ſi les vertus reluiſent en nos ames,
Et ſi leurs prompts eſclairs en font naiſtre des flames,
Gardons, les publiant, de nous glorifier,
Et n'en faiſons parade en ce mondain paſſage,
Ains que l'humilité leur ſerue d'vn ombrage,

Stances

pour le temps & l'enuie à iamais desfier.

Comme si de l'aluine en vn vaisseau l'on iette,
Si la liqueur est rare, elle la rend abtette,
Et peut gaster vn vin pur & bien coloré:
Aussi, si nostre vie estoit mesmes parfaicte,
Le vent d'ambition la corrompt & l'infecte,
Soufflant son air puant dans l'esprit espuré.

 Pouuons-nous presumer quelque chose en nous mesme,
Sans, vains, y attacher vne fiance extresme?
Or s'y fiant ainsi, l'on se desfië de Dieu,
Alors, vuides de foy, de nous il se separe,
Il nous laisse orphelins, & l'ennemy s'empare
De nos ames qu'il traisne au deplorable lieu.

 En ces tristes deserts, l'ame qui s'accoustume
A succer constamment le laict de l'amertume
Que l'humble charité, douce, luy faict gouster,
Pure, elle succera, des delices la moille,
Et luira deuant Dieu, comme vne viue estoille,
Ce sont de tels enfans qu'il luy plaist adopter.

 Nous voyons auiourd'huy nostre vie allumee,
Et demain s'esteignant ne sera que fumee,
L'ame doit aspirer à la gloire du Ciel:
L'humaine vanité se nourrit de poussiere,
Sous l'aile du mespris de la saincte lumière
Que le Seigneur respand sur les ames de miel.

CONTRE LA COLERE.

'HOMME de qui la vie en miseres s'escoule,
Se peut accomparer à la rouante boule,
Qui s'agite, se tourne & se glisse en tous lieux:
Si quelque passion nous regist, nous domine,
Elle pousse, elle esmeut nos esprits furieux,
Et par tout où luy plaist nos desirs achemine.
Nous sõmes si fascheux que sentant quelque puce
Qui, pour nous mordiller en l'oreille se musse,
Ou si quelque chardon nous frosle seulement,
Nostre cœur est attainct d'vne cholere extreme:
Et pour rien nous faisons vn bruict si vehement,
Que l'ame en deuient trouble, & le visage blesme.
    La cholere est vn monstre, enorme de nature,
Elle rouille les yeux, & le corps desfigure,
Bouleuerse les sens, & rauage l'esprit,
Des vices plus monstreux, la colere est nourrice,
Massacre la raison, le desespoir nourrit,
Desespoir qui nous pousse en l'infernale lice.
    A l'instabilité la nature s'applique,
Au lieu qu'elle deuroit sembler vn corps cubique,
Lequel pour son solide & ferme fondement,
Fixe, en vn lieu s'arreste, immobile, immuable:

STANCES

Helas ! nous nous rendons au premier mouuement,
Car nostre impure foy est debile & muable.

Qui croira que soyons capables d'esperance,
Estans si desnuez d'amour, de patience,
(Armes pour batailler contre l'esprit malin:)
O Seigneur tout benin, mécognois tu point l'homme
L'ayant rendu parfaict, son fragile declin
Fit gauchir ses desirs au desir d'vne pomme.

Il la voit, il la cueille, & brisant ta deffense,
Parmy ce cuisant fruict aualle son offense,
Et desfaict malheureux vn temple si parfaict:
Pere, que tu es doux, helas tu luy pardonnes,
Et pour mieux restablir ce qu'il auoit desfaict
Le sang de ton cher fils, pour ciment, tu luy donnes.

De quel ardent amour seul esgal à soy-mesme,
Las ! nous as tu cheris? (bonté tousiours extresme)
Quelle obligation, sans l'auoir merité?
Ta grace a tellement surmonté ta iustice,
(Combien que nos pechez soient en infinité)
Que tu nous as remis nostre execrable vice.

Nous grauons en nos cœurs vne iniure legere,
Que, fols, nous retenons d'vne ame mensongere,
De façon qu'vn plaisir ne la peut effacer:
Mais quãd, de dueil attaints, nous te faisons priere
Penetrant nos pensers, tu nous viens embrasser,
Et, nos maux infinis, tu reiettes arriere.

Si nous estions aussi ce qu'vn Chrestien doit estre
Nous souffririons, pour toy (pere, souuerain maistre,
Comme l'or le plus fin, au four estre esprouuez,
Sans que le feu rongeard changeast nostre nature,

CHRESTIENNES. 47

Ny mesmes sa couleur, estant ainsi prouuez,
De l'ame, on recognoist la candeur viue & pure.
  Nous souffririons encor, ainsi que l'odeur douce
A laquelle l'on donne au temple vne secousse,
Estre iettez au feu pour l'odeur demonstrer,
De la viuante foy que DIEV nous a donnee,
Ou bien pour franchement nostre vertu monstrer,
Estre broyez ainsi que moustarde esgrenee.
CHRESTIENS il faut armer la pure cõsciẽce
Du bouclier de la foy, de forte patience,
Pour se couurir des traicts de l'ennemy de tous:
L'esprit qui veut attaindre au diuin diadéme,
Doit meurdrir le Démon, sujet de son courroux:
Et pour suyure son DIEV, renoncer à soy-mesme.

A Madame de Montluet.
PRIERE.

ON cœur est tout boüeux de la
  fange du monde,
Pour le purifier ie cherche vne claire
  onde:
Toy qui fis desbonder les eaux sur
  les sommets
Des monts plus esleuez, pour abismer la race
Des hommes infectez: fay, Seigneur, desormais
Esgorger sur mon cœur vn torrent de ta grace:
Non pas (Seigneur) afin que ce torrent me noye,
Mais afin que son eau mes vlceres nettoye:
Auant que ie nasquis, la sale iniquité

STANCES

Couuroit ceste orde masse, en ordures, ionchee,
Ma mere qui pensoit vn fils auoir porté
Du vice limonneux helas! est accouchée.

Ie ne suis que peché (mon Dieu) ie le confesse,
Mais pour estre laué à toy seul ie m'addresse:
(Comme ta creature) (ô bening createur)
Par ton esprit diuin, mon ame renouuelle,
Cancelle mes pechez, & me fais le tuteur
De tes celestes biens, à la vie eternelle.

Las! Seigneur, est-ce point vne trop fiere audace
Estre si criminel, & requerir ta grace,
Desseruant la rigueur d'vn infiny tourment?
En tes benignitez mon ame se console,
Modere, mon Sauueur, ton iuste iugement,
Deuant qui ta bonté pour mes vices s'immole.

Comme pauures forçats arrangez à la chaisne
Attendans quelque Roy qui les tire de peine
Au iour de son entree, à son aduenement:
Las! ie suis attaché aux liens de mes vices,
O eillade (Roy du Ciel) mon ame seulement,
Tu briseras les nœuds de ses iustes supplices.

Le mal est plein d'horreur, qui mon ame captiue
Mais ta misericorde est sans fin & sans riue,
C'est vne douce mer qui noye nos meffaicts:
A sec sera la mer, la terre consommee,
L'air tout esuanouy, les Cieux mesmes deffaicts,
Qu'encor on chantera ta bonté bien-aimee.

L'homme se lasse en fin de toute chose humaine,
S'il court continu'ment, il se met hors d'haleine,
Sa veuë, en regardant, s'esblouyst, & descroist,

CHRESTIENNES. 48

Vn son trop esclattant estourdit ses oreilles:
Mais pl⁹ ma voix te chāte, & plus mō cœur accroist
Et ne me puis lasser d'annoncer tes merueilles.

Sauue moy (grand Neptun) des escueils de ce mōde
Qui menacent de mort mon ame vagabonde:
Et comme le nocher au port de saucté
Couronne & vest de fleurs le mas de sa nasselle,
Couronne moy des dons de ta saincte bonté,
Pour engager mon ame à la gloire immortelle.

Les dons que ie requiers de ta grace infinie,
C'est vne ferme foy à tes esleus vnie,
C'est ceste charité, signe des bien-aimez,
C'est ce diuin espoir, des tiens, fidele gage:
La foy, l'amour, l'espoir, sont les vents animez
Qui nous poussent au port du celeste heritage.

DE LA MORT.

La vie est vne mort en cet ombreux seiour,
la mort n'est pas mort, vn tel
Et somme n'ennuye:
Mais la fatale mort est l'Aube de
la vie,
Comme la nuict du corps est de l'ame, le iour.

Ceste mourante vie est vn estre imparfaict,
Et n'est ny bien, ny mal: ains elle est la demeure
Et du bien & du mal: il ne chaut quand on meure,
Qui bien vit vn moment, vit vn aage parfaict.

L'ame vit de la vie, & la mort de nos os,
Il n'importe combien: mais comment on doit viure

STANCES

Nous viuõs pour mourir, nous mourõs pour reuiure,
Et l'heure du trespas est le poinct du repos.

L'hõme, pendant qu'il erre en ce val limonneux,
Est suiuy de la mort, elle luy faict la guerre,
Et talonnant ses pas & par mer & par terre,
Menace ses esprits de ses traicts veneneux.

Si nous sommes sur mer, elle vogue auec nous,
Si nous prenons la terre, elle nous suit, la sombre
Se separe de nous aussi peu que nostre ombre,
Et comme vn prompt esclair, elle darde ses coups.

D'elle ne vient le mal, puis que c'est le doux poinct
Qui termine les maux où le corps est sensible,
Tout est dompté par elle inuisible, insensible,
Qui pourroit euiter vn traict qu'on ne voit point?

Elle tranche le fil de tout mortel desir,
Et raffre, à l'impourueu, ce qu'en suant de peine
L'homme remporte au prix de la course mondaine;
Lors qu'on y pense moins, elle nous vient saisir.

Parons-nous de la foy contre ses flots puissans,
C'est vne fiere mer qui submerge nos flammes:
Gardons que son reflus n'emporte aussi nos ames,
Que les mondains appas n'ensorcellent nos sens.

Nous tirõs au trespas, nous semblõs aux vogueurs
Tournans le dos au lieu où leur force les meine,
Nous courons à la mort, mesme à perte d'haleine,
Faisant quelque semblant d'esloigner ses rigueurs.

C'est le nom de la mort qui nous semble odieux
Sa forciere sagette vn beau cœur n'espouuante,
Elle charme les maux, mesmes sa playe enchante
Et, douce, endort nos sens d'vn somne gracieux.

Aussi

Aussi qu'est-il besoin seiourner en ce lieu,
Esclaues du destin qui nostre aise varie?
L'angelique seiour, de l'ame est la patrie,
Et la saincte maison de nos ames, c'est Dieu.

L'ame n'est pas du monde, elle nasquit aux cieux,
Aussi la seule mort desuoile sa lumiere,
Elle tend au seiour de sa cause premiere,
Quand le bandeau mortel couure nos pasles yeux.

Encores ses pensers sont moites du sommeil,
Lors vn rayon diuin dissipant le nuage
Qui voiloit le sentier du celeste passage,
La guide en l'orient d'vn infiny resueil.

Ainsi l'ame, volee au delà de la mort,
Plainct ce qui vit au monde, & benit son voyage,
Contemple asseurément de ce calme riuage
Ceux cy, qui font naufrage au satanique port.

De quel contentement, las! estes vous suyuis?
(Esprits qui, dans le Ciel, arrentez vostre vie)
Que vous estes heureux d'auoir l'ame rauie,
Que vous estes contens, que vous estes rauis!

Vous estes à l'abry de l'orage mutin,
Vous estes dans le port, nous au milieu de l'onde,
Nous donnons l'autre vie en eschange du monde,
Et vous, la possedant, vous iouez du destin.

Les timides esprits qui redoutent le sort,
Font ceste viue mort vne douteuse vie,
Où, de mille frayeurs, leur ame est poursuyuie,
La crainte de mourir les plonge dans la mort.

Hé! pourquoy craignons-nous de mourir vne fois
(Achetant de la mort, vne vie immortelle)

G

STANCES

Si, de dix mille morts, en ceste aage mortelle,
En vn iour, en vn poinct, on meurt souuentes-fois?

AMES, pour triompher de l'eternelle mort,
Domptons les doux efforts que nostre chair nous trame,
La mort de ces desirs, est la gloire de l'ame,
Et la gloire de l'ame est au celeste port.

Pour ioindre ce beau port, on est contrainct passer
Vn fleuue, au bord duquel l'insatiable Parque
Nous vient tous receuoir, & nous met en sa barque,
Pour, le fleuue d'oubly, nous faire trauerser.

Nostre ame, cependant s'equipe, pour partir,
Et tandis que le corps est au mortel voyage,
Donnant ordre chez soy, elle trousse bagage,
Car les herauts de Dieu l'en viennent aduertir.

Sors, sors, (belle ame) sors de ce mortel seiour,
Desloge maintenant de ceste masse infecte,
Pour demeurer en Dieu, ton heureuse retraicte,
Sa grace, à tes esprits, annonce vn nouueau iour.

VPERBES qui penseʒ, en desdaignant la mort,
Trouuer dessus la terre vne eternelle baʒe,
Pour y fonder vn bien non tributaire au sort,
La vie est vn souspir, & la mort vne extaʒe.
  Nostre vie attachee à vn foible filet,
Gist, & pend sur le bord de la mourante leure:
La mort pour nous rauir, or' nous fille vn œillet,
Nous berse, nous endort, &, du monde, nous seure.
  C'est bië peu, ce n'est rië, mesmes c'est moins que rië
Que ceste pasle vie, à mille maux encline,
Nous mourons à toute heure en ce val terrien,
De moment en moment nostre force decline.
  Ores cestuy-cy vit, & tantost il mourra,
Car nous sommes ainsi que la fueille en Autonne,
Qui ores pend à l'arbre, & tantost tumbera:
Les corps sont les espics que la Parque moissonne.
  Vn flo-flottant bouillon s'esleue sur la mer
Au moindre mouuement d'vne ondelette esmeuë,
Mais puis vn tourbillon le venant animer,
Le fait esuanouyr, & se perd de la veuë.
  Au printemps de la course, à l'aube de nos iours,
Or' que nous commençons à reluire, à paroistre,
Vn petit mal esclot, & borne nostre cours:
Et la plus saine part meurt sans se recognoistre.
  Pourquoy desirons-nous de viure longuement?

G ij

STANCES

Qui a-il icy bas qui, nos ames, anime?
On peut accomparer nos souhaits proprement
Aux Danaïdes seaux qui n'ont ny fonds ny cime:
 Sans fin nous desirons d'vn dessein inconstant,
Et l'or est vn de ceux qui nous liurent la guerre,
Plus on acquiert icy, moins l'esprit est content,
Car le contentement gist plus haut que la terre.

 Or l'homme comparable à l'arbre renuersé,
Vers la plaine du ciel esleue ses racines,
Pour luy signifier, qu'il doit estre poussé
D'vn desir naturel vers les choses diuines.

 Mais comme le froment que la rustique main
Respand egallement sur la Terre fertile,
Ne germeroit iamais seulement vn seul grain,
S'il n'alloit pourrissant dessous la motte vtile.

 Aussi, si nous voulons que nos seconds esprits
Produisent de beaux fruits de substance immortelle,
Il faut que nostre corps, aux miseres, appris,
Pourrisse parauant dans la fosse mortelle.

 La vie est vne nuë exposee au soleil,
Qui soudain se dissoult: la vie est vne esponge
Qui attire tous maux: la vie est vn cercueil,
Ou bien, si vous voulez, c'est l'image d'vn songe.

 L'humain cours chancelat, ressemble ces basteaux
Qui glissent, sans marquer apres eux nulle trace,
Ou le sable entrainé par vn rauage d'eaux,
Ou la fleur qui fannit, ou bien l'ombre qui passe.

 Si l'on veut de la vie en distraire les maux,
L'enfance, & le dormir qui faict moitié de l'aage:
Helas! nous trouuerons qu'on n'a que des trauaux

pour paruenir au but de ce pelerinage.
  La Vie est vne nuict: & comme le Soleil
sortant de l'Occean, illumine le monde,
L'ame, apres nostre mort, franchissant le cercueil,
Luira dedans le ciel, où toute grace abonde.

PARAPHRAZE SVR l'Agnus Dei.

AIGNEAV de DIEV dont le sang precieux
A sceu purger le cœur le plus immunde,
Si nos pechez te sont trop odieux
Laue nos cœurs en ta grace feconde.
  Ton sang propice a coulé sur la croix,
Pour nettoyer le vicieux vlcere:
Mais, tout boüeux, derechef tu nous vois,
Nous requerons ta bonté salutaire.
  Seigneur, Seigneur, ne te cache de nous,
Restaure, helas! nos ames deplorables,
En vn clin d'œil tu nous peux sauuer tous,
En vn moment, nous rendre miserables.
  Voy de ton ciel, ce monde qui n'est rien,
Où les enfans ont la main sur leurs meres,
Où Satan regne, où se rend mal pour bien,
Où les germains ensanglantent leurs freres.
  Calme (Seigneur) ces debats inhumains,

STANCES

Fais que la paix, entre nous, s'infinuë,
Que le courroux des debiles humains
S'esuanouysse, ainsi que faict la nuë.

Mais donne-nous ceste paix en nos cœurs,
Que ne pouuons posseder sur la terre,
Ains que sur nous, premier, estre vainqueurs
Malgré l'effort de l'intestine guerre.

Donne (Seigneur) que les trois ennemis
Qui, nuict & iour, sans trefue, nous talonnent,
Soient tous domptez, soient tous en route mis
Par trois moyens que tes graces nous donnent.

La forte foy, Satan surmontera,
Le sainct espoir triumphera du monde,
L'amour diuin nos cœurs espurera,
Pour y loger vne amour pure & munde.

SVR LA NAISSANCE DV SAVVEVR.

VOICY la nuict qui doit nos ames
esclairer,
Voicy l'heureuse nuict qui nous
doit bien-heurer,
O nuict pleine de ioye, & d'esclairs & de flammes:
Le feu du tout-puissant a franchy tous les cieux,
Pour, naissant, liberer du cercueil vicieux
Des damnables mortels les immortelles ames.
Il a quitté les Cieux, & sa diuinité,

Miracle! regne au Ciel en parfaite vnité,
Là haut il est en gloire, icy bas en puissance:
Mais quoy! ne sont-ce point des mysteres cachez?
Le fils de DIEV vient naistre home pour nos pechez,
Renaissant les pecheurs par sa sainte naissance.

 Qui croiroit qu'vn enfant fust de tous le Saueur?
Que, né dans vn estable, il eust tant de faueur?
Icy, le S. Esprit diuinement opere;
Il veut estre porté du ventre virginal,
Las! il est innocent, & vient payer le mal
Que nous auons commis au mespris de son pere.

 On dit que tout soudain que ce diuin Soleil,
De nos esprits pecheurs, annonça le resueil,
Les Pasteurs estouys, humbles, le visiterent,
Et laissant leurs troupeaux, orphelins de leurs yeux,
Coururent voir l'enfant, ainçois le Roy des Cieux,
En la creiche, posé, où tous ils l'adorerent.

 Trois Rois partirent lors auecques leurs presens,
Luy offrirent de l'or, de la mirrhe, & encens:
Et l'or fut le tesmoin de leur amour entiere,
Ils offrirent la mirrhe, ayant l'esprit touché
Du plombé repentir de leur pasle peché,
Et l'odoreux encens en signe de Priere.

 Vne estoille parut, qui la voye esclaircit,
Nostre ame est vne nuict que le vice noircit,
Et Christ, de nos esprits, est l'Aube salutaire:
La nuict regne icy bas, le iour au firmament:
Et sa grace est l'estoille, & le celeste Aymant,
Qui guide, & tire à soy toute ame debonnaire.

G iiij

Stances

Pour ceux qui sont bannis de leur patrie.

VOVS qui par la fureur d'vn tyran forcené,
Habitez vn desert de tous abandonné,
Estimez ceste vie vn espineux passage:
Mes parens (dites-vous) helas! me sont rauis:
Toute terre est aussi pays à l'homme sage,
Ou plustost, au prudent, nulle terre est pays.

Son pays est le ciel, où sa belle ame aspire,
Où l'esprit est content, où son desir expire,
Passant, c'est en ce lieu que tu dois demeurer,
A peine voyons-nous de terre trente mille,
Tousiours on voit le ciel, on peut donc inferer
Que de l'ame, le Ciel est le vray domicile.

Les pauillons sacrez du palais glorieux
Sont en lieu que ce soit, visibles à nos yeux,
Car c'est le rendez-vous des ames debonnaires:
Heureux sont les bannis qui d'vn fidele espoir,
Parent les coups diuers des mondaines miseres,
Car le ciel, en ses bras, les viendra receuoir.

Ce monde est vn exil, où nous sommes en proye
Aux douleurs, à la mort, qui fait des feux de ioye,
Soudain qu'vn desespoir, vne ame va charmant,
Portons patiemment les ennuys de ce monde,

CHRESTIENNES.   53

Iesus-Christ a payé nostre bannissement,
Pour nous donner sa terre en tant de biens feconde.

'VNIVERS est remply des miracles de Dieu,
Les Cieux, le firmament, les hostes de ce lieu,
De Dieu, vont exaltant les œuures nompareilles:
Quelle stupidité, las! quel aueuglement,
Se glisse aux fresles yeux de nostre entendement,
Pour ne voir, n'admirer les diuines merueilles?

Les mescreans esprits adamiques vassaulx,
Souhaittent, imprudens, des miracles nouueaux,
Demandent si de Dieu, est la main raccourcie:
(Prophanes) s'ils naissoient si coustumierement,
Vous ne seriez espris d'aucun rauissement,
Il en naist tous les iours, mais on ne s'en soucie.

Ce merueilleux flambeau qui dore l'Vniuers,
Celle qui luy succede, & qui passe au trauers
Des plus espoisses nuicts, ne sont-ce des miracles?
Et tant de brillants feux, & fixes, & courans,
Ne vous semblent-ils point miracles apparens,
Si les Anges du Ciel ne vous seruent d'oracles?

Des ans & des saisons la reuolution,
Des planettes l'aspect, & la conionction,
Les arbres reuestus, & tantost nuds de fueilles,
(Armes pour cōseruer, & les fleurs & le fruict:)
Tant de diuerses fleurs que la terre produict;

STANCES

Qu'est-ce que tout cecy, si ce n'est des merueilles?
Si vn seul grain de bled ne meut l'homme imparfaict,
A croire que ce soit vn miracle parfaict,
Q'en terre, il soit ietté, dessous la motte germe,
Vn espic bien fecond, qui tremble, iaunissant;
Voyez quel interest nous vient du Tout-puissant,
Mais c'est à des ingrats que sa grace il afferme.

Si l'esprit se delecte à la varieté,
Mon Dieu, que de couleurs le champ est marqueté,
Tout parsemé d'odeurs, & de saueurs diuerses,
L'air de differens sons, & puis quelle beauté
Se peut imaginer esgalle à la clarté,
Que de ton haut Palais (ô Soleil) tu nous verses?

Vn homme qui sous terre auroit tousiours esté,
S'il venoit puis apres à voir ceste clarté,
Ces miracles diuins, ces merueilleuses choses,
Seroit-il pas rauy en admiration?
De quel ardent desir, de quelle affection
T'iroit-il benissant (grand Dieu) qui les disposes?

Mais ce n'est la grandeur tant que la nouueauté
Des choses, qui agrée à nostre infirmité,
Qui ne peut admirer vne œuure continuë;
Si nous sommes esmeus d'vn miracle parfaict,
L'ayant consideré, ce n'est qu'vn simple effect,
Alors de l'admirer le desir diminuë:

Les châtres emplumez benissent en leurs chäts
Les merueilles de DIEV; & nous, hômes meschäs,
N'irons nous celebrant son los incomparable?
Il met à tous les iours ses miracles diuers:

Aussi te faut-il croire (ô petit vniuers)
Que de DIEV ne part rien qui ne soit admirable.

Que les vieux ne doiuent ap-
prehender la mort.

ROVLANT le viste cours de
l'espineuse vie,
(Or' au printemps de l'aage, or'
en l'esté rauie,)
Las! il semble (mortels) que nous
craignons l'hyuer,
La derniere saison de la course labile:
Que l'hôme est malheureux qui se plaint d'arriuer
En ce haure, voisin de son seur domicile!

Quand le Nocher tremblant au milieu de l'o-
rage,
Incertain de sa vie, & de son equipage,
Voit leuer quelque vent qui le faict esperer,
Mon DIEV, de quelle ioye a-il son ame esprise?
La vieillesse est vn vent qui, pour nous biē heurer,
D'vn fructueux espoir nos ames fauorise.

Le songeard Laboureur ores plaint, ores chante,
Selon les maux ou biens que le ciel luy presente,
Mais il est asseuré lors qu'il voit vn amas
De fruicts aux thuyaux d'or, entassez dans sa
grange,
A l'abry de l'orage, & des vents, & frimacs:

STANCES

Et content, de Cerés il chante la loüange.
Et nous qui, cõme vers, nous traisnons sur la terre,
Subiects à tous malheurs qui nous liurẽt la guerre,
Et ne nous laissent point qu'aux termes de la mort:
Quãd nous voyons blanchir la saison de vieillesse,
Comme le Marinier qui s'approche du port,
Ne serons nous espris d'vne iuste allegresse?
 Quoy, voulons nous tousiours croupir parmy
  l'ordure
De ce bas element, où la sale nature
Faict couler ses esgoux infects & vicieux?
Chrestiens, vaut-il pas mieux eslire vne demeure,
Qui soit plaisante à l'ame: (ames) volõs aux cieux.
Fy du monde, le ciel est vne maison seure.
 Errans par les sentiers de ces pays estranges,
Nous sommes (dict sainct Paul) absent du Roy
 des Anges,
Par foy, nous le voyons, & non visiblement:
Au poinct que nous quittons ceste masse mortelle,
L'ame absente du corps, contemple heureusement,
Face à face, l'esprit qui la fist immortelle.
 Pour vieillir & mourir, ce cours il nous faut
  suiure,
Mais nous mourons aussi pour raieunir & viure,
Car nous ne mourons pas d'vne eternelle mort:
Icy bas, comme l'or dans le fourneau s'espreuue,
L'eternel nous oppose aux trauerses du sort,
Pour faire de nos cœurs, la salutaire preuue.
 Iugeons que ceste vie est vn pelerinage,
Ou pluftost vn theatre, ou chacun personnage

Doit bien iouer son roolle, il n'importe combien
On profere des vers, en ceste bresue scene,
Encor qu'on ioue peu, pourueu qu'on face bien,
On acquerra le ciel pour le prix de sa peine.

Quand nous entrons au monde (infectes crea-
 tures)
Nous sommes reuestus de mortelles natures,
Debiles respirans la crainte de la mort:
Et quand nous en partons alors l'ame fidele
Inclinant vers le ciel, & se iouant du sort,
Nous transporte, immortels, à la gloire immortelle.

La Vie est vn cachot où l'homme porte peines,
Miserable est subiect à mil & mille geines,
Vaincu de fols desirs, esgaré de raison,
La Parque esgale à tous, termine tout martyre;
Ceste vie nous tient en captiue prison,
Nous y mourrons viuans, mais la mort nous en
 tire.

Veu que la triste vie à tous est odieuse,
Et que la pasle mort, faict perdre gracieuse,
Comme par vn sommeil, le souuenir du mal;
Dequoy redoutons nous sa fleche salutaire?
Si les maux sont feconds en ce caduque val,
Le ciel appreste aux bons vn infiny salaire.

Ha! que le change est doux au cœur qui bien
 espere,
De quitter pour le ciel, vn estat de misere!
La mort est vn grand prix, aduouons le pour tel,
Le mortel elle endort, vn dur somne le mine,
Au poinct de son resueil il se trouue immortel,

STANCES

Et le vol d'vn penser à son Dieu l'achemine.

Ainsi foulant aux pieds la vanité du monde,
Son cœur s'esleue au ciel où son espoir il fonde;
Alors ce bel esprit faict ses plus grands efforts,
Il mesprise la terre, il n'a plus de memoire,
Si ce n'est de son Dieu, qui le rauit du corps,
Pour le faire, au sainct chœur, instrument de sa gloire.

AME, si tu ressens l'aigreur de ton offense,
Oses tu bien paroistre à la face des cieux,
Quoy? la pasle terreur de ton crime odieux?
N'espouuente elle point ta sale conscience?

Ie sçay bien qu'à tes yeux se presente la crainte,
Mais c'est vne fureur qu'il conuient terrasser,
La triste repentance, il te faut embrasser,
Elle t'enseignera la voye amere & saincte.

Mon ame fais cela, repens toy de ton vice,
Et requiers du grand iuge, en ceste extremité,
Qu'il oppose sa grace à ton indignité,
Vsant de sa faueur & non de sa iustice.

Mon ame est tellement en son mal affoiblie,
Que ce poinct, ce luy semble, est son dernier effort,
Elle a veu son espoir aux termes de la mort,
Mais vn rayon de grace à son Dieu la rallie.

Elle fermoit les yeux à l'horreur de son crime,

Vn espoir l'esueillant, l'enleue sur les cieux,
Et plongeant aux regrets, ses pensers vicieux,
Foible, grimpe en suant, à la celeste cime.

Las! elle auoit perdu sa vitale puissance,
Lors elle a recouuert sa premiere vertu:
Soudain que son desir fut d'espoir reuestu,
Heureuse elle receut en ses maux allegeance.

Que nous sommes (humains) de nature fragile:
Qui peut viure icy bas sans qu'il soit entasché
De la contagion du venimeux peché,
Comme vn vaisseau sur mer, tousiours l'ame vacile:

Or' au bien, or' au mal, legere elle s'addonne,
Pendant qu'elle retourne en ces instables lieux,
Et partant de ce corps pour habiter les cieux,
Elle se donne à Dieu qui à elle se donne.

Alors sa pure foy se trouuant accomplie,
Au comble de son heur, elle voit fixement
De ses yeux face à face, au brillant firmament,
Ce Soleil, deuant qui toute ame s'humilie.

En ce luisant sejour des saincts & des Archanges,
Contente, elle benit le Seigneur tout-puissant,
Et sans se soucier de ce monde glissant,
Celebre à tout iamais l'Hymne de ses louanges.

STANCES

CONTEMPLANT du sõmet d'vne haute mõtaigne
Les beaux cieux aſurez, & la
verte campagne,
Chefs-d'œuures du seigneur,
ouurage de ſes doigts,
Ie voulois annoncer ſes louanges celebres,
Ia ſon los eſcouloit ſur mes indignes leures,
Et ſon nom merueilleux m'inſpiroit vne voix.
  Ma penſee,au dela de la terre,portee,
Au celeſte ſentier, ſa route ſouhaittee,
Volettoit, ſecouru du vent de mes deſirs,
Quand i'ouys vne voix qui ſembloit eſpandue
Par la vague de l'air, & qui ſe fuſt perdue,
Si ie n'euſſe impoſé ſilence à ſes ſouſpirs:
  Souſpirs ſainctement doux, qui m'emporteren
l'ame,
Reſpirez d'vn eſprit qui mes eſprits enflamme:
Soudain i'eſtends les mains, & i'eſleue les yeux
Vers le ciel qui tonnoit de ſi douces merueilles:
Pleuſt à Dieu que mes ſens ne fuſſent rien qu'o-
reilles
(Diſoy-ie) ou mon eſprit s'enuolaſt dans les cieux
  A l'inſtant ceſte voix celeſte & ſouueraine,
Chantoit ſi rarement ſa notte ſur-humaine,
Qu'elle attira mes ſens à vn rauiſſement:
Les eſprits extaſez peu à peu s'alentirent;
Tous les cieux (dit mon ame) enſemble ne reſpirẽt
Que

Que le souuerain bien de mon contentement.
  Vne vigueur renaist qui mes veines r'enforce,
Mon cœur tout esiouy reprend nouuelle force,
Et semble que mes yeux vont desdaignant le iour:
Or ranimant son air ceste voix inuisible,
Sors(dit-elle) penser de ton estre impassible,
Entens moy, car ie viens du celeste seiour.
  Au poinct l'ame s'esmeut, vn prompt desir l'esueille,
Ie ne sçais à l'instant si ie dors, ou ie vueille,
Tant que ie suis rauy, & tant ie suis content,
Mes yeux girans autour de ceste montagnette,
Par tout laschent les traicts de leur veue secrette,
Mais ne la pouuant voir, ie la vais escoutant.
  Esprit qui que tu sois (dit-elle) qui contemples,
Des merueilles de Dieu les mysteres tres-amples,
En ce pierreux seiour, mais aux bons gracieux,
Poursuis, pour bien mourir, le train de telle vie,
Ton ame vn iour sera sur le sainct mont rauie,
L'esprit absent du monde est plus proche des Cieux.
  Belle ame, esloigne toy de la tourbe maudite,
Et la gloire de Dieu incessamment medite,
De Dieu qui t'a creée à ceste seule fin,
Tu fais estat d'vn rien, si tu prises la terre,
Si tu as iamais veu le signe du tonnerre,
Ce monde passe ainsi, car tel est son destin.
  Sa principale baze, est l'inconstance mesme:
C'est au ciel, c'est au ciel, ce Royaume supresme,
Où l'on peut s'establir en toute seureté,
C'est là des bien-heureux, la maison bien heuree,

Stances

La retraicte du corps n'est iamais asseuree,
Et le monde n'est rien que pure vanité.
Contemple à tous momens de veue immesura-
    rable,
Du souuerain des cieux, la puissance innarrable,
Benis le sur la brune, & mesme au poinct du iour,
Admire sa grandeur, par qui treblent les Anges,
Et du creux de l'esprit entonne ses louanges;
Que sa grace te guide au glorieux sejour.

Ame, ne fais estat du caduque heritage,
Respire les tresors, du celeste partage,
Que le Seigneur promet aux artisans du bien:
La richesse d'enhaut iamais ne diminue,
Au Ciel l'amour diuin, aux bons se continue,
Ce regne est vn iamais, & le monde n'est rien.

A ce bas mot de rien, ceste voix agreable
S'allanguist, & remonte en la voulte admirable
Me laissant vn desir de la suiure là haut:
Heureux qui part d'icy, de passions deliure,
Mourant aux vanitez pour en son Dieu reuiure,
Son ame fait, legere, vn fauorable saut.

QVAND mon esprit mouuãt en sa prison fatale,
A congé de ses sens de s'esbattre dehors,
Il semond ses pensers à sortir de ce corps,
Pour voir ceste grandeur à elle seule esgale.
Ie contemple le ciel, & tant plus ie desire
Admirer son autheur en son œuure apparent,
Plus ie pense en ses faicts, plus ie suis ignorant,
Plus ie m'y perds aussi, plus aussi ie l'admire.
En ce monde diuers tousiours on peut apprẽdre,
Si l'homme n'apprehẽde vn moindre effect diuin,
A cognoistre son Dieu, peine-il pas en vain,
Puis estant infiny, luy seul se peut comprendre.
Toutesfois le mortel le cognoist inuisible,
Par le monde abbregé, formé visiblement:
Sa parole crea ce tout en vn moment,
Et d'vn rien inuisible il fit l'homme visible.
Au ciel leuãt les yeux esmeus de saincte flãme,
En vain ie fais briller mon esprit curieux,
Il ne peut penetrer au cabinet des cieux,
Où luisent les secrets de celuy qui n'est qu'ame.
Si ie veux entonner d'vne voix bien vnie
Son los & son pouuoir, sa gloire, son amour,
Son œil est esblouy des poinctes de son iour,
Car sa perfection est en tout infinie.
L'homme qui luy requiert le pardon de sa faute,

H ij

STANCES

Recognoissant qu'il est vn abisme de bien,
Se doit humilier, s'estimant comme vn rien,
Car qu'est-il plus que rien deuant sa face haute?

A sa digne grandeur nulle grandeur arriue,
Elle n'a point de borne, & n'a point de destin.
C'est vne profondeur & sans fonds & sans fin,
Vne hauteur sans bout, vne largeur sans riue.

Sa puissance contient & tout & toute chose,
Ainçois tout est remply de son alme pouuoir,
Il fait en vn clin d'œil les hauts astres mouuoir,
Et l'orbe plus hautain qui des spheres dispose.

Il est cogneu par foy, & sa toute-puissance
Paroist en la grandeur du grand corps terrien,
Formé d'vne parole, & qu'il a faict de rien,
D'vne idee & d'vn rien, merueilleuse naissance!

Et bien que ses vertus, qui nous sont incogneues,
Soient delà le ressort des debiles esprits,
Si nous a-il pourtant sa grand'sagesse appris,
Par l'ordre qu'il a mis en ses œuures cogneues.

La vertu qui seule est digne d'vn si grand mai-
stre,
Ceste rare bonté, refuge des humains,
Il la monstre en ses biens, que ses mystiques mains
Disposent aux mortels en ce perissable estre.

Les graces qu'il nous fait ne se peuuent descri-
re,
Les biens qu'il a pour nous, sont vne eternité,
Vn poinct de ses vertus, est vne infinité,
Sa bonté ne se peut ny penser ny moins dire.

Or si de ses vertus si dignes, si celebres,

L'estre de nos esprits ne peut estre perceu,
puis que tant de faueurs l'homme a d'elles receu,
Grauons leur sacré los sur nos viuantes leures,
 Afin qu'vn iour là haut, en desillant la veue
De nos moites pensers ombragez du peché,
Capables du sçauoir qui lors nous est caché,
Nous chantions le motet de sa gloire cogneue.
 Tant que nos yeux seront tournez deuers le
  vice,
Et nostre ame endormie en ce viuant cercueil,
Dieu ne luy fera point vn gratieux accueil,
(Signe qu'il donne à ceux qu'il prend à son ser-
  uice.)
 Si nous voulons iouyr de la saincte victoire,
Qui nous doibt dans le ciel bien-heurer, comme
  siens,
Demandons luy par foy sa grace, qui (Chrestiens)
Fit le chemin frayé pour aller à la gloire.

H iij

STANCES

CACHE toy (beau soleil) ie ne merite pas
Entreuoir la lueur de ta face supresme,
Mais las! sans tes rayons tout periroit çà bas,
Il faut donc que chetif ie me cache moy mesme.

Le lieu le plus secret d'vn desert escarté,
L'ombrage plus obscur d'vn antre plus sauuage,
Rien ne peut deceler ma pasle iniquité,
Au vice ayant donné mon ame pour ostage.

Ce soleil des esprits qui penetre dans nous,
Des yeux va trauersant le plus espais tenebre,
Qui couure son offense, augmente son courroux,
(Seigneur) voy les cachots de mon ame funebre.

Ce ne sont rien qu'esgoux que mon cœur vlceré
Distile en mes esprits pour infecter mon ame,
Desia l'espoir en eux s'en alloit expiré,
Si tu ne m'eus touché d'vn rayon de ta flamme.

Ton esprit me voyant empestré dans la mort,
Puissant, a menacé Satan de le destruire:
Mon ame a repris cœur, & veut, à cest effort
Soubs le ioug de tes loix heureuse se reduire.

Elle fait mille vœux de combattre Satan,
De ne manquer iamais de foy ny de courage,
De renoncer au monde, à ce mortel Autan,
Qui donne l'ame en proye au vicieux orage.

Puissent tous mes pensers encrer fidelement
Au sainct port de vertu, où mon espoir sommeille,
Afin que si mon corps s'endort au monument,
Aux cieux resplendissans mon ame se resueille.

COMBIEN que l'ame humai-
ne en ce corps agissante,
Participe aux rayons de la beau-
té puissante,
Et bien qu'elle ait des traicts de
la diuinité,
Si est-elle inhabile à tout diuin mystere,
Son penser ne s'estend dedans l'infinité,
Qu'entant que le moteur en son ouurage opere.
Ainsi que l'œil du corps clair-voyät de nature,
Ne iuge des couleurs ny d'aucune figure,
Si l'œil de l'vniuers ne luy fait perceuoir :
De mesmes nostre esprit, biē que clair de soymesme,
Offusqué de ce corps, ne peut apperceuoir
Les mysteres de Dieu, sans sa grace supresme.
Nous ne sçaurions agir, nous ne pouuōs rien faire
Qui luy puisse agreer, qui luy puisse complaire,
S'il n'enflamme nos cœurs d'vn rayon gracieux :
Quand nous agissons mal, c'est acte de nature,
Quäd nous operōs bien, c'est vn grain que les cieux
En nous auoient semé, pour prendre nourriture.
L'ame peut quelque bien conceuoir en pensee,
Mais pour l'effectuer elle est trop insensee,

H iiij

STANCES

Elle a l'esprit battu de trop de paſſions:
L'homme enclin à tout mal deçà delà vacile,
Et ſe laiſſe emporter à ſes affections,
Si Dieu n'eſt le patron de ſon vaiſſeau fragile.

Tandis que nous voguons ſur ceſte mer du mõde,
Subiects à tant de maux, comme vn nocher ſur
l'onde,
Sans Phare, peut froiſſer ſon maſt contre vn eſcueil:
Ainſi nous nous perdrons ſi la grace diuine,
Oeilladant nos eſprits atterrez du ſommeil
De ſes pures clartez nos ames n'illumine.

PRIERE.

MA force eſuanouiſt, ma vigueur
eſt eſteinte,
Le fardeau des pechez atterre
mon eſpoir,
Au ſein de ta bonté daigne moy
receuoir,
(Seigneur) oy de ton ciel les accens de ma plainte.

Que feray-ie, chetif! le poids de mon offenſe
Helas! fait tresbucher mes coulpables eſprits,
Faut-il que ie ſuccombe au vice qui m'a pris?
Seigneur, fais que ta grace emporte la balance.

Quand mon paſle penſer entreuoit ta iuſtice,
Ie tremble, ie friſſonne, & mon chef pantelant
Se panche vers la terre, & mon eſprit dolent
N'oſe leuer les yeux, honteux de ſa malice.

Mais mon ame estonnee, & bouffie de honte,
Redoutant la rigueur de tes iustes arrests,
S'incline, suppliant que les grands interests
De son debte ancien, ne luy soient mis en conte.

Mon cœur se veut charger d'vne iniuste requeste,
Qui ne tend qu'à merry, il la veut rapporter
A toy (Iuge tout bon) vueille-le donc porter,
De ma meschante vie, & ne luy fais enqueste.

Car le pl' foible poinct duquel mes sens m'accusẽt,
Helas! est assez fort pour me donner la mort:
Iuge selon ta grace, & non selon le tort,
Essay que tes bontez, tous mes tesmoings, recusent.

O Iuge souuerain, prononce la sentence
En faueur de mon ame, afin que les peruers,
Aux accents de ton los celebré par mes vers,
Despouillant leurs erreurs, vestent la repentance.

Donne (Iuge des Rois) que ce pendant que i'erre
Sur le fresle plancher de ce lourd element,
Deuant toy, mon esprit chemine droictement,
Toy, dy-je, qui, tressainct, viendras iuger la terre.

Que feray-je ce iour, où feras ouuerture
Du liure des mesfaicts des esprits vicieux?
En oseray leuer, ny les mains ny les yeux,
Le grand tout tesmoignant ma grande forfaicture.

Mes crimes assaudrõt ma foible ame, sans treue,
Mes enormes pechez le Ciel reuelera,
Mon ame, deuant toy, ses vices produira:
Et crains que contre moy la terre ne s'esleue.

Confus de mon erreur, & la teste baissee,
Trembleray, touché de honte & de douleur,

STANCES

Vn regret espineux entamera mon cœur,
Et ma faute fera horreur à ma pensee.
 Car le final arrest de ma mortelle offense
Se verra prononcer à la face des cieux.
A ta droicte iustice, (ô Iuge gracieux)
Oppose ta bonté pour ma seure defense.
 Las! ie n'ose paroistre à l'aspect de ta face,
Car mon cœur est souillé de sales passions:
Pare de saincts desirs toutes mes actions,
Et lors ie te verray, reuestu de ta grace.

L faut que nos pensers trafiquent
  dans les Cieux
Pour iouyr à iamais du tresor pre-
  cieux
Qu'on ne peut amasser au traficq
  de ce monde,
Retirons nos desirs de ce vile tracas
Pour les loger au ciel, où le fidele fonde,
Au prix d'vn tel seiour le monde est peu de cas.
 Les vices tout ainsi qu'hameçons attachez,
Amorcent nos esprits, de vanité, touchez,
Fuyons ces doux accens qui charment les oreilles,
Imitons vn Vlisse affranchy du trespas,
Pour n'auoir escouté des pipeuses merueilles:
Fermons nos fresles cœurs aux terrestres appas.
 L'homme voit à ses yeux les vains soldats d'erreur
Assaillir (impudens) le palais de son cœur,
Il souhaitte la paix, mais Satan s'y oppose:

CHRESTIENNES.

Heureux si son effort ne le rend abbatu,
Qui combat sur la terre, au Ciel il se repose,
Et moissonne les fruicts de sa haute vertu.

Si celuy qui s'agite, & suë aux ieux de prix,
Se ioüe du trauail, & le tient à mespris
S'il voit qu'vn grand honneur est le prix de la
   peine,
Et qui ne domptera l'humaine vanité :
Courage, mon esprit, ne perdons pas haleine,
Ce triomphe est le poinct de ta felicité.

Mais quoy, mõ pauure cœur, tu sõmeilles, tu dors,
Helas! te veux-tu rendre à ces premiers efforts?
Il faut vaincre la mort, & la troupe mondaine :
L'ame doit icy bas veiller incessamment,
Chastier ses desirs, & les tenir en gesne,
Pour reposer vn iour au sein du firmament.

Tout cela que l'on voit en ce monde inconstant,
Plus solide, plus beau, plus ferme, plus constant,
Est venteux, est boüeux, fragile, variable :
Malheureux, qui se plaist en ce val terrien!
Le plus heureux qui viue, est-il pas miserable,
S'il est moindre que tout, & que tout ne soit rien?

La vie est vn torrent de fertiles douleurs,
Agité de souspirs, de sanglots & de pleurs,
Et la mort est le haure, où le corps prend haleine,
Cependant que l'esprit, libre de sa prison,
Vuide de vanité, vole en la saincte plaine,
Pour habiter heureux la diuine maison.

Indigne est vn esprit d'estre issu de là haut,
S'il franchit à regret ce necessaire saut,

STANCES
Qui nous porte au Palais, enuironné de gloire:
(Chrestiẽs) il faut mourir pour reuiure en son Dieu,
Car nous ayant vaincus, il sera la victoire,
Qui fera triompher nos ames au sainct lieu.

A la loüange de la vie rustique.

LE sentier des mortels est parsemé
 d'espines,
Là Satan frauduleux, exerce ses
 rapines,
Balayãt le chemin, pour seduire
 les cœurs,
Mal-heureux est l'esprit, qui, ses douceurs, enuie:
Nous sommes tous subiets aux mõdaines rigueurs,
Les peines, les trauaux sont tributs de la vie.
  Mais l'hõme, en ce bas lieu, peut eslire vne sente
Pour cheminer au train de la course presente,
Plus belle que n'est pas le fourmillant chemin:
Toy qui veux doucement escouler ce passage
Ou tel passe auiourd'huy, qu'on ne verra demain,
Va cultiuer, aux champs, ton paisible heritage.
  Aux champs loge la paix, nourrice du silence,
La vaine ambition, mere de violence,
Regne aux royales courts, non en celles des champs,
Toutes les passions s'establissent aux villes,
Aux ames des plus grands elles se vont perchans,

CHRESTIENNES. 63

Afin, les possedant, se les rendre seruiles.
  On vit libre au village, ou l'ame n'est attainte
De l'erreur de Midas, ny de passion feinte,
Le penser luit au front en sa naifueté:
Ny l'or, ny les honeurs, qui ne sont qu'vn ombrage,
Ne se cueillent aux prez, ainçois en la Cité,
Mais le contentement se moissonne au village.
  Quel plaisir c'est, aux champs, d'entendre au ver-
    bocage
Le chantre printannier, desgoiser son ramage,
Aux Pasteurs, annonçant que c'est le princt du iour,
Alors qu'il fait beau voir la rougissante Aurore
Produire le Soleil, qui en l'Indois seiour,
Redore les hauts monts, & les prez recolore.
  Quel aise de sentir Zephir, la douce haleine,
Humer l'air auiuant, en l'odoreuse plaine,
Choisir vn beau ver-pré, bizarrement paré
Des richesses de Flore, & de fraiches herbettes:
La prendre son repas, repas non preparé,
A l'ombre du buisson, comme les brebiettes.
  Heureux à qui le champ sert de sale honorable,
Le miel, de friands mets, & la terre, de table,
La verdure, de nappe, & les fleurs, de tapis:
Heureux, viuant ainsi de noix & de fromage,
Prés ses vasches succant, ce qui coule du pis;
Le desir des plus grands souuent luy fait hommage.
  C'est vn grand preiugé de liberté champestre,
Qu'vn sceptré quelquefois laboureur voudroit estre,
Et iamais le Rustic ne souhaitte estre Roy:
Que veut dire cecy sinon que la fortune,

STANCES

Aux franchises des grands impose quelque loy,
N'alterant, des petits, la liberté commune.

Tandis que, chez le Roy, les iuges doux-seueres,
Profondement pensifs, parlent des grands mysteres,
Le pasteur se repose au prés de son troupeau,
Parle à ses aignelets, & pense à sa bergere,
Entonne vn branle-gay sur son moiteux pipeau,
Puis interroge Echo la nymphe bocagere.

Celuy qui d'vn regret, aux châps, a l'ame atteinte,
Sãs crainte, à cœur ouuert, peut produire sa plainte,
Car les arbres muets sont contrainéts la celer:
En la Cour, tel sent mal, qui ne l'ose pas dire:
L'ennuy s'adoucit fort, qui le peut deceler,
La secrette douleur, est vn double martyre.

Heureux qui vit aupres de sa chere famille,
Esloigné du palais, où la tourbe fourmille,
Tourbe de chicaneurs, honnestes mendiens:
Heurenx qui à couuert des coups de ceste guerre,
Peut faire la reueuë (accompagné des siens)
Non des sacs à procez, mais des pieces de terre.

Celuy qui, de plaider, malheureux ne se lasse,
Comme les vents de mer l'vn sur l'autre il entasse
Des rauageux procez qui renaissent sans fin:
Heureux qui se delecte à greffer vn bon ente,
Il exerce l'esprit, seur guide de la main,
Puis songeant au futur, sa pensee est contente.

Heureux qui, dans son clost, se promeine, & con
    temple
La mere des mortels, & l'admirable temple
Où nous deuons, vn iour, adorer le Seigneur,

Quand nostre ame sera de sa gloire embellie:
Heureux parfaittement, triomphans de l'honneur
Où l'espoir nous eslance, où la foy nous allie.

Heureux qui, à l'escart de la haine maudite,
En l'amour de son Dieu deuotement medite,
De DIEV, dont il a pris double creation:
Nous le deuons aimer, mais d'vn desir extresme;
Il ne desdaigne vn cœur remply d'affection;
Qui en le receuant, se soit donné soy-mesme.

Heureux qui, dãs sõ parc, entre les fleurs se couche,
Distilant, comme miel, de sa diserte bouche
L'infiny los de DIEV, en ses vers mesurez,
Beny qui chante encor les accens de sa gloire,
Son ame goustera aux palais azurez,
Le nectar rauissant, qu'aux ames il fait boire.

Ie ne regretteray la perte de ma vie,
Lors que mon cœur aura consacré, sans enuie,
Au ciel & à la terre, & mon ame & mes os:
O terre, de mon corps, ie te fais heritiere,
O Ciel, pren mon esprit, & le tiens en depos
Iusqu'au iour qu'il pourra s'vnir à sa matiere.

Celuy qui se repose au sein d'vn heritage,
Et compte chacun iour pour dernier de son aage,
Ente dans son esprit vn grand contentement:
Heureux il prend en gré la fortune presente,
Esperant posseder au doré firmament
L'indicible tresor qui, les ames contente.

STANCES

LES pauillons astrez où les ame reposent,
Tout ce que le Soleil manifeste aux humains,
C'est l'ouurage (Seigneur) de tes diuines mains,
Qui sans nul mouuement, toutes choses disposent.

Ha! que l'homme est, à Dieu, obligé de son estre,
Ayant creé son ame, au monde vniquement,
Non subiecte à la mort, comme vn autre animant,
Fors elle, tout perit de ce qu'il a faict naistre.

L'eternel a creé cest admirable monde,
Qui s'vse peu à peu, comme le vestement,
Il n'a que deux saisons, car son commencement
Peut estre la premiere, & sa fin la seconde.

La grãdeur du Seigneur (dont l'immuable essence
Estoit, est & sera de toute eternité)
Sera tousiours entiere, & sa Diuinité
Brisera ce grand tout du bras de sa puissance.

L'aage, & le temps rongeard, qui, toute chose mine,
Son estre confirmans, publient son pouuoir:
Et l'homme ne peut rien au monde appercevoir,
Qui n'ait senty l'effect de sa bonté diuine.

L'hõme du Ciel (ce semble) en ce bas mõde arriue
Pour contempler, de Dieu, la grandeur, d'vn costé,
De l'autre sa misere & son infirmité:
Mais Dieu veut que son ame, à ces peines, suruiue

Attache

CHRESTIENNES. 65

Attache, à mon esprit (Seigneur, mon esperance)
Les ailes de la foy qui l'emportent, leger,
Entre tes bras ouuerts, pour à iamais loger
Au ciel, des bien-viuans l'vnique demeurance.

Las! que dy-je chetif? qui voy que mon offense
S'esleue sur mon chef, & me transit d'horreur,
Toy qui vois mon peché, destourne ta fureur,
Ta bonté, suscitant pour estre ma defense.

Afin qu'vn sainct espoir ma fidele ame suiue,
N'imitant l'vsurier qui pour auoir souffert
Quelque perte en ses biens, à la mort s'est offert,
Et souuent, malheureux, de lumiere se priue.

Seigneur, guide mes pas en ce mondain voyage,
Car mille passions enuironnent mon cœur,
Ou daigne mesurer ma peine à ma vigueur,
Ou croissant ma misere, augmente mon courage.

La sente de vertu, mon ame auoit laissee,
Et le sentier du vice immunde, recherché:
Mais si toute mesure excede mon peché,
Ta grace excede aussi toute humaine pensee.

D'vn rayon de ton œil, illumine mon ame,
Pour aller dans les Cieux annoncer son resueil:
Et ne fais, s'il te plaist, comme le prompt Soleil,
Qui se cache de nous, & nous priue de flamme.

Que ta grace, non plus, de mon ame s'absente.
Que l'ame faict du corps, & fait qu'il ne perit:
Seigneur) ta grace est plus l'esprit de mon esprit,
Que l'ame, la vigueur de la masse pesante.

La grace du Sauueur (dont i'ay l'amerauie)
Inspire les esprits, au poinct qu'ils vont naissant,

I

Stances
Afin que sur le soir ils aillent trauersant
La mort, pour estre au iour en l'eternelle vie.

DE L'AMOVR SPIRITVEL.

IEV est l'vnique amour qui doit
nauurer nos ames,
Et l'obiect tres-parfaict, qui les doit
attirer:
Mais luy sacrant nos vœux, nos
pensers, & nos flammes,
Il faut faire ce vœu, de ne les retirer.

Ha! que i'estime heureux, de qui l'ame embrasee
Souspire, à tous momens, apres le sainct amour,
Et qui, pour viure en luy, de cœur & de pensee,
Abandonne, du corps, le terrestre seiour.

Nostre amour sera grand, si (la beauté diuine
Nous ayant animez) il s'esloigne de nous,
Et se va reünir à sa vraye origine,
A Dieu l'estre de tout, & le Sauueur de tous.

L'amour du Souuerain, qui les desirs enflamme,
(Chrestiens) est vn onguent si rare & precieux,
Qu'à l'instant il guerist les playes de nostre ame,
Et, de l'esprit perclus, illumine les yeux.

De nostre entier amour, Dieu est l'estre, & la force,
Et, comme de tout bien, est la cause & l'effect:
L'Amour creé de nous n'en est rien qu'vne escorce,
Le seul amour diuin, est vn amour parfaict.

L'amour que nostre cœur, pour son prochain, respire

CHRESTIENNES.

'est qu'vn ardent desir à luy vouloir du bien,
ais si le sainct Esprit ses flammeches n'inspire,
l'amour n'est qu'ombrage, & de soy ne peut rien.
amais le vray amour ne sent rien qui le gesne,
e se paist d'amertume, ains se paist de douceur,
ar la mesme douceur est sa propre germaine,
omme l'amertume est, de la haine, la sœur.
'est vn plaisir entier, c'est vne ioye extreme,
tre aimé de son Dieu, l'aimer de tout son cœur,
y voüer ses pensers, ses desirs & soy-mesme,
incu de son amour, & du monde vainqueur.
si l'esprit est present aussi bien où il aime,
u'au cœur où il agit, sa vigueur animant:
 Dieu, parfait amour, souuerain & supreme)
uant toy, ma belle ame assiste incessamment.
ar mon ardent desir, & ma pensee abstraicte
la masse du corps, l'enleue sur les cieux,
ur luy faire admirer (des vanitez distraicte)
vray amour, visible à ses fideles yeux.
ay donc, si mon amour (ô grand Dieu) te peut plaire,
e mon ame, par foy, espouse son Sauueur,
'elle ait ton sainct Esprit, pour eternel douaire,
ais qui peut meriter vne telle faueur?
O Seigneur tout benin, qui de nos cœurs disposes,
mply moy tellement des graces de ta Cour,
e mon cœur, pour toy seul, mesprise toutes choses,
urant à ses desirs, pour viure en ton amour.

I ij

STANCES

DE L'AVMOSNE.

'AVMOSNE, qui ne peut e[stre]
sans charité,
Est fille de Pitié, & sœur de Piet[é]
Car nous sommes esmeus, contempl[ant]
 la misere
D'vn pauure languissant, & la deuotion,
Qui se mesle parmy ceste sainte action,
Fait que le prix du ciel, pour loyer, on espere.

Celuy qui ne iouyt de rien moins que du sien,
Et languit, vray Tantale, au milieu de son bien,
Le iour est en accez, la nuict ne dort vne heure
De la crainte qu'il a qu'on luy pille son or:
Heureux qui communique aux pauures son tres[or]
Il ne le peut musser en cachette plus seure.

Si l'on peut aussi bien amortir peu à peu
Par vn deffaut de bois l'elementaire feu,
Que si l'on l'esteignoit y meslant son contraire:
Le riche, qui desnie aux pauures vn panneau
Pour leurs membres couurir, ou du pain, ou de l'ea[u]
Les faict-il pas mourir d'vn moyen volontaire?

Celuy qui, le salut des pauures desolez,
Enclost en vn cachot de ioyaux emperlez,
Comme dans vn tombeau enseuelit leur vie:
Si nous ne daignons pas les pauures secourir,
Quelle porte (Chrestiens) pourrons-nous encourir?
Sans profit nous sera la richesse rauie.

Dieu nous donne des biens pour en ayder à ceux
qui sont necessiteux: & non au paresseux,
qui, fuyant le labeur, par les places se veautre:
Mais si nous contentons la suppliante main
du pauure desnué, ou d'vn liard, ou d'vn pain,
Il ne faut qu'vne main sçache ce que fait l'autre.

Si l'aumosne adoucit du grand Dieu le courroux,
Si l'aumosne enuers luy, interpelle pour nous,
Pourquoy n'aimerons-nous ses effects necessaires?
Nous ne pouuons doner que les biens qu'il nous fait,
Il les donne par nous, mais il veut en effect
Esprouuer nos esprits aux œuures salutaires.

Comme le laboureur, qui de sa propre main
En cultiuant la terre, & parseme son grain,
L'interest du labeur, en la saison, moissonne:
Ainsi le champ fecond des pauures, produira
(Quand nous l'aurons semé) du fruict que goustera
Nostre ame dans le ciel, où le bien-faict resonne.

Bien-heureux est celuy qui, charitable, a soin
Du honteux indigent, le vestant au besoin,
Paissant de pain & d'eau sa miserable vie,
Reuestu des rayons de la diuinité,
Son esprit succera, au sein d'eternité,
Le precieux Nectar, l'immortelle Ambrosie.

I iij

Plaincte en forme de lamentation.

LA misere m'assaut, & n'ay pou[r] toutes armes
Que les pleurs que ie verse, & le[s] iours & les nuicts:
Hé! que ne puis-je faire vn torre[nt] de mes larmes,
Pour y noyer ma vie auecques mes ennuis!

Quand le Soleil paroist pour commencer sa cours[e]
Ie commence mes cris, & mes plainćts plus secre[ts]
Mais, comme ma douleur est vne viue source,
Ie voy le iour finir, & non pas mes regrets.

Les animaux sont tous retirez sur la brune,
Le silence est espars par le mondain pourpris,
Que ma plaincte s'augmente, & le Ciel importun[e]
Le repos de la nuict est troublé par mes cris.

Ma voix foible, enroüée, & d'effroy treblottā[te]
Fait horreur à tous ceux qui l'entendent gemir,
Aucun n'oit les accens de ma chanson dolente,
Sans distiler en pleurs, sans pasmer, ou fremir.

De mes cuisātes pleurs, tousiours ma face est teint[e]
Mon cœur plaint, & mes yeux se desbondent san[s] fin:
Mais helas! quelle fin pourroit auoir ma plainte
Si mon mal n'en a point, & que c'est mon destin?

Las! ie n'ay plus recours qu'à toy (Dieu debõnaire)
Mes amis m'ont laissé orphelin de conseil,
Si quelqu'vn me demeure, il rit de ma misere,
Ma vie est-elle pas pire que le cercueil?

Tant de sortes de maux enuironnent ma vie,
Que les plus langoureux, en voyant ma douleur,
S'esgayent en leur mal, & portent peu d'enuie
A l'heur des plus heureux, contēplāt mō malheur.

Ces tourmens douloureux n'esgalent mō offense,
Mais quoy, si tu voulois exposer nos meffaicts
Aux yeux de ta iustice, (ô Seigneur, ma deffense)
Helas! que deuiendroient les hommes plus parfaits?

I'ay failly, ie l'aduouë, & mon ame insensee,
Fole, s'est embourbee au peché limonneux,
La grandeur de ma coulpe estonne ma pensee,
Ah! que le suc charmeur du vice est veneneux!

Pour lauer mō vlcere, & pour plaindre mes peines
A ce poinct desastreux, enfer de mes desirs,
Ie veux mes yeux enflez conuertir en fontaines,
Et combler mon esprit de dueil, & de souspirs.

Puisse-ie tant plorer que ma mourante vie
S'aille parmy mes pleurs peu à peu distilant,
Ou que par les sanglots elle me soit rauie,
Ou que, par mes souspirs, elle s'aille exalant.

La fin qu'en ma douleur, en languissant, i'espere,
Las! c'est de la laisser soy-mesme consumer,
Ensemble finiront ma vie & ma misere,
Car c'est elle sans plus qui la peut inhumer.

Cōme le feu rongeard, d'autāt plus il s'enflāme,
D'autant plustost a-il sa matiere destruict,

I iiij

STANCES

Tout ainsi la douleur s'augmentant en mon ame,
Ruïnera le sujet qui ses peines produit.

De consolation est mon ame orpheline,
Deserte de tous biens, veufue de tout espoir,
Mon vnique refuge, est la bonté diuine,
Heureux si son doux œil me daigne apperceuoir.

Les mouches vont autour de la playe cuisante,
Afin de la piquer, afin de la succer;
Maints accourrent au son de ma voix suppliante,
Non pour flatter mon mal, ainçois pour m'oppresser.

La Iustice diuine, a permis que ie porte
Pour mon bien, ces tourmés, obiects de ma langueur,
La cause & non le mal aussi me desconforte,
Mais vn espoir d'en haut s'est glissé dans mon cœur.

Ie veux que mon esprit en larmes se distile,
Au moyen de l'ardeur de ma contrition,
Comme la neige fond, quand le soleil habile,
De ses regards flammeux luy donne impression.

Heureux est le pecheur qui tend à repentance
Apres qu'il a commis tant de vices infects:
Au regard de mes maux, foible est ma penitence,
Mais, Seigneur, ta clemence a dompté mes mesfaits.

Ie viens à toy, grãd Dieu, qui fais fremir les anges
Par le seul mouuement de ton bras tout-puissant;
Ie viens de tes bontez annoncer les louanges,
Qui vas, d'vn pur regard, tous les Cieux rauissant.

Ne mesprise (tres-haut) les accens si funebres
De ces plaincts sanglottans, qu'enfante ma douleur,
Car ils ne sortent pas du cachot de mes leures;
Ils partent maintenant du profonds de mon cœur.

Illumine mon cœur qui ardemment desire
Admirer la grandeur de tes perfections,
Comble le de ta grace, afin qu'il ne respire
Que sa douceur infuse en mes affections.

Derniers propos d'vn ieune homme.

MEVRTRIERE Cloton, es-
tu bien si cruelle,
De rauir mon esprit dés mon
fuyard printemps?
Ta sœur à peine ourdit ma fuzee
mortelle,
Et ia tu viens trancher le filet de mes ans.
Ah! Parque, ie voy biẽ, tu n'espargnes personne,
Tu fais tomber les vieux, les ieunes arrachant:
Hé! que n'attendois-tu au moins à mon autonne,
Pour moissonner mes os, & pour m'aller fauchant?
O fille de la nuict, aueugle est ta prunelle,
Et sourde est ton oreille à mon plaint ocieux:
Il est vray que la clef de la porte mortelle
Ouure à l'instãt aux Rois, petits, ieunes & vieux.
Mais la fleur de ma vie (ô Parque) vient d'es-
clorre,
Et tu la viens cueillir: hé! que ce terme est cour!
Mes yeux n'aguere ont veu la fin de leur aurore,
Et tu les viens siller au plus beau de leur iour.

STANCES

On disoit bien que l'homme estoit comme la rose,
Qui fleurit au matin, & flestrit sur le soir,
Il bastit des desseins, & Dieu le tout dispose,
La mort cueille les fruicts de mon fragile espoir.

Ainsi que i'eschelois les honneurs de ce monde,
Elle est venue à moy comme vn tygre affamé,
Elle a froissé ma chair, mesme elle a, furibonde,
Succé toute l'humeur du cœur mi-consommé.

C'est à toy (Dieu du ciel) que ma plainte se voue,
Entends l'air gemissant de mes funebres cris,
Si ce n'est en la mort, Seigneur, que l'on te loue,
R'anime la vigueur de mes mourants esprits.

Si les hommes ne sont que les vrais tesmoignages
De ta haute puissance, & ta toute bonté,
Il faut donc que la mort de ces mesmes ouurages
Soit la fin de ton los (ô Dieu de verité!)

Las! ie suis ton image, & de toy ie tiens estre,
Quoy? le peché m'a-il tellement difformé,
Que ta diuinité me puisse mescognoistre,
Apres que ton cher Fils m'a mesmes reformé?

Grand Dieu, fais moy mercy, ma poignante pensee
Vers mes maux se tournant, me transit tout d'horreur,
De l'effort des regrets est mon ame oppressee,
De mon crime odieux retire ta fureur.

Confus, ie me viens mettre à l'abry de ta grace,
Car mon vice animé sans trefue me poursuit:
Seigneur, ie perds haleine, & mon ame se lasse
De courir tout le iour, de crier toute nuict.

Sus, sus, il faut partir, il faut trousser bagage,

J'entends les grands heraults de la diuinité,
Qui me viennent sommer au celeste voyage,
Seigneur, loge mon ame au sein de ta bonté.

Adieu, Soleil, qui sors de l'onde mariniere,
Pour faire voir à tous ce petit monde, adieu,
Ie vay voir vn soleil, dont la pure lumiere
Rauit les habitans de la cité de Dieu.

Adieu, astre argenté, qui estendez les voiles
De la brunette nuict, & compassez les temps,
Adieu petillans feux, adieu graues estoilles,
Ie vay iouyr au ciel d'vn eternel printemps.

Flestrissez desormais, verdoyantes prairies,
Mes yeux ne verrôt plus l'esmail de tant de fleurs,
Ruisseaux demeurez coy, vos sources soient taries,
Vos courses prennent fin aussi bien que mes pleurs.

Meurent tous les plaisirs dont l'vniuers abonde,
La mort sille mes sens de son sommeil d'airain,
Adieu tous mes desirs, adieu vie, adieu monde,
Il faut chercher là haut vn plaisir souuerain.

Adieu mes chers amis, mon esprit se prepare
Pour aller dans les Cieux establir son séjour,
Et de corps & de cœur de vous ie me separe,
Si mon ame est à Dieu, aussi est mon amour.

Ia l'indomptable mort a sonné la retraite
De ce corps, qui sera la pasture des vers:
Seigneur, tu es ma vie, apres toy seul i'halette,
Mon Dieu, reçois mon ame entre tes bras ouuerts.

STANCES

QVAND ie veux exalter les
merueilles supresmes
De l'ouurier tout diuin, moteur
du firmament:
Ma voix seiche en ma bouche,
& mon entendement
Craint, rercherchât son los, de se perdre soy mesmes.

Son nom est admirable & sa gloire indicible,
Il marche sur la terre, il se sied sur les cieux,
Immense est sa grandeur, pour le comprēdre mieux
Il le faut aduouer tout incomprehensible.

C'est vn estre infiny, qui d'aucun ne procede.
Fors de sa propre essence, où l'ame doit finir,
Hors elle aucun de soy ne peut l'estre tenir,
C'est ce poinct eternel qui l'vniuers precede.

Et sur tout, & de tout, son œil, sa main dispose,
Il voit tout, il faict tout, & comme d'vn filet
Tout depend de sa main: c'est ce ressort parfaict,
Qui peut sans mouuement faire agir toute chose.

De rien il a creé, par sa toute-puissance,
Ce tout, qu'il entretient par sa seule bonté,
Et quand il luy plaira, sa simple volonté
Fera voir à ce tout la fin de sa naissance.

L'Eternel qui crea l'homme pour son seruice,
Tellement anima son esprit, qu'il ne peut
Perir, comme ce tout, si son vice ne veut:
Rendons grace au Seigneur d'vn si grand benefice.

L'ame .... conduire sa vie

Par ce prudent ressort tous ses ressorts divers:
L'ame humaine est vn tout au prix de l'vniuers,
Mais ce tout est vn rien, si Dieu ne le manie.

Sans plus le souuerain contient vn parfait estre,
Luy seul est cil qui est, il est tout ce qui meut,
Et celuy qui s'esleue est moins que rien s'il veut:
Qui se compare à Dieu, s'il estoit, il perd l'estre.

Qui pourroit raconter sa puissance incogneue?,
S'il fait d'vn seul regard tout le monde trembler,
S'il peut, touchant du doigt, les montagnes brusler,
Et fait bondir les flots iusqu'au sein de la nue?

S'il appelle des Cieux les brillantes estoilles,
Elles vont inclinant aux accents de sa voix,
Vn clin de ses beaux yeux sert aux Anges de loix,
Aux plus hauts Seraphins, & fait baisser les ailes.

Mais que diray-ie plus, si ma voix il n'inspire?
Ses ouurages creez l'aduouent pour leur Dieu,
C'est luy qui contient tout, sans espace de lieu:
Mon esprit est confus, il faut que ie l'admire.

La terre va chantant sa haute prouidence,
La mer sa maiesté, les astres sa splendeur:
Les fleurs chantent sa grace, & les Cieux sa grandeur:
Au doux son de son los, il semble que tout danse.

L'Architecte diuin a basty ce grand monde
Sans peine, le regit sans occupation,
Le soustient sans effort, en prend possession,
Sans qu'il en ait besoin, luy qui en tout abonde.

STANCES

Il veut que l'homme seul toutes choses possede,
Tant il aime les siens, mesme il nous a donné
Son cher Fils (dans les Cieux de gloire enuironné)
Pour seruir à nos maux de souuerain remede.

   Que pouuons nous penser, mais que pouuons
      nous faire,
Afin de recognoistre vn amour si parfaict?
Il ne loge en nos cœurs qu'vn amour imparfaict,
D'vn si digne labeur, trop indigne salaire!

   Grand Dieu, qui d'vn clin d'œil peux calmer la
      tourmente
De l'escumeuse mer, illumine mes sens,
Desille en moy les yeux des fideles absens,
Pare de tes faueurs mon ame, ton amante.

   Ta grace, pour t'aimer, est vn moyen supresme,
Et si la ressemblance est d'amour vn subiect,
I'espere en ton amour, bien que ie sois abiect,
Seigneur, car tu m'as faict à ta semblance mesme.

E corps fresle & mortel, où nostre
ame vacile
Sur la mer de ce monde, est vn
vaisseau fragile,
Qui se laisse emporter à la fureur
des flots,
Mais le fidele cœur, où le Seigneur prend place,
Quand il opere bien, est vn vaisseau de grace,
Qui surgit, bien-heureux, au port de son repos.
   La belle ame est vn ciel, que Dieu (brisant ses
voiles)
Illustre de vertus, ses luisantes estoilles:
La grace est son aurore, & la foy son soleil:
Puis ayans triomphé du monde, sa victoire,
Par les degrez de ioye elle monte à la gloire,
Où son Dieu la rauit aux rayons de son œil.
   Ceste ame, à son midy, le milieu de sa course,
Produit ses plus beaux feux, & nous faict voir la
source,
Ainsi l'estre des vertus, la saincte charité,
Celle qui donnant vie aux ames les plus belles,
Aspire, s'inclinant, aux choses eternelles,
Car s'abbaissant on monte à sa felicité.
   L'humilité fidele est du Chrestien la base,
Et comme il faut baisser la bouche de son vase,
Pour puiser la liqueur d'vn sourdoyant ruisseau,
Il faut que nostre cœur s'humilie & flechisse
Deuant son Createur, afin qu'il le blanchisse,

STANCES

Auec l'eau qui espure & refaict de nouueau.

Cil qui remplit les Cieux de rauissantes flâmes,
Comme de ce grand tout, est pere de nos ames,
Mais sur tout nos esprits agréent à ses yeux,
Il se plaist à les voir, les cherit, les manie,
Et leur communiquant son amour infinie,
S'ils luy donnent leur cœur, il leur donne les Cieux.

Le Seigneur est vn Roy, dont la main liberale
Est à sa volonté conformément egale:
Elle possede tout, elle veut tout donner;
Mais comme le combat precede la victoire,
Il faut vaincre la mort, pour iouyr de la gloire:
Qui n'emporte le prix, ne se doit couronner.

Qui vaincra ses desirs aux assauts de ce monde,
Sera paisible au Ciel, où tout repos abonde,
Et quand son corps sera atterré du sommeil,
Dans l'occident fatal ayant plongé sa flamme,
Dieu fera luire au ciel, comme vn astre, son ame,
Participant aux rais du souuerain Soleil.

L'HOMME

'HOMME est vn petit Roy
s'il commande à soy mesme,
se reiglant de façon en cet insta-
ble lieu,
Que le corps obeisse à son ame su-
presme,
L'ame serue à son Dieu.
Qui pourroit exprimer la dignité de l'ame,
Quand elle se soubsmet aux loix de son Seigneur?
Mais quand les sens gloutons ont amorty sa flame,
Que vil est son honneur!
Quãd l'ame s'est veautree en la bourbe du vice,
Et soüillé sa candeur, lustre de sa beauté,
Elle a de son Seigneur postposé le seruice,
A fole vanité.
Elle sera bannie ainsi qu'vne infidele,
Par ce diuin espoux, en pays estranger,
Au ciel, où l'ame pure au banquet il appelle,
Et ne pourra loger.
Se priuer à iamais de l'angelique vie,
C'est vne amere absence, helas, pensons y bien:
Indicible douceur, auoir l'ame rauie,
Sans plus desirer rien.
Esprits qui aspirez à cet estre immuable,
En ce fragile corps, perissable sejour,
Asseruez vos desirs soubs le ioug honnorable
Des loix de vostre Cour.
Ce corps fresle est vn char, & l'esprit est le guide
K

STANCES

Qui doit serrer le frein à ses sens furieux:
Il se verra porté, s'il leur lasche la bride,
    Au chemin vicieux.

  Qui vainc ses passions, & quant-&-quant le
    monde,
Il rapporte un triomphe à nul triomphe egal,
Il gaigne une victoire en tout bon-heur feconde,
    Qui termine tout mal.

L'ame qui veut un iour iouyr, victorieuse,
D'une immortelle paix, d'un triomphe eternel,
En ces mondains assaults, doit vaincre, genereuse,
    Son desir criminel.

Qui retire son cœur des vanitez mondaines,
Pour le vouer à Dieu qui l'anima de rien,
Eschange heureusement des choses incertaines,
    A son souuerain bien.

C'est là, c'est là qu'il faut fonder son esperance,
C'est là qu'il faut mirer les traicts de son dessein,
C'est à ce but qu'il faut que l'espoir nous eslance,
    Comme à sa seule fin.

De mesmes que le corps animé de la flamme
De l'esprit vigoureux, se maintient, non de soy,
Le Seigneur est ainsi la vie de nostre ame,
    Tributaire à sa loy.

ESPRIT qui desdaignant ta de-
    meure mortelle,
Eslaces ton desir & ta pensée isnelle
Vers l'immortel sejour de son estre
    parfaict,
Garde que l'approchant de la grand' face bleuë,
Tu ne sois esblouy de son brillant aspect,
Car vn object si haut trop debile est ta veuë.
On dict bien que le Roy de la hupe jaspée
Se va vers le Soleil fixement le regarder,
Comme recognoissant son lustre nompareil:
Qui homme, qui du ciel a pris son origine,
Ne scauroit contempler le souuerain Soleil,
Vu des yeux espurez de la grace diuine.
Sans ce Phare, nos sens, aueuglez par le vice,
Iroient tresbucher au premier precipice:
Sans luy nos yeux seroient de lumiere priuez,
En voguant à tastons sur ceste mer mondaine,
Au salutaire port pensant estre arriuez,
Nos ames periroient d'vne cheute soudaine.
Car bien que l'homme soit le mignon de nature,
Quel soit son sauoir, si n'est-il creature
Plus infirme que luy, qui ne peut rien de soy:
Son esprit, champ fecond, ne doit estre inutile,
Sans produire les fruicts de la viuante foy:
Car on ne fait cas d'vne plante vtile.
L'ame doit donner loy à la masse fragile,
Regler ses mouuemens & comme elle est agile

STANCES CHRESTIENNES.

Se guinder vers le ciel sur les ailes d'espoir,
Et si la charité meut en elle & respire,
Desillant ses pensers, elle peut entreuoir
La beauté souueraine, où son desir aspire.

 Pensers qui respirez les graces supernelles,
Eslancez vers le ciel les traicts de vos prunelles,
Les souspirs de mon ame, & ses vœux infinis,
Sans vous en ce destroit elle ne pourroit viure:
Pensers vous faictes voir à ses esprits bannis,
Cest esprit qui la faict, languissante, reuiure.

 Heureux trois fois celuy qui dans les cieux s'allie
Qui ses yeux esleuant, son esprit humilie:
Par l'humblesse l'on monte à la diuinité,
Malheureux qui croupit en la fange des vices,
Il fait son cœur impur, temple de vanité,
Et se priue à iamais des celestes delices.

 Grand Dieu de qui les yeux penetrẽt nos pensees
Ores deuers le bien, or' au mal eslancees,
Illumine mes yeux, anime mes desirs,
Mon cœur quittant le monde, en ton amour s'en
 flamme:
Quiconque peut mourir à tous mondains plaisirs,
Acquiert par telle mort la victoire à son ame.

ODES
CHRESTIENNES.

*O V B S le ciel on ne peut
auoir
Plaisir qu'au prix de l'a-
mertume,
Le sort nous voulant dece-
uoir,
Fait tourner nos maux en
coustume,*
Quand le corps deuale au tombeau
L'ame vit vn siecle nouueau.
 Ie parle de ces beaux esprits,
Qui pleins de constance non vaine,
Le plaisir du ciel incompris,
Acheptent au prix de la peine,
Et qui ne bastissent en l'air
Vn bien qui se peut enuoler.
 Que subiet est le cours humain
A des euenemens estranges,
Balançons vn estat si vain

ODES

A la felicité des Anges,
Nous ? croyons mourir les plaisirs
Par qui meurent nos saincts desirs.

N'attendons que les messagers
De la Parque qui tout egale,
Rauissent nos esprits legers
Dehors de leur maison fatale:
Veillons, car nous ne sçauons pas
Ny l'an ny l'heure du trespas.

Auant que l'ombre de la mort
Enuelope nos viues flammes,
Pensons à Dieu, doux reconfort,
Et le seul soleil de nos ames:
Sa grace est l'vnique flambeau
Qui nous preserue du tombeau.

Nos iours glissent soudainement,
Ainsi qu'vn traict, ou comme l'ombre,
S'il est, qu'on doit en vn moment
Hoste de la demeure sombre:
Ce qu'on doit de plus arresté
C'est la mesme instabilité.

Cependant que nous iouissons
De ceste lumiere mortelle,
A Dieu pensons & repensons,
Supplions sa grace immortelle,
Que (de repentance touchez)
Il efface tous nos pechez.

E monde n'est qu'vn passage,
Et l'homme n'est gueres sage,
Qui tient son cours bien constant,
Ou bien c'est son ignorance,
Veu qu'on voit par l'apparence,
Qu'il dure moins qu'vn instant.

La desfiance nous tue,
Nous courrons bride abbatuë
Apres vn tresor mondain,
De crainte d'en auoir faute:
L'espoir de la bonté haute
De nous s'enuole soudain.

Que nous sommes miserables,
Les bestes incomparables
Au crayon du tout puissant,
Reçoiuent leur nourriture,
Et sa chere creature,
las, iroit-il delaissant?

Vous de l'eternel image,
Les douceurs de son ouurage,
De son œuure le plaisir,
Belles ames, ceste vie
En naissant nous est rauie:
Ce n'est qu'vn petit souspir.

Ayons soin du celeste aage,
Pensons au sainct heritage,
Doux loyer de nos labeurs,
La recompense est fidele,

K iiij

La deïté nous appelle,
Pour y gouster ses faueurs.

TOVT est au monde perissable,
Subiet au changement muable,
Le plaisir où l'homme est enclin,
Languit au milieu de son estre,
Et soudain qu'il cōmēce à naistre,
Fresle, il regarde son declin.
  Toutes choses qui sont finies,
On voit tellement des vnies,
Que les doux effects du desir
Ne peuuent faire demeurance
Auec ceux de la iouissance,
Ils meurent parmy le plaisir.
  Mais les delices immortelles,
Les vrais plaisirs des ames belles,
Le souuerain contentement,
(Vnique bien des cheres ames)
Ce ne sont qu'eternelles flammes
Qui reluiront infiniment.
  Tant plus on entre en conuenance
De ceste saincte iouyssance,
Plus l'esprit est plein de desir,
A mesure qu'on la desire,
On sent le bien où l'on aspire,
Le desir renaist du plaisir.
  Vouons toutes nos sainctes flammes
A Dieu, seul estre de nos ames,

Souffrons pour luy maux infinis:
La graine des mondains supplices
Germe des diuines delices,
Au sainct parterre des benis.
　Embrassons la peine du monde,
En tant de biens, au Ciel, feconde,
Et mourons au contentement,
Telle mort acquiert en vne heure
Pour l'ame vne sainte demeure,
Où le siecle est moins qu'vn moment.

L'HOMME est volage, & l'humaine action
Ne tend iamais qu'à la mutation,
　(Reigle de nostre vie)
S'il vit vn iour à son contentement,
　Quand ceste aise est rauie,
Son cœur souhaitte vn fatal monument.
　Il est certain que tout l'heur d'icy bas
N'est qu'ombre au prix du moindre des esbas
　De la gloire eternelle,
Mais si l'esprit s'arrestoit constamment
　A son deuoir fidele,
Dieu! qu'il viuroit ça bas heureusement.
　Le cœur plus net peut, d'vn sale penser,
A tout moment, sa belle ame offenser,
　Et lors qu'abandonnee
Elle se lasche au vice plus infect,
　D'erreurs enuironnee,

ODES

De son vray Dieu, l'image elle deffaict.
    Mais quand nos cœurs, dans le ciel attachez,
Vont meditant, du sainct esprit touchez,
        Sa gloire merueilleuse,
L'ame iouyt d'vn vray contentement
        Sur la Terre angoisseuse,
Et son bien pur s'arreste au firmament.

VSE, pren ton luth doré,
L'esprit du sainct adoré,
Ma voix & mon cœur inspire,
Ma voix son los veut chanter,
Mon cœur le veut exalter,
A luy seul mon ame aspire:
Pren, chere sœur, vn ton musicien,
Chante ce tout qui ce tout fit de rien.
    C'est l'Architecte incompris,
Dont la parole de prix
Parfit l'image vantee,
Sage, il luy donna des yeux
Pour ses œuures merueilleux,
Contempler, veuë arrestee:
Ames du Ciel, la contemplation
Doit enfanter vne admiration.
    N'estant dignes en effect
De voir ce grand Dieu parfaict,
Seul estre des belles ames,
Des clairs yeux de nos esprits,
Voyons-le à toute heure, espris

De ses souueraines flames.
Soient nos pensers fichez incessamment,
Aux cabinets du sacré firmament.

Lors que Dieu l'homme anima,
Double ouye il luy forma,
Pour escouter sa parole,
Pour l'entendre clairement
Luy donna l'entendement
Qui toute science accole.
Son nom se voit par tout graué çà bas,
Las! tu le vois, & tu ne le vois pas.

Tandis qu'on erre en ce val,
Où ne regne que le mal,
L'esprit est voilé de nuës:
Mais dans le Ciel azuré,
Où luit du iour espuré,
Ses clartez sont recogneuës:
On voit icy des ouurages parfaits,
Là haut on voit celuy qui les a faits.

Quand il fit les animaux
(Subiects à mort, à trauaux
Pour la vie alleche-peine)
D'esprit ne les reuestit,
Et tous les assubiettit
Au ioug de puissance humaine.
Que pouuons-nous que sonner sur nos luths
Le haut pouuoir du prince des esleus?

Tandis que mon pouce aura
Mouuement, il poussera
Les accens de ses louanges.

Et tant que ma voix pourra
Mouuoir, elle chantera
La gloire du Roy des Anges.
Filles du Ciel exaltez vniment
Ce grand Phœbus qui luit infiniment.

FOL est qui fonde des desseins
Sur ceste mondaine vallee,
La plus-part des pensers sont vains
S'ils ne prennent haut leur volee.
  L'hôme ressêble au clair ruisseau,
Et le monde semble vne boule,
La vie escoule comme vne eau,
Et le monde incessamment roule.
  Ores les murmurantes eaux
Coulent en humeur cristaline,
Et or' comme petits ruisseaux
S'en courrent fondre en la marine.
  Tel est maintenant clair & beau,
Tel est au courant de sa vie,
Qui sera tantost au tombeau,
Où toute memoire est rauie.
  Ne fondons nostre bien çà bas
Où nulle chose est arrestee,
Volons au Ciel, où des esbats,
N'est la carriere limitee.

PLAINCTE.

ES yeux sont chargez de fontaines,
Mõ cœur de languissantes peines,
Les iours me sõt des lõgues nuits,
Vn plaisir, vn siecle d'ennuis,
Ie suis (Seigneur) en ce val de misere
Le but des traicts de ta iuste colere.
   Ta claire oreille soit attainte
Du son tonnant de ma complainte:
Ma chair s'escoule comme vne eau,
Mon esprit cherche le tombeau,
Depuis le poinct que mon ame alteree
N'est plus (Seigneur) de ta grace arrosee.
   Mon vice a faict naistre ces larmes,
Mes sens allumé ces allarmes,
Dont mon cœur est enuironné,
Cedans à l'esprit forcené,
Démon, qui plein d'allechante fallace,
Aux propres rets de mes vices m'enlasse.
   Entends à ma pasle misere,
Car en toy seul (mon Dieu) i'espere,
Mon cœur s'est cent fois repenty
D'auoir à la chair consenty.
Le peché naist d'humaine deffaillance,
Le repentir de diuine influence.

Pour le matin.

PRIERE.

SOLEIL divin qui parois sans
   Aurore,
Pour esclairsir nos aueugles es-
   prits,
Tu vois mon cœur, de tes rayons
   espris,
Qui plein d'amour, vniquement t'adore.

  D'vn voile obscur est mon ame entetetée,
Mes noirs pechez ont plongé sa clarté
Dans l'occident de mon infirmité,
Verse sur moy ta lumiere espurée.

  L'œil de Phœbus instrument de ta grace,
A donné iour à ce mondain pourpris:
Eslance aux yeux de mes troubles esprits
Vn luisant traict de ta diuine face.

  Fay que ce iour se passe sans offense,
Prine mon cœur des ombres du peché,
Que mon penser soit tousiours attaché
A ta bonté mon vnique defense.

  Nuicts du peché, tenebres odieuses,
Retirez-vous des cachots de mon cœur,
Car mon esprit de soy-mesme vainqueur,
Voit du Seigneur les graces radieuses.

Diuins esclairs, lumieres gracieuses,
Qui faictes luire vn beau iour dans les cieux,
Illuminez & mon cœur & mes yeux
De vos clartez pures & precieuses.
 O bien-heureux en ce val solitaire
A qui Dieu donne vn celeste flambeau,
Pour euiter le funebre tombeau,
Où, du pur iour, toute ame desespere.

Du soir.

PRIERE.

La nuict, comme d'vn noir man-
    teau,
A voilé le iour clair & beau,
Alliant les frayeurs auecques les
    tenebres;
Verse de tes rayons sur moy
(Seigneur) durant ces nuicts funebres
Où l'horreur de mes maux enuironne ma foy.
 Donne que pendant que le corps
Gouste la paix des tristes morts,
Les yeux de mon esprit esleuez, te regardent,
Que parmy ces ombres espais
Tes saincts archers, mon ame, gardent
Des filets de Satan, ennemy de la paix.
 Pren moy, ceste nuict, (mon Sauueur)

ODES

Sous les ailes de ta faueur,
Mets mon cœur à l'abry de ta sainte prunelle,
Et donne que son pensement
N'effroye mon ame fidele
Des vaines visions qui passent en dormant.
  Grand Dieu, les iours nous sont çà bas,
Des nuicts, figures du trespas,
Où, perdus, nous errons empestrez dans les ombres,
Au Ciel les iours sont infinis :
Enleue moy de ces lieux sombres
Au cristalin seiour des esprits bien-vnis.

PLAINCTE.

Il faut ceder au trespas,
Car trop de tesmoins m'accusent,
Mon esprit ne le veut pas,
Et mes vices le recusent :
  Mon ame serue des plaisirs,
  Meurdrit ses celestes desirs.
  Mon esprit, qui cy deuant
Seruoit son Dieu fauorable,
Mal-heureux s'en va fuyuant
Vne troupe miserable.
Ie voy de mes contentemens,
Germer mille & mille tourmens.
  Mon cœur, de pleurs substanté,
En souspirant se desole,
Mais la diuine bonté

CHRESTIENNES.

Le rappelle, & le console,
Mon esprit du Seigneur touché,
Bannist son inique peché.
Constant, dans vn fleuue amer,
Couuert de honte, il se plonge;
Et semble qu'il vueille aimer
Ce qui l'oppresse, & le ronge:
Heureux, s'il commence à sentir
Le fiel d'vn triste repentir.
Mon cœur verse par mes yeux
Les regrets de son offense.
Souuerain Iuge des Cieux
Ke prononce ma sentence,
Ne sois seuere punisseur,
Or ie me voüe à ta douceur.

AVTRE PLAINCTE.

Elas! faudra-il que mon œil
Soit vne fontaine de larmes,
Et qu'en fin le triste cercueil
Soit la borne de mes allarmes?
Mon esprit ores n'est plus rien,
Riche d'ennuis, pauure de bien.
La Rose se fanit au soir,
Les iours contés de moy s'enuolent,
Bien qu'il me reste vn peu d'espoir,
Mille douleurs mon ame affolent:
Et que viure ou ne viure pas,
Est tousiours vn mesme trespas.

ODES

Mes pensers m'ont abandonné
Le dueil me captiue & me geine:
Mais helas! suis-ie destiné
Aux fers d'vne eternelle peine:
Mes os sont brisez, & ma peau
Honteuse cherche le tombeau.

  Mon cœur tout esmeu de souspirs
Demande à ma voix des complainctes,
Et pour complaire à mes desirs,
A mes yeux gros des pleurs non feintes;
Mais mon esprit, du mal autheur,
Se console en son Createur.

Dialogue faict par vn quidam amy de l'Autheur.

LES NEVF SOEVRS. HOPIL
LES NEVF SOEVRS.

OPIL, enfant du Ciel, de qui
  saincte voix
Publie incessamment la louange
  sacree,
Puisque nostre mestier, ton bel
  esprit, recrée,
Sois tant que tu viuras amateur de nos loix.

HOPIL.
Vierges du sacré mont, depuis le doux moment

CHRESTIENNES.

Que ie succay le laict de vos pures fontaines,
Doux me sont les labeurs, cheres me sont les peines
Que, pour vous, mon esprit embrasse constamment.

LES SOEVRS.

Mignon ne perds pas cœur en ce penible effort,
vne telle entreprise a besoin de courage:
Qui cherit le trauail raieunit d'aage en aage,
Et vit malgré l'enuie & le temps & la mort.

HOPIL.

Mais que me seruira, donnez-m'en la raison,
De consommer les nuicts, me rompre la ceruelle
A resuer sur vn liure vne fable nouuelle,
User ainsi les iours de ma ieune saison?

LES SOEVRS.

Ton esprit pur & beau & docte sainctement,
s'addonnant au suiect d'immortelle substance,
à la fin s'acquerra le laurier de constance,
Qui florit au delà du poudreux monument.

HOPIL.

Muses, filles de Dieu, puisque vous daignez bien
Les esprits arroser de vostre eau de memoire,
Du diuin Apollon, ie chanteray la gloire,
Celebrant en mes vers vostre honneur ancien.

L ij

E monde est semé de mal-heurs,
La terre enfante les douleurs:
L'aage qui fuit, comme fumee,
D'infinis maux est agité,
Et s'amortit nostre clarté
Au poinct qu'on la voit allumee.

L'enuie est maistresse du cœur,
L'orgueil de l'esprit est vainqueur,
L'erreur enuelope nos ames:
Ainsi l'aage s'esuanouyst,
On ne vit pas, las! on languist,
Desnué des celestes flammes.

Nous sommes tousiours en accés,
S'il arriue quelque succés
Qui nostre desir contrarie,
Nous frapons le Ciel de noz cris,
Et dans nos prophanes escrits
Vomissons nostre barbarie.

Nous cedons à nos passions,
Et nous reiglons nos actions
Au gré de puissance mobile:
L'eternel fit l'homme parfaict
(Quât à l'esprit) mais son messaict
Le rend à tout bien, inhabile.

Ver, qui traines ton fresle cours,
Pense que la fleur de tes iours
Est subiecte à la faux mortelle:
Ne suy la sente des peruers:

Auant que tu paiſſes les vers,
Achepte vne place immortelle.

Arrente ton treſor aux cieux,
Ne fais eſtat de ces bas lieux,
Non plus que d'vne mince glace,
Qui fond aux rayons du ſoleil:
Crain Dieu: & fais à ton pareil
Ainſi que tu veux qu'on te face.

NON ſeulement la pauure vie
Eſt ſubiecte à certain compas,
Mille douleurs l'ont aſſeruie
Et ſi la moindre eſt ſon extreme pas.

Qui peut fonder vne aſſeurance
De viure iuſqu'au lendemain,
Puis que ceſte humaine cadence
Se iouë au gré de la diuine main.

Le tout-puiſſant, l'aage prolonge
Comme il luy plaiſt à ceſtuy-cy,
Puis eſuanouyſt comme vn ſonge
L'aage, à ſon gré, de ſon ſemblable auſſi.

En fin la vie eſt vn paſſage,
La mort la borne de ſon train,
La mort eſt vn certain meſſage,
Mais ſon inſtant eſt du tout incertain.

Puis que ſon heure eſt incertaine,
Guindons nos penſers vers les cieux,
La foy ſera l'ancre certaine
Pour s'attacher à ce port glorieux.

L ij

STANCES

Rendons icy nostre ame serue
Des Edicts sur sinay donnez,
Afin que IESVS nous reserue
Les biens du Ciel, aux esleus, ordonnez.

MVSE, qui chantois tousiours
La gloire des vains amours,
Qui, esperdu'ment esprise
D'vne mortelle fureur,
La louange de l'erreur,
A chanter, t'estois apprise.

Quitte moy ces sales chants,
Ces doux hymnes allechans
Les passions insensees:
Fuyant les humains obiects,
Vouë au subiect des subiects,
Les enfans de tes pensees.

Soit que l'aurore au teint clair
Annonce, d'vn rouge esclair,
Du blond Soleil la naissance,
Ou que, pressé du sommeil,
Il abbaisse son bel œil
En l'humide demeurance.

Mon esprit à tout instant,
A l'admirer, bien constant,
Ne se plaist qu'en sa louange,
Et ne souhaitte sinon
Pour mieux benir son sainct nom,
Indigne, la voix d'vn Ange.

Or que d'ennuis oppressé,
J'erre le sourcil baissé,
Au Seigneur je m'humilie:
Puis au Ciel fichant les yeux,
Chantant son los glorieux,
Mon luth, à ma voix, j'allie.

Et je dis, en l'esleuant,
Toy qui vas tout aviuant,
A ces airs, ouure l'oreille:
Tu es espars en tous lieux,
Ton pouuoir est merueilleux,
Tes œuures pleins de merueille.

Tout s'aduouë à toy (parfaict)
A toy, dont le moindre effect
A dans soy quelque mystere:
Tout semble te rendre honneur,
Sur vne petite fleur
Luit ton diuin caractere.

Rien au monde on ne peut voir
Qui n'annonce ton pouuoir,
Ou qui de toy n'ait memoire:
Et l'homme, ce ver abiect,
A qui tu rends tout subiect,
Ne chantera-il ta gloire?

Tout esprit te doit benir
Auant que se des-vnir
D'auec la masse fragile,
Afin que quittant ce lieu,
Il soit esleu de son Dieu,
Hoste du sainct domicile.

L iiij

Esprits, qui ne consentez
Aux corps qui n'estans doptez
Lancent aux vices les ames:
Chantez la gloire & l'amour
Du Seigneur, pour estre vn iour
Obiects de ses pures flammes.

Au sieur du Fresnoy, touchant la mort de son pere.

SONGEANT au train fuyard
de ceste course humaine,
Où l'on suë de peine,
Mon esprit est touché de quelque
estonnement,
Qu'vne si triste vie
Nous soit, à tel regret, d'vne prison, rauie
Au poudreux monument.
Nous arriuons au monde en cris, en plaincts, en
larmes,
Les enfantines armes,
Debiles, presageant du passage mondain
La misere future:
Et si nous deplorons, (tant foible est la nature)
Le partement soudain.
Qui franchit, bien-heureux, la carriere mortelle,
Il tend à l'immortelle,
Pourquoy le pleurons-nous, n'eioint-il vn bon port:
Les vagues de ce monde

CHRESTIENNES.

versent mille frayeurs en l'esprit qui s'y fonde,
Pires que n'est la mort.
Bastissons en un lieu plus solide & plus ferme,
La mort n'a point de terme,
Car, les ombreux desseins qu'en dix ans tu bastis
En ce val perissable,
En un leger instant, elle rompt, imployable
Aux Rois & aux petits.
Attendons de pied coy sa flesche ineuitable,
Le monde est detestable,
C'est un piteux Theatre, où regne le malheur:
En la seconde vie
Gist le souuerain bien, où nostre ame est rauie,
C'est un parfaict bonheur.

CHANTRES qui vos chan-
sons Delphiques
Embellissez d'accens mystiques,
Enfans de vos almes esprits,
Chantez du treshaut la puis-
sance,
Il nous promet pour recompense
Un salaire d'infiny prix.
Mais que dy-ie pour recompense,
A nous ombrages d'ignorance,
A nous, à tous vices induits,
Helas! si sa clemence haute
N'excedoit nostre inique faute,
A quel poinct serions nous reduits?

Or sus, ames doctement belles,
De qui les bouches immortelles
Chantent le los du tout-puissant,
Gravez en vos vers ses miracles,
Vos Muses seruiront d'oracles
A ceux qui le vont benissant.

Qu'en la Parnassienne eschole
Son nom de bouche en bouche volle,
Et soit le cachet de nos cœurs,
Afin que nul mal s'y imprime,
Et que Satan ne nous anime
Aux vices, de l'homme vainqueurs.

Mon ame il faut que tu te seures
Du mal, & que tes sainctes leures
Distilent le los du Seigneur,
Chrestiens, c'est nostre vnique maistre,
Celuy n'estoit digne de naistre
Qui ne celebre son honneur.

NOVS sommes en ce bas lieu
Tributaires du haut Dieu:
Il nous a mis en ce monde
Pour ses œuures admirer,
Le benir & l'adorer:
Sus que toute ame s'y fonde.

Au moins si nous ne pouuons
Payer ce que nous deuons
(Creatures impuissantes)
Le Createur benissons,
Et nos desirs addressons
A ses bontez tout-puissantes.

En ce cachot terrien,
Inhabiles à tout bien,
Enclins à tout malefice,
Au mal nous nous attachons,
Impudens, & nous laschons
A toute espece de vice.

D'vn seul penser de la mort
Domptons le flateur effort
Où nostre chair nous attire:
L'esprit nous doit soustenir,
Puis qu'vn pasle souuenir
Du ioug du mal nous retire.

En nos barbares discours
Nous plaignons que l'humain cours
Coule comme vne riuiere,

ODES

Et que nos beaux iours souuent
S'enuolent au premier vent,
Comme la fleur printaniere.

Si le terme du sejour
De ce monde est moins qu'vn iour,
Ains qu'vne heure à plusieurs hommes,
Fuyons l'honneur terrien,
Seruons Dieu, & faisons bien,
Pendant que mortels nous sommes.

Soudain que le coup fatal
De la Parque an traict egal
A terminé nostre vie,
Au ciel nous sommes reclus,
Alors nous ne suyuons plus
La vanité ny l'enuie.

Volons au sainct firmament,
Où l'entier contentement
Attend les ames fideles:
Le Seigneur nous benirons,
Et demy-Dieux, gousterons
Les delices immortelles.

CHRESTIENNES. 87

ELAS! osons nous bien paroistre
Deuant la face du grand maistre,
Chargez d'vn si pesant fardeau?
Craignons nous point que sa iustice
Ayant l'œil sur nostre malice,
Nous face espouser vn tombeau?

La clarté n'est pas recogneuë
Par ceux qui se bouchent la veuë,
Non plus que s'ils estoient sans yeux:
Nos esprits de nature voyent,
Mais, obstinez, ils se foruoyent
Du sentier qui conduit aux cieux.

Nous n'ignorons que le passage
De nostre fresle & caduque aage,
Se doit couler sans passion,
Mais nos passions sont extresmes,
Et tout vieillit auec nous mesmes,
Horsmis la seule ambition.

La torche de la vie aimee,
Iusques au bout est consommee,
Auant qu'on s'appreste à mourir;
Et quand nostre heure nous talonne,
Vn seul souuenir nous estonne,
Et rien ne nous peut secourir.

Tandis que nous sommes sur terre,
Au lieu de declarer la guerre
A nos sens qui nous courrent sus,

Odes

Nous ne cherchons qu'à leur complaire,
A peine de perdre un salaire,
Pour les bons reservé laßus.
Grand Dieu tu nous as mis au monde,
Et racheptè nostre ame immunde
Du pur sang de ton Fils tres-cher,
(Grand & non merité salaire)
Chrestiens, hé! que pourrions nous faire
Pour recognoistre un bien si cher?
O Seigneur, nos ames debiles,
Au bien sont du tout inhabiles:
Fay ceste grace à tes enfans
Qu'ils se despouillent de tout vice,
Afin qu'au iour de ta iustice,
Ils soient purs, beaux & triomphans.

E monde est comme un theatre
Où maints se veulent esbattre
En leurs volages discours,
Où maints aussi se contentent
De voir comme ils representen
Les gestes de l'humain cours.
En ceste trouppe mondaine
Les uns souspirent leur peine,
L'un plore, & l'autre est ioyeux,
Cestuy-là se desespere,
Cestuy-cy en vain espere
Un bien fondé soubs les Cieux.

Si l'vn le ciel importune,
l'autre bastit sa fortune
sur l'immortel fondement:
Tel fol à tout mal aspire,
Et tel plus sage desire
Le seur bien du firmament.

Parmy la troupe comique
De ce monde magnifique,
Les vns iouent dextrement,
Les autres pleins d'ignorance
Monstrent leur insuffisance
En leur monstreux changement.

Celuy qui sçait bien son rolle
Pour le bien mondain n'affolle,
Moins pour vne fole amour:
Ceux à qui l'erreur commande,
Sont de la discrete bande
Chassez en l'ombreux sejour.

Ceux qui n'ont l'ame rauie
Des vains honneurs de la vie,
Font vne belle action,
Quand ils ont finy leur rolle,
Pour loyer leur ame volle
Au lieu franc de passion.

Les peruers remplis d'enuie
Iouent à la Tragedie,
Dont le progrez est heureux,
Ils fondent vn haut Empire,
Qui tout soudain comme cire
Se fond, s'esuanouit d'eux.

Odes

Les iustes sont en la vie
De la Trage-comedie,
Où les esprits sont comblez
De miseres espineuses:
Apres ces Scenes douteuses
Sont tous au ciel assemblez.

De la vie Champestre.

PENDANT le fuyard terme
Que l'on glisse çà bas,
Bien-heureux qui s'enferme
Dans l'enclos de sa ferme,
Pour gouster en repos son paisible
repas.
 Miserable qui coule
L'aage entre les procez,
Et parmy ceste foule,
Qui de plaider my-soule,
A l'esprit agité d'vn vain-douteux accez.
 Qui prés vne fontaine,
Autour de ses brebis,
Au bocage, en la plaine,
Fait sa course mondaine,
Que celuy vit content sauourant du pain bis!
 Mondain, nommes tu vie,
Languir en vne Cour,
Où la loy te conuie

De suiure, outre l'enuie,
L'impieté qui regne, & le Vice qui court?
Dans les gayes prairies
Du rustique sejour,
Dont les tapisseries
Passent les pierreries
Qui brillent sur le sein des Nimphes de la Cour.
  La vie est douce & saincte,
Et coule heureusement
Sans bruict & sans contraincte,
Ayant en l'ame empreincte
L'vnique & saincte loy du Roy du firmament.
  Si nous passons cest aage
Guidez de pieté,
Il nous fera partage
Du celeste heritage
Qu'il prepare aux esprits en son eternité.

M

E mal qui nous va troublant,
Est, ce nous semble, bien pire
Que l'incurable martyre
Que va vn autre accablant.
　　Il nous touche viuement
Par l'aigreur de la presence,
Des maux plus douce est l'absence,
Elle a moins de sentiment.
　　Et maints voudroient eschanger
(Tant fole est est nostre nature)
A vne langueur future,
Vn mal present & leger.
　　Ainsi sans cœur nous suiuons
Vne maladie absente
Pour euiter la presente,
Mais soudain que nous l'auons,
　　Nous venant ressouuenir
De nostre douce misere,
En change de ceste amere,
Nous la voudrions retenir.
　　Tesmoin ceux là qui fuyans
Vne pointe menaçante,
Atteints de peur paslissante
Se lancent aux flots bruyans:
　　Ou comme ceux qui sur mer
Pour euiter le naufrage,
Enyurent leur mol courage
D'vn breuuage doux-amer.

Si nous venons aux plaisirs
(Douces erreurs de nostre aage)
Ils nous portent tesmoignage
De nos imprudens desirs.

Quand nous iouyssons à plein
Des delices de ce monde,
Tant plus nostre ame en abonde,
Plus elle tire au declin.

Les delices de lassus
Croissent en la iouyssance,
Car de diuine substance
Eternel les a conceus.

Le plaisir est langoureux
Qu'on gouste en la vie humaine,
Là haut on iouit sans peine
De celuy des bien-heureux.

Sous l'aile de pieté
Glissons ceste mortelle onde,
Pour gouster delà le monde
L'extreme felicité.

M ij

CE grand Dieu qui de tout dispose
Faict l'humain voyage actuel
Couler d'vn cours perpetuel,
Sans luy donner aucune pose.
 Or ceste course deplorable,
Apres que nostre aage est esteint,
Du bien le calme port atteint,
Ou du mal le bord effroyable.

 Le ciel fait glisser, debonnaire,
A nos pieds deux petits ruisseaux,
Sources des biens, sources des maux,
Mais du gauche il se faut distraire.

 Le Createur de la nature
Aux mains vn vaisseau nous a mis,
Auec lequel il est permis
Puiser l'eau claire ou bien l'impure.

 Les choses du monde publique
Vn marché semblent proprement,
Où les hommes de iugement
Font du profit de leur trafique.

 Et comme c'est chose blasmable
A l'airain eschanger son or,
De l'honneur au metail encor
C'est vn change vituperable.

 Tel est du tiltre d'homme indigne
Qui constituë son vray bien

En ce bas monde qui n'est rien
Qu'vn traict de la grandeur diuine.

Vn iour l'immortelle puissance
Brisera ces mondains pourtraicts,
Mais nostre ame a des diuins traicts,
Et perdurable est son essence.

Au poinct que les flammes extremes
Cet Vniuers consommeront,
Les beaux Anges coroneront
Les bons d'eternels diademes.

Pelerin qui fais ce voyage
De tant d'orages combatu,
Heureux si tu suis la vertu,
Autrement tu feras naufrage.

ODES

LES hostes de ces bas lieux
Sont tous fils d'vn mesme pere,
Du corps la terre est la mere,
Et l'ame est fille des cieux.
 Aucun ne doit estre icy
Estranger entre les hommes,
Au monde tant que nous sommes
Humons vn mesme air aussi.
 Il faut donc que l'homme ait soin
De l'homme loin de sa terre,
Pour la famine ou la guerre,
Le secourant au besoin.
 Chacun deuroit s'entr'aimer,
Nos volontez n'estre qu'vne:
Puis que nature est commune,
On doit son pareil aimer.
 Dessus vn mesme plancher,
Et sous mesme couuerture
Nous fait la mere nature
Tous pesle-mesle marcher.
 Dieu n'a produit qu'vn flambeau
Pour seruir à tout le monde,
Et ceste lumiere blonde
Nous conduit iusqu'au tombeau.
 Cil qui aux seuls mouuemens
De sa voix fit ciel, terre, onde,
A creé pour tout le monde
Des vtiles elemens.

Si tout est creé pour nous,
Et nous seuls pour le grand maistre,
Nous nous deuons recognoistre
Enfans d'vn pere tref-doux.
　Il nous enuoye du pain
Pour substanter la nature,
Et ses membres, sa facture,
Nous voyons mourir de faim.
　L'ardente deuotion
En nos esprits est esteinte,
Et dans nostre ame est empreinte
La vaine ostentation.
　Si nous faisons quelque bien,
Ne faut que chacun le sçache:
Qui bien faisant ne se cache,
Souuent il n'aduance rien.
　L'homme vain est odieux
A Dieu, qui l'humblesse appete:
Le bienfaict est vn trompette
Qui resonne iusqu'aux cieux.

M iiij

Du triple temps qu'on passe en ceste
vie,
Un seul n'en possedons,
Et si de prés les effects regardons,
Ains qu'on la tienne est la chose
rauie.
Le iour d'hier escoulé, plus n'esclaire,
En nostre souuenir,
Si nous parlons du douteux aduenir,
Qui est celuy lequel n'en desespere?
Le temps present que la fresle nature
Vaine, cuide embrasser,
S'enfuit, s'enuole, & ne fait que passer,
Comme l'oiseau qui cherche sa pasture.
L'heure qui vient est ja mi-consommee,
Et rien n'est aresté,
Le temps nous mine, & la legereté
L'esuanouit, ainsi que la fumee.
Le temps passé, celuy là qui se glisse,
Et le futur moment,
Sont les ressorts du mesme changement,
Mais par leur fin il faut que tout finisse.
Or tout prend fin de ce qui prend naissance,
Et retourne en son lieu,
Sans plus tousiours la parole de Dieu
Accroist sa force, & maintient sa puissance.
Le diuin siecle, où nos ames aspirent,
Est vne eternité,

où regne, en gloire, vne triple vnité,
où les beaux iours, ains les siecles n'expirent.

COMME vn fils de riche maison,
Esgaré du train de raison,
Faict vne prodigue despence,
Mais se fiant trop à son bien,
Il voit qu'vne telle affluence
Est par le temps reduitte en rien.

Et nous qui prodiguons aussi,
Enfans sans prudence & soucy,
Les graces du pere celeste,
Ses biens sont en infinité,
Mais las! telle vie est moleste
Aux yeux de la diuinité.

Puis nous ne sommes heritiers
De ses dons, de ses biens entiers,
Il nous adopte de luy-mesme :
Si le peché chasse son fils
Ayant commis vn crime extreme,
Ne deuons-nous attendre pis?

A tous momens nous l'offensons,
Soit ores qu'au mal nous pensons,
Ou par ses effects execrables:
Mais helas! nous auons aussi
Vn Dieu qui, doux aux miserables,
Prend les fideles à mercy.

O Dieu, pere commun de tous,
Ne te courrouce contre nous,

ODES

Nous sommes des enfans rebelles,
Pardonne-nous par tes bontez,
Fay que tes graces immortelles
Couurent nos vices eshontez.

―――――――――

As! c'est grand cas, l'inconstante
nature
Ne se contente en sa condition,
L'homme n'est ferme en sa vacation,
Ses desirs n'ont ny borne, ny mesure.
　Le fier cheual desire la charruë,
(Comme a chanté le Poete Calabrois)
Le lasche bœuf desire son harnois,
Mais, de raison, la beste est despourueuë.
　Nous desirons vne charge plus lente
Que n'est la nostre : or iugeons sainement
Que du labeur, la fuite, vainement
Faict souhaitter vne charge indecente.
　Or le marchant agité sur Neptune
De tourbillons qui menacent son bien,
Se plainct, souhaitte autre estat que le sien,
Pour moissonner les faueurs de fortune.
　De mesme en faict l'Aduocat succe-bource,
Quand sa partie au paresseux hyuer,
Heurte à son huys pour le faire leuer,
Afin d'entendre à sa liteuse source.
　Tous les humains qui viuent en mal aise,
N'ont le desir à leur charge arresté,

A d'autres buts souuent il est porté,
pour mieux iouyr à plein voile de l'aise.
 Mais tous les biens de fortune douteuse
Ne sont d'vn bien l'ombre tant seulement :
Le bien depend du vray contentement,
Et du content est l'ame bien-heureuse.
 Des grands honneurs, des estats, n'ayons cure,
C'est vn malheur, c'est vne extremité,
La vertu gist en mediocrité,
A la vertu, le prudent se mesure.

QVE l'homme est fol qui donne son
 courage,
Met son deuoir, & fait hõmage
Aux biens subiects à la fatale
 main :
 Cil qui son ame aux richesses im-
mole,
Encre son heur dans vn sable incertain,
 Ioüet de Neptune & d'Eole.
 Comme vn torrent rauageux, qui se glisse
 Au creux gosier d'vn precipice,
A gros boüillons, superbe, murmurant,
Ces biens font bruict arriuans au courage,
Troubles, fangeux, ils sont au demeurant,
 Et se perdent comme vn nuage.
 Puis escoulez, l'ame cognoist à l'heure,
 Que rien au fonds il ne demeure
Qu'vn peu de bourbe : (ô thresor pallissant)

Las! qui verroit auſſi bien voſtre rouille
Que les eſclats de voſtre or iauniſſant.
   Mal-heur ſur celuy qui vous fouille.
Cil qui vous cherche (ô richeſſe incertaine)
  N'a qu'vne vertu qui le geſne,
Las, c'eſt qu'il eſt conſtant à vous celer,
Bien que l'amour de vous meſme le dompte,
Il vous pourroit à chacun deceler,
   Si n'eſtoit la peur & la honte.
Conſiderez de quelle iniuſte geſne,
  Iugez de quelle dure cheſne
Le paſle auare eſt lié iuſtement,
Il meurt, il ſent le Plutonique ſoulfre:
Helas! ſon mal luy predit ſon tourment,
   Et qui l'attend deja le ſouffre.
C'eſt pauureté que les vaines richeſſes,
  A l'auare, riche en deſtreſſes,
Ceſte richeſſe eſt vn bien contre-faict:
Si le treſor, qui les eſprits eſtonne,
Eſtoit vn bien, non de nom, mais d'effect,
   Il pourroit rendre l'ame bonne.
Mais il l'infecte, & la rend inſenſee,
  Et va ſouillant noſtre penſee,
Qui ne deuroit viſer qu'à la vertu,
De ce vray bien iamais l'ame n'eſt laſſe,
Il eſt battu, & non pas abbattu,
   Heureux qui ce treſor amaſſe.
Touſiours le vice eſt le loyer du vice,
  L'ame voüee à ſon ſeruice
Sçait que le vice eſt le meſme tourment:

CHRESTIENNES.   95

Mais la vertu est vn beau diadesme,
Car seule elle est, pour parler sainement.
    Le prix & loyer de soy-mesme.

ESPRITS de terre, & de qui les desirs
    Sont fichez sur la terre,
Quoy, voulez-vous croupir en vos plaisirs,
    Sás resister à la mõdaine guerre?
Si vos desirs s'animent contre vous,
    Et menassent vostre ame,
Chastiez-les, mais d'vn chastiment doux,
Et s'ils sont fiers, amortissez leur flamme.
Ignorez-vous que ce siecle n'est rien
    Qu'vne espesse fumee,
Et que la vie au destroict terrien
S'esteint soudain qu'on la voit allumee.
    Le temps se glisse, & l'heure du trespas
    Nous prend à l'impourueuë,
La sourde mort vient à nous pas à pas,
Et nous saisit en nous charmant la veuë.
    Quand elle tient ceste masse subiette
    A son traict meurdrissant,
Nos plaincts, nos vœux, egale elle reiette
Et nous deuale au cachot pourrissant.
    Le repentir de la vie insensee
    Alors ne sert de rien,
On ne peut plus conceuoir en pensee

Les prompts desirs, ny du mal, ny du bien.
Tandis que l'ame en ce corps, agissante,
Fait nos veines mouuoir,
Faut que raison soit la guide puissante
Qui l'entretienne au train de son deuoir.
Lors cheminant dans le sentier honneste
Au gré de la raison,
D'vne couronne elle fera conqueste,
Entrant, heureuse, en la sainte maison.
(Almes esprits) poursuyuez la victoire
Du regne supernel,
Vous acquerrez la couronne de gloire,
Et iouyrez d'vn repos eternel.
Les biens mortels soudainement se glissent,
N'estant que vanité :
Mais ceux du ciel, immortels, ne perissent,
Estans yssus de la diuinité.

TOVT ce qui est de l'homme aimé
Au monde, est de terre formé,
Ce n'est que terre, & qu'ombre
       vaine,
Helas! sa vie est vn souspir,
Qui n'est souuēt de lōgue aleine,
Non plus qu'en esté le Zephir.

  L'homme (en l'esprit moins imparfait)
Quant au corps, est de terre faict,
Mais s'il mire de prés son ame,
Faite à l'image du vray Dieu,
N'aura-il le cœur tout en flamme
Pour l'esleuer sur ce bas lieu?

  Ce lieu le marche-pied des Cieux,
Où rien n'agit de precieux
Fors l'ame, à son obiect vnie,
Et de l'or, qui rit aux mortels,
Ce n'est rien que terre iaunie,
Ces biens ne sont perpetuels.

  Pourquoy l'homme tient-il si cher
L'argent, qui faict l'ame broncher,
Veu que ce n'est que terre blanche?
Suiuons le fils Dieu, glorieux,
Pendant qu'il tient l'estroitte planche
Pour nous faire monter aux Cieux.

  Si nostre humaine infirmité
Panche deuers la vanité,
Au train de ce mortel voyage,

Vn songe nous va deceuant,
Et l'ame, à nostre dam, peu sage,
Pour vn bien, embrasse le vent.
　　Et si nos sensuels desirs
Inclinent aux sales plaisirs,
Douce erreur des hommes aimee,
Offrons leur de plus purs esbats,
La volupté n'est que fumee,
Le vray plaisir ne gist ça bas.
　　Cherchons au ciel entre les sainctz
Des contentemens souuerains,
Et des richesses supernelles,
Vn heur non tributaire au sort,
Et des delices eternelles
Qui ne tiennent rien de la mort.
　　Les meschans arrentent leur bien
Dessus la terre qui n'est rien
Qu'vn petit poinct, qu'vn fresle centre,
Le iuste trafique là haut,
Clair seiour, où soudain il entre
Que son ame a franchy le saut.

PLAINCTE.

L n'est plus heure de plaindre,
Las! ie perds tous mes esprits:
Si mes plainctes, & mes cris
Iusqu'au ciel, pouuoiët atteindre!
 Ou si quelque Ange celeste
Oyoit mon iuste tourment,
Il sçauroit secrettement
Comme mon ame est funeste.

 Chose estrange que le vice
Desole ainsi les esprits,
Suans pour vn triste prix,
Dans la Satanique lice.

 Fy du vice, i'abandonne
Le monde, & ses vastes biens,
Et pour me rendre des tiens
(Seigneur) à toy ie me donne.

 Ma pauure ame criminelle
Surprise aux lacs vicieux,
Respire vn traict gracieux
De ta faueur supernelle.

 Mon esprit faict banqueroute
Aux delices des humains,
Il aspire aux sur-humains,
Et prend la celeste route.

 Ha! quel bon-heur secourable
Faict respirer mon espoir:

Quel vent me peut esmouuoir
Si mon DIEV m'est fauorable?
Ia mon ennemy s'estonne,
Et mon vice est abbattu,
Par la diuine vertu
Vn doux espoir ie moissonne.

Ma pensée est poursuyuie
Par le passé repentir,
Qui luy veut faire sentir
Le changement de ma vie.

Ainsi la bonté diuine
Me regarde d'vn doux œil,
Me deliurant du cercueil
De ma future ruine.

Les ennemis de la terre
Triumphoient de mes desirs,
Mais, mon Dieu, par leurs souspirs
A terminé ceste guerre.

Le Seigneur a pris les armes
Pour me venir au secours:
A l'enfer, ils ont recours,
Et à leurs sanglantes larmes.

Le signal de la victoire
M'est enuoyé de sa main,
Son conseil est sur-humain,
A luy seul en soit la gloire.

la qualité de fol, precede celle d'amour:
la naissance d'amour, penible;
& la fin miserable.

Vn iour vn fol, en accez de folie,
Vit vne Nimphe excellente en   Volu-
   beauté,   pté.
(Portât en main vne torche polie)
Nimphe, qui le charma d'vn at-
   traict eshonté.
Luy s'allumant aux rayons de sa veuë,
Son cœur souspire, & deffaut peu à peu:
Voit, à main gauche, vne Dame incognuë   Passion
Qui faict breche en son cœur, pour y mettre le feu.
Ceste fureur se saisit de son ame,
Se l'asseruit, & tire de son cœur,
Des traicts ardens, & des souspirs de flamme,   Desirs.
Qui visent à la belle, estre de son ardeur.
Ces traicts soudain s'efforcent de l'atteindre,
Mais las! à peine ils s'en peuuent saisir,
Volent vers elle, & taschent de s'y ioindre
Pour gouster les douceurs du folastre plaisir.
Elle voyant que du fol les flammesches,
Cherchent son cœur, afin de s'y loger,
Perce ses yeux de ses mortelles flesches,

N ij

ODES

Et dompte ses esprits par vn combat leger.
  Ainsi priué, & d'esprit, & de veuë,
S'esgare, fol, du train de la raison,
De iugement, son ame despourueuë,
Craint mesme de se perdre en sa propre maison.
  Ce desir passe, & soudain, comme l'ombre,
S'esuanouyst: le fol reste estonné,
Et, s'esueillant, ne sçait s'il est du nombre
Des viuans, ou des morts, tant l'esprit est miné.
  Du plaisant iour, la lueur radieuse,
Semble à ses yeux vn brouillards nuageux,
La clarté viue, est vaine, est odieuse,
A son esprit tombé dans ce lac ombrageux.

Delice. En fin, le fol, à nage, sort du fleuue,
Penser. Ressent vn ver qui luy pique le cœur:
Et sur la riue, au mesme temps il treuue
Repen- Vne fleur que plorant, il cueille à contre-cœur:
tance. Or ceste fleur, d'espines, entouree
N'est douce au goust, comme sont maintes fleurs,
Ains penetrant en son ame esploree,
Infuse en ses esprits des ameres liqueurs.
  Le fol recreu de l'amoureux voyage,
Cherche, pensif, le sentier de vertu,
Mille souspirs assiegent son courage,
Et son triste penser, de regret est battu.
  Il tire droict au palais de sagesse,
Trouue Pallas, qui le prend par la main,
Et le conduit au sainct mont de Permesse,
Pour purger ses humeurs, & le rendre plus sain.
  Mais quand il voit la sente montueuse

qu'il faut grauir, son cœur est abbattu:
Ah! que la voye, est rude, est espineuse,
Qui dresse (dict-il) l'ame au chemin de vertu.

TOVTES choses ont pris leur estre
　　Du grand maistre
Qui tient nos desirs en sa main:
Et tout est creé pour la vie
De l'homme, qui regit le frain
Des creatures, sans enuie.
L'homme seul, la figure aimee,
　　Animee
D'vn souffle du diuin moteur,
A esté produit en ce monde
Pour louanger son createur,
Et le seruir d'vne ame munde.
Ainsi que, les fecondes entes
　　L'homme plante
Pour enfanter leurs fruits diuers:
Ce grand, qu'adorent tous les Anges,
D'ames parseme l'vniuers,
Pour y produire ses louanges.
Il n'y a rien, de la facture
　　De nature,
Qui n'ait quelque marque de DIEV,
Mais l'homme est son image mesme,
Aussi doit-il sur ce bas lieu,
Leuer son desir supresme.
C'est en vain qu'il possede vne ame,
　　　　N iij

s'il ne pasme
En l'amour de son Roy parfaict:
Heureux est l'esprit qui se donne
Tout à luy seul, pour estre fait
Participant à sa couronne.

Toute ame qui l'aime, le loüe,
Et se voüe
A sa clemence entierement,
Au ciel le verra face à face,
Vivant en ce bas element,
Des saintes liqueurs de sa grace.

MVSE, c'est trop sommeiller,
Ie veux t'esueiller
Au son de ma douce lyre,
Pour celebrer auec toy
Les vertus de ce grand Roy
Que toute la terre admire.

Mais s'ose l'on bien vanter
De pouvoir chanter
Ses admirables louanges,
Veu qu'il peut, en vn clin d'œil,
Tout exposer au cereueil,
Et faire fremir les Anges?

Il est grand, sans quantité,
Bon, sans qualité,
C'est la grandeur, sans mesure,
La souueraine bonté,
La baze d'eternité,
Où le fidele s'asseure.

son desir est œuure faict,
  Son vouloir parfaict
Est vn auec sa puissance,
Il comprend tout, à la fois,
Et tout cela que tu vois
Est remply de son essence.
  Il possede sans besoin,
  Le ciel son doux soin,
Et la terre qu'il inspire,
Tout, sans labeur, regissant,
Et rien ne peut, agissant,
Troubler ce puissant empire.
  Car son pouuoir est sans bout,
  Est, sans lieu, par tout:
Ce grand Dieu qui tout dispose
Si bien, si ordonnément,
Assiste, sans mouuement,
Ny sans place, à toute chose.
  Hé! donc que ne craignõs nous
  Qu'il n'entre en courroux
Contre nos ames rebelles?
Deuant son bras furieux,
Helas, nous sommes sans yeux,
Et nostre cœur est sans ailes.
  Le Vice a beau se cacher,
  Et vain rechercher
Le desert le plus extresme:
Son esprit peut tout sçauoir,
Son œil, tout apperceuoir,
C'est luy, la puissance mesme.

Tout-puissant, vse enuers nous
D'vn chastiment doux,
(Si tu regardes la faute)
Ou perds en le souuenir;
Si que nous puissions benir
Ton nom, ta clemence haute.
Donne que nous exaltions
Humbles, & chantions
Ta puissance immesurable:
Afin qu'vn iour dans le ciel,
Nous soyons repeus du miel
De ta gloire perdurable.

A la louange de la vie champestre.

Eluy qui, loin du populaire bruit
Passe sa vie en labourāt sa terre,
Heureux, ne crainct qu'on l'es-
ueille à minuict
Pour l'exposer aux fureurs de la
guerre.
Il dort, paisible, en son petit enclos,
N'ayant soucy des grandeurs de ce monde:
Son plus grand soin est de voir si son clos,
En fruicts, en fleurs, & en herbes abonde.
De son verger il borne ses desirs,
Il vit content des mets du labourage:
Planter, enter, sont ses plus grands plaisirs,
Il n'a penser que celuy du mesnage.
O malheureux, qui d'honneurs regorgeant,
D'honneurs nenny; mais de vanité mesme,
Te rends esclaue, & te vas engageant,

el poursuiuant l'ombre d'vn diadesme.
  Heureux celuy qui librement discourt
De cœur, de voix, du villageois trafique,
Auec Colin deuisant en sa cour,
puis ruminant son mesnage rustique.
  Le Courtisan souspire s'il aduient
Que sa faueur sa fortune n'aduance,
Mais cestuy-cy prend le temps comme il vient,
Car son desir n'excede sa puissance.
  Celuy qui court apres l'ambition,
Veut imiter les vaines Danaïdes,
Il court le sort du chetif Ixion,
D'ombre paissant ses desirs trop auides.
  Heureux celuy qu'on nomme pastoureau,
Car il n'aspire à ce tiltre de Prince:
Il est aisé de regir vn troupeau,
Et non les cœurs diuers d'vne prouince.

QVE l'homme, quant à la nature,
Est vne abiecte creature,
Helas que fuyard est son cours!
Qui le rend doncques si superbe,
Veu que la vie au plus beau de
  ses iours,
Souuent se flestrit comme l'herbe?
  Ainsi qu'vne estoile luisante
Au ciel ores se represente,
Et tout soudain s'esuanouit,
Ainsi la perissable vie

De la clarté de ce monde, iouit,
Qui tantost luy sera rauie.
　D'heure en heure elle diminue,
Et comme la cendre menuë
Auoit auparauant esté
Vn corps, & puis des estincelles:
La vie aussi, fille d'infirmité,
Souuent se dissoult par parcelles.
　Contemple (petit ver terrestre)
Ce que tu fus auant ton estre,
L'estat où tu es maintenant,
Celuy de la fin de ta course,
Ce que seras, la mort te retenant
Au sein de l'oublieuse source.
　Si tu n'y penses or & ore,
(Homme chetif) que ie deplore
Ta seruile condition:
Repense (vile creature)
Au poinct dolent de ta conception,
Qui n'est que limon & qu'ordure.
　Que fresle est la nature humaine,
Dont la naissance n'est que peine,
Et le cours qu'vn penible effort:
En fin necessité fatale
Prend nostre vie, & la liure à la mort,
Qui dans son cachot la deuale:
　Tel est l'arrest de la nature,
Mais l'ame, diuine facture,
Doit ouurir les yeux de la foy
Pour son Createur recognoistre,

Et l'admirer, considerant en soy
L'alme dignité de son estre.

Ainsi si d'vn desir extresme
L'ame deuise auec soy-mesme
De son estre, de sa beauté,
La chair ne la rendra seruile,
Ains, triomphant de son infirmité,
Viura bien-heureuse & tranquile.

Heureuse si elle contemple
L'Eternel, qui sera son temple,
Et le fils de Dieu, sa splendeur,
Le S. Esprit l'amour sacree,
Qui ses desirs bruslera de l'ardeur
Qui l'ame des benis recrée.

Nostre ame du corps desuoilee,
Legere reprend sa volee
Au sein de la diuinité,
Elle l'embrasse, elle l'adore,
La contemplant des yeux de charité,
Du beau iour eternel, l'aurore.

PLAINCTE.

SEIGNEVR, en qui mon
ame espere,
Calme le cours de ma misere,
Tu le peux faire en vn clin d'œil,
Le puissant bras de ta iustice,
Helas! ou plustost ma malice
Me fait tresbucher au cercueil.

Grand Dieu, si ta haute science
Vouloit penetrer mon offense,
Ton courroux m'iroit consommant:
Quel tour de ma vie incertaine
Ne merite un siecle de peine,
Ainçois un enfer de tourment?

Le flambeau qu'on voit se respandre
Du feu consommé, tombe en cendre,
Et sa lueur s'esuanouist:
O Dieu, ta cholere, ta flamme
Deuore tellement mon ame,
Qu'en rien ie crains estre reduict.

En souspirs ma plainte s'enuole,
Ie pleure, aucun ne me console,
Mes yeux, souspiraux des douleurs,
Ne seruent qu'à voir ma misere,
Helas! & mon esprit austere
Qu'à recognoistre mes malheurs.

Mon cœur sanglote, & ma pensee
Coniure mon ame insensee
De vestir le dueil espineux,
Despouiller la robbe du vice,
Et fuir le flateur delice,
Qui recele un fruict veneneux.

Mon ame qui s'estoit panchee
Au vice, de regret touchee,
Se redresse deuers son Dieu,
Et fait dire à ma voix non-feinte,
Seigneur, vueille entendre ma plainte
De l'infinité de ton lieu.

Entends, Seigneur, ma plainte esmeue
D'angoisse en mon ame conceue,
Console mon infirmité,
O Dieu, ma priere s'enuole
Sur les ailes de ma parole,
Aux oreilles de ta bonté.

Seigneur, merueilleux en puissance,
Seigneur admirable en clemence,
Qui peux tout, & veux sauuer tous,
Le peché prouoque ton ire:
Mais ta bonté que tout admire,
Sans cesse intercede pour nous.

Ta grace est ceste estoile saincte
Qui guide les ames sans crainte
Au sainct sejour du ciel des cieux:
O trois fois bon, ne me desnie
L'aspect de sa flamme infinie,
Vie de mes fideles yeux.

LE Chrestien doit viure de sorte,
Qu'il puisse la fatale porte
De la mort passer librement:
La terre, retraicte peu seure,
Du corps mortel est la demeure,
Et l'ame loge au firmament.

Heureuse l'ame qui contemple
De ce bas centre, ce haut temple,
Palais de la Diuinité
Helas! que l'homme est peu de chose,

Si son esprit ne se dispose
A viure dans l'eternité.

Il faut que la masse pourrisse,
Il faut que le monde perisse
Sa source le traisne à sa fin:
La mort tout guide au poinct extresme,
Elle prendra fin elle mesme,
Car telle est la loy du Destin.

Puis que des œuures de nature
Nostre ame est l'vnique facture,
Qui surgit au celeste port,
Franche de tout mortel peage,
Laissons au monde pour ostage
Ce corps, le tribut de la mort.

Celuy qui ne veut recognoistre
La cause & la fin de son estre,
Est brutal, & sans iugement,
En ce de bestes il differe,
Que la mort les venant desfaire,
Les priue de tout sentiment.

Mais le fol que la mort deuore,
Apres sa mort possede encore
Le sens, suj et de son tourment,
Tousiours son ame porte gesne
Viura pour conceuoir sa peine,
Mourant, sans mort, à tout moment.

L'ame qui ses pensers promeine
Parmy la rauissante plaine
Des cieux, en s'absentant du corps,
Lors qu'elle en sera desvnie,

CHRESTIENNES. 104

sera par la saincte harmonie
Comprise en ses parfaicts accords.

PLAINCTE.

MON cœur, mes yeux, sans cesse
larmoyez,
Et dans les flots de vos ameres
larmes,
Pour amortir les sensuels allar-
mes,
Plongez mon ame, & mes vices noyez.
Mon ennemy sans treue me poursuit,
Mes propres sens me declarent la guerre:
Où m'en fuiray-ie? en quel lieu de la terre?
En quel dezert? en quelle obscure nuict?
 Cil qui a l'œil sur mes maux odieux,
Penetre tout de sa claire science,
Il voit, il lit, dedans ma conscience,
L'erreur secrette est patente à ses yeux.
 Hé! que me sert de taire mon peché,
Si le mesfaict soy-mesme se decele?
Ie ne veux plus que mon ame se cele,
Car le regret m'a viuement touché.
 Seigneur, Seigneur, qui mieux que moy cognois
Le vain sujet du tourment qui me gesne,
Par ta bonté prends pitié de la peine
Que ie ne puis exprimer par ma voix.
 Ah! cœur infect, source de mes forfaicts,
C'est toy qui dois produire ton offense:

ODES

Las!tu ne peux,mais cet ingrat silence
Declare assez tes vicieux effects.

Puisse la mort t'absenter de ce lieu,
Ou bien s'il faut qu'en ce corps tu demeures,
Face le Ciel qu'à tes vices tu meures,
Pour mieux reuiure en la grace de Dieu.

Heureux celuy qui viuant sous les cieux,
Au pur ruisseau de sa grace, peut boire,
Car ceste source est plus pres de la gloire,
Que le peché,de ce lieu gracieux.

TOVT ce qui meut en l'aut
monde,
Mesmes en ceste cité ronde,
Accomplit en son mouuement
La volonté de ce grand maistre
Qui,à tout, ayant donné l'estre
Maintient le tout ordonnément.

L'Ange au dessus de la nature,
Comme celeste creature
Chante la gloire du moteur:
Son ame heureusement rauie
Reigle sa bien-heureuse vie
Selon la loy du createur.

Les cieux,remplis de son essence,
Marchent en egale caednce
Au gré du supresme vouloir
Et l'homme,Roy de la nature,
Seul vit,sans regle,& sans mesure,

Brisant

Brisant les loix de son deuoir.
　　Le soleil, la terre illumine,
La lune, sans cesse chemine,
Et parfaict son cours destiné:
Et l'homme, du vray Dieu l'image,
Seul n'accomplit, en ce voyage,
La fin pour laquelle il est né.
　　Les quatre instrumens de ce monde,
L'air & le feu, la terre & l'onde,
Combien qu'en qualité diuers,
Font, en la charge qui les lie,
Baller, d'vne mesure vnie,
Sans pose, ce rond vniuers.
　　La terre ne hausse ses cornes,
Thetis n'outrepasse ses bornes,
L'air faict son operation,
Phœbus tient ses cheuaux en bride,
Le ciel moteur, les autres guide,
Et le feu faict son action.
　　Les plantes, les choses sensibles,
Ains les choses plus insensibles
Agissent selon leur pouuoir:
Il n'y a rien qui ne flechisse,
Il n'y a rien qui n'obeisse
Aux loix du souuerain vouloir.
　　L'homme qui, seul, vit en franchise
Ça bas, vniquement mesprise
L'arrest de la diuinité,
L'ayant à l'egal de ses Anges
Creé pour chanter ses louanges,

O

ODES.

Au temple de l'eternité.

Hoste mondain, pense & repense
De quelle digne recompense,
Dieu pay'ra ton indignité,
Si tu ne celebres sa gloire,
Perdant de ses dons la memoire,
Et mesmes de ta dignité.

Me sëble que i'oy ses chefd'œuures,
Ses faicts, ses insensibles œuures,
Blasmer ton infidele cœur,
Que chacun d'eux redit & chante;
Du grand Dieu, l'image viuante,
Ne recognoist son createur.

Pense, homme, à ta digne naissance,
Admire l'eternelle essence
Du Roy du celeste pourpris:
Et touché d'vne saincte flamme,
Distille des leures de l'ame,
Son los, sujet de tes esprits.

'ESPRIT est issu des cieux,
Ces bas lieux
Sont les prisons de nature:
L'ame trafique dehors,
Et le corps
Espouse la sepulture.
Dieu veut que l'homme soit né,
Destiné
A la misere, à l'ennui:
S'il eust allongé le cours
De nos iours,
Il eust bien-heuré la vie.
Du grand Roy les fauoris
Sont nourris
Ça bas, de liqueur amere,
Ils vont sucçant les douleurs
Comme fleurs,
Et sauourent la misere:
Car l'espoir & les desirs,
Des plaisirs
De la vie souueraine,
Les rauissant dans le ciel,
Comme miel
Leur font aualer la peine.
C'est là qu'ils doiuent auoir,
Perceuoir
Contentement qui pasme:
Et les doux fruicts des labeurs,

O ij

Estans meurs,
Sont les delices de l'ame.
L'homme, en ce monde inconstant,
N'est content,
Car c'est l'inconstance mesme:
Vit-il, demain il mourra,
Et sera
Hoste de la Parque blesme.
Que son cours est incertain;
Le matin
S'il paroist comme la rose,
Vn mal qui le vient mouuoir,
Sur le soir
Esteint sa vigueur enclose.
Que nous serions mal-heureux,
Langoureux,
Si la vie n'estoit breue:
On ne peut long temps souffrir
Sans mourir,
Vn mal qui n'a point de treue.
Ayons recours à la mort,
Elle endort
D'vn doux sommeil, la misere,
Tandis qu'aspirent nos yeux,
Dans les cieux,
A leur obiect salutaire.
Celuy qui a bien vescu,
N'est vaincu
En la fatale victoire,
Elle termine son sort,

CHRESTIENNES. 107
*Mais la mort
est l'instrument de sa gloire.*

'Homme qui s'adonne au vice,
Est vn monde raccourcy,
La terre, c'est l'auarice
Qui le comble de soucy.
  Par le feu, l'on peut entendre
Ceste ardante passion,
Qui se voulant trop estendre
Se perd en son action.
  Son foible esprit qui s'eslance
Deuers la Varieté,
Est l'Occean d'inconstance,
Où son desir est porté.
  L'air proprement signifie
Sa fole legereté,
Son humeur se qualifie
D'vne vaine qualité.
  Ses delices insensees
Sont des arbrisseaux les fleurs,
Les hauts arbres, ses pensees,
L'humeur des plantes, ses pleurs.
  Son cœur est la mer profonde
Qu'il esmeut par ses souspirs,
Mais il differe de l'onde,
Nelimitant ses desirs.
  Ce grand œil qui nous esclaire

O iij

ODES.

Demonstre mystiquement
Son estat le plus prospere,
Les astres, son mouuement.

Son estre, tousiours muable,
A quelque proportion
A la Lune variable,
Subiecte à mutation.

Tous les mois ceste cornue
Renaist aux yeux du mortel,
Elle croist, puis diminue,
Et l'estat de l'homme est tel.

Tantost on le voit paroistre
Comme le montueux Pin,
Tantost on le voit descroistre
Au gré du fatal destin.

Vn esprit qui s'humilie
A plus de contentement
Que l'effrené qui s'allie
Aux nues, par pensement.

Enfin son ame agitee
De quelque venteux desir,
Par le sort est transportee
Au destroict du desplaisir:

Là, captif de la misere,
Il se complaint par ses pleurs:
Monstrant que sa vie amere
Est vn monde de douleurs.

Fin des Oeuures Chrestiennes.

ESLANGE
DE POESIE.

A PARIS,
Chez François Iulliot,
ruë du Paon, au Soleil d'or,
prés la porte S. Victor.

1603.

L'AVTHEVR A
MADAME HOPIL,
SA MERE.

E N'AVOIS pas faict ce dessein, de mettre au iour ce Meslange de Poësie, ny moins le vous faire voir: le sujet mesme estoit capable de m'en distraire, sçachant que vostre esprit se repaist de plus dignes & saines côceptions: (vous le pourrez aussi rendre participant des fruicts de mes Oeuures Chrestiennes, produictes en faueur de vostre aisnee moitié; ce suject

estant plus proportionné à voſtre ſain iugemét.) Mais n'ayan peu vaincre les deſirs de ceux qui m'honnorent de leur amitié, i'ay eſté contrainct par la force de leurs vœux, de manifeſter ces eſſais (indignes de paroiſtre deuant les moins clair-voyans eſprits.) Et i'oſe prendre la hardieſſe (comme voſtre) de les couurir de la faueur de voſtre nom, lequel ſe voyant graué au frontiſpice de cet Oeuure, fera que ceux qui me pourroient tacher des vices d'ignorance & de temerité (celuy là pour l'erreur, ceſtuy-cy pour la production) peut eſtre aduoueront l'intétion que i'auois de vous complaire.

Voſtre treshumble & obeiſſant fils, C. HOPIL.

SONNETS.

A MONSIEVR LE BARON DE TERMES,
SONNET I.

TERMES, quand tu nasquis sur la terre mortelle,
Ce grand Dieu qui preside au conseil des hauts Dieux,
Pour bienheurer ton estre, arresta dans les cieux
D'entourer ton berceau de la troupe immortelle:
A l'instāt d'vn clin d'œil son herault il appelle,
Luy commande guider en ces terrestres lieux
Le frere de Bellonne, & le Dieu radieux,
Et celle qui, naissant, sortit de sa ceruelle.
Mercure fait partir de la celeste Cour
Ces deitez, afin d'honorer ce beau iour,
Et te rendre accomply des qualitez plus belles.
Mercure dans ta bouche infusa sa liqueur,
Minerue entra dans l'ame, & Phœbus aux prunelles,
Et l'inuincible Mars s'empara de ton cœur.

A iiij

II.

CIPRIS vn iour prés la riue voisine
D'vn ruisselet murmurant doucement,
Seule prenoit vn grand contentement
A voir couler ceste onde cristaline:

Amour voyant sa bouche coraline,
Son œil noirastre, & le bel ornement
De ses liens, prit son dard animant,
Pour en blesser ceste beauté diuine.

Elle sentant le martyre secret
De son traict d'or, luy dit, Ieune indiscret,
De ceste playe aye l'ame marrie:

Tu as blessé ta mere, fol archer,
Pardonnez moy, ie pensois descocher
Mon traict, dit-il, à la belle Marie.

III.

L'Archerot vne fois ayant perdu ses fleches,
Son arc & son carquois, sa mere le chassa,
Le regret de son sort, son cœur outreperça,
Esteignant de ses pleurs ses ardentes flammeches:

Des beaux yeux de Susane esperãt d'autres fleches,
Il la trouue en vn bois, mais, folet, il pensa
Que c'estoit la Cipris, adonc il s'abbaissa,
Son œil luy fit au cœur mille nouuelles breches:

Voiant l'arc en sa main, le feu dãs ses yeux doux,
Luy demande pardon, honteux, à deux genoux,
Lors Susanne luy dit, Ie ne suis Citheree:

Luy confus & rauy, s'enuola dans ses yeux,
Où puis il establit son palais glorieux,
Y recouurant sa gloire & sa trousse dorée.

IIII.

Defia ie voy l'Aurore annõcer vn beau iour,
Sufanne leue toy, que tu es pareffeufe:
Tu deuois eftre plus, que l'Aube, matineufe,
Ha! mignonne tu fais au lict trop de feiour:
Allons nous efgayer aux preaux d'alentour,
Nous oirons des oifeaux la mufique amoureufe,
Sous les arbres femez de fleur douce-odoreufe
Heureufement contens nous parlerons d'amour.
Et comme nos difcours feront naiftre l'enuie
D'vne viuante mort, d'vne mourante vie,
Ie te voudray baifer, & tu ne voudras pas,
Mais puis pour adoucir ma flamme violente
Tu te lairras gliffer aux amoureux appas,
Plus vn plaifir eft cher, & plus il nous contente.

V.

Amour ayant nauré mon cœur en mille parts,
Plorant, ie luy voulus faire entendre mes
luy difãt, archerot, fi tes fleches sõt teintes [plainte
De mon fang my-caillé, de tous coftez efpars:
Ceffe de me brufler des poinctes de tes dards,
Tu donnes à mon cœur des mortelles atteintes:
Helas fi tu n'es fourd au fon de mes complaintes
Enflamme la beauté, chiche de fes regards.
Amour refpond ainfi, fans ceffe ie luy tire
Mes traicts pour adoucir l'aigreur de ton martyre,
Ton mal naift du deftin, car mon dard Paphien,
Pour l'extrefme durté de fon ame imployable,
Rondit deffus fon cœur & tombe fur le tien,
Amant c'eft donc le fort qui te rend miferable.

SONNETS.
VI.

IE hay ce qui me suit, & n'aime seulement
Que cela que ie voy qui m'est du tout contraire
Et i'aime à rechercher vn antre solitaire
Pour confire en douleur mon angoisseux tourment
  Ie hay tout ce qui m'aime, & me hay mesmemẽt
I'aime le seul desert, cabinet ordinaire
Où mon cœur languissant, fidele secretaire
Dicte à ma voix l'ennuy qui le va consumant.
  Souuent on emmenotte, on enchaine vn plus sage
Que moy, qui suis espris de la bouillante rage
  D'amour aux poignans traicts:
  L'homme est pire que fol, quand ce cruel le lie,
Ne dict-on pas aussi qu'amour & la folie
  Ont semblables effects?

VII.

CEste exquise beauté qui mes feux a fait naistre
  Fournit d'arc & de traicts à l'archerot des dieux
Seule elle le possede, Amour aime ses yeux,
Tirant de leurs rayons la cause de son estre.
  Helas, tout mõ mal viẽt de ne me point cognoistre
Indiscret que ie suis, dois-ie estre soucieux
D'vn bien seul reserué aux habitans des cieux?
On dict qu'il fait mauuais se iouer à son maistre:
  Elle voit les effects de ma fidelité,
I'immole à ses beautez ma chere liberté,
Mais las, pour la seruir en vain ie me consume:
  Le ciel m'accusera de ma temerité,
Ie n'attens que rigueur d'vne telle beauté,
Puis que le mesme amour à ses flammes s'allume.

SONNETS.
VIII.

Es forests d'alentour sans cesse i'importune,
De mes vagues souspirs ie fais enfler la mer,
Le ciel, à tous momens, ie viens à reclamer,
Et i'addresse à l'amour vne plainte importune.

Mais ie ne puis aux bois faire ouyr ma fortune,
Mes plaintes ne sçauroient les vagues animer,
Le ciel de mes souspirs ne se veut allumer,
Et l'archer desdaigneux rit de mon infortune.

Ie croy que les forests, la mer, le ciel, l'amour,
Courroucez contre moy me brassent quelque tour,
Mesprisant mon amour, ou amoureux eux mesmes:

Que mō malheur est grand d'auoir dit mō secret
A ceux qui pour blasmer mes passions extremes
M'accuseront par tout d'vn babil indiscret.

DIALOGVE.

L'AMANT, & L'AMANTE.

L'AMANT.

IX.

Tv souspires, mon cœur, tu souspires, m'amie,
Si tu n'eusses voulu, ie ne l'eusse pas faict:

L'AMANTE.

Helas, mais si quelqu'vn nous eust prins sur le fait
I'en eusse eu du regret tout le temps de ma vie:

SONNETS.

Le peril est passé, la peine en est rauie,
Au moins vne autrefois cherchons vn lieu secret
Dieu, que tu es folastre, & ieune, & peu discret:

L'AMANT.

Mõ cœur, permets le moy, il m'en naist trop d'enuie

L'AMANTE.

Vrayement laissez cela, ma mere nous oit bien
Ouf, mais que faictes-vous? ah, ie n'en feray rien
Que sera-ce de nous si quelqu'vn nous escoute?
Mon ame, c'est assez, appaise ta chaleur,
Ie meurs, ie vis, ie crains, & suis tousiours en doute
Sçachant que tout plaisir est meslé de douleur.

X.

Dernierement estant auprés de vous,
Vous accusiez mon humeur desplaisante,
Mais pour vos yeux si cruellement doux
Ie plore & brusle, & me plains & lamente.

Mon cœur les aime, & craint fort leur courroux,
Dont est tousiours ma face gemissante,
Leurs chauds esclairs ie ressens à tous coups,
Dont vous voyez mon ame languissante.

Deesse, vn peu le tonnerre accoisez,
De vostre ciel, & mon mal appaisez
Si vous voulez qu'heureux ie vous adore:
De vos rayons seichez l'eau de mes pleurs,
De vos regards allegez mes chaleurs,
Car l'vniuers ne doit finir encore.

XI.

Madame, & moy faisons vne mer, ce me semble,
L'épouuëtable mer paroit bleuë à nos yeux,
Et telle est la couleur de ses feux radieux,
On crain & de voir la mer, les regardant ie tremble:
Les eaux, ce sõt les pleurs que mõ martyre assẽble
Au fonds de ma poictrine, & son cœur glorieux,
C'est l'endurcy rocher qu'vn flot impetueux
En vain bat & rebat, qui iamais ne s'esbranle:
Sans fin sur ceste mer qui se fait de mes pleurs,
S'esuentent les souspirs de mes aspres douleurs,
Sa beauté, c'est la barque où mon ame s'eslance,
La lune, est son humeur, qui chãge à tout momẽt,
Son esprit est aussi le mesme changement,
Ainsi la mer d'amour, est la mer d'inconstance.

XII.

Des beaux yeux de Philis i'adore la puissance,
N'aller idolatrant vne telle beauté,
C'est beaucoup demonstrer plus de temerité
Que, luy donner ses vœuz, ce n'est faire d'offense.
Le Ciel versant sur moy ne sçay quelle influence,
Me conuie à l'aimer (bien que sa cruauté
Mesprise mon amour, mes vœux, ma loyauté,
Et qu'elle foule aux pieds ma fidele constance.)
Ses molestes refus, ses desdains glorieux
Ne peuuent destourner mes desirs de ses yeux,
Elle charme l'amour, tant elle est agreable:
Que n'a le Ciel, autheur de ses perfections,
Meslé quelque douceur parmy ses actions,
Ou que ne suis-ie aueugle, insensible, ou muable?

Sonnets.

A M. B.

XIII.

SEroit-ce le destin qui m'auroit peu rauir
Au cristal de vos ieux, vrais miroirs de mō ame?
Non ce n'est pas le sort, car de leur douce flame
Amour brusle mon cœur, afin leur asseruir.

Non, ce n'est pas amour, car amour fait languir
Cruellement les cœurs que sa sagette entame,
Non, ce n'est point amour, c'est le ciel qui m'enflame,
Diuin, m'ayant fait naistre afin de vous seruir.

Car le sort est douteux, mon amour est certaine,
D'Amour naist tout mal-heur, & ma flamme est
sans peine,
Le Ciel n'est que douceur, & mon ame que feux:

Quand ie voy vos beautez (que mō esprit admire)
I'exalte la fortune, & l'amoureux empire,
Et voyant vos beaux yeux, ie les nomme des cieux.

A MONSIEVR
de Beauclerc.

XIIII.

LE mystere d'amour (mon Beauclerc) est compris
En quatre enfãs douillets, separez de la presse,
Deux se battent à coups de pommes, sans addresse,
(car d'aucune fureur ils n'ont le cœur espris:)

Deux autres à tirer vn traict d'or, bien-appris,
Sans s'alterer l'esprit, ignare à la rudesse,
Presentent le flanc d'vne douce mollesse
Pours'enferrer l'vn l'autre en leurs traicts adoucis.

Recreus de ce deduit, animez à la lutte,
Sont or' joincts de plus prés, vne sanglante cheute,
Se mordent, despitez : Quels contraires esbats!

Les baisers de l'amour par les pommes s'expriment,
Les desirs, flanc sur flanc par les amãs s'impriment,
Et son delice en fin se termine en debats.

SONNETS.
XV.

Vn fatal iour d'esté i'apperceus ma cruelle
Sommeillāt doucemēt entre les pasles fleurs
De son heureux verger, où sa beauté nouuelle
Tua le souuenir de mes vieilles langueurs.

Mon cœur liura l'assaut à mon ame fidele,
Mes amoureux desirs vouloient estre vainqueurs,
Mais i'eus quelque soupçon que l'audace infidele
Mist à mort mon espoir, augmentant ses rigueurs.

Ses beaux yeux enfermez sous leurs douces paupieres
Ressembloient au soleil, le pere des lumieres,
Qui, voilé d'vn nuage, eslance des esclairs.

Leur feu pressé sortoit en plus grand' violence,
Car ces astres brillans dont les feux sont si clairs,
Cachoient leur belle forme & nō pas leur puissāce.

XVI.

Tant de doux traits aux mortelles pointures,
Tant de tourmens des plaisirs renaissans,
Tant de doux feux qui rendent languissans,
Ne le croyons, sont des vaines figures:

Les traicts d'amour qui des humains a cure,
Estans si doux, nous vont-ils meurdrissans,
C'est vn abus, car les effects naissans
D'vn doux sujett, ont la mesme nature.

Las, toutesfois vn bel astre vainqueur
Lance des dards au milieu de mon cœur
Et nulle trace en paroist à la veuë:

Il blesse ainsi qu'vn Phalange qui poind,
Bornant la vie à son extresme poinct,
Comme l'Amour d'vne playe incognuë.

I'aime

XVII. T.D.

J'Aime bié ma maistresse, & la hay tout ensëble
I'aime ses blonds cheueux, ie hay sa fiction,
Ie reuere ses yeux par qui l'Aurore tremble,
Et porte quelque haine à son ambition.

I'aime sa bouche d'or, qui la rose ressemble,
Ie hay ses vains propos, & sa complexion,
Et son fard si lascif qui tant de gloire assemble
A sa beauté naïfue, & porte affection.

Mais on tient que l'amour à la haine s'oppose,
A la haine, l'amant ses desirs ne dispose,
Puis aupres de la Haine (ô Amour) tu te meurs,

Car tu es naturel, elle tout au contraire:
Fay donc que ie concluë (Amour) sans te desplaire,
Que i'aime ses beautez, que ie hay ses humeurs.

XVIII.

PEndant que seul i'errois en ce bocage
Où ton bel œil m'apprist à bien aimer,
De mon doux luth ie m'en allois charmer
Les oisillons ennemis du seruage.

Estant assis sur le moussu riuage
Pour, de mes vers, les echos animer,
Ie les chantois, afin de parsemer
De leurs douceurs, le frais-mollet herbage.

Tout flechissoit aux accens de ma voix:
(Mignonne) es-tu plus fiere que les bois?
Si les oyseaux suyuoient mon luth fidele,

Si les echos repliquoient à ma voix,
Veux-tu qu'on die, Annette est plus cruelle
Que les oyseaux, les echos, ny les bois?

B

SONNETS.
XIX.

VN iour pour diuertir les pensers amoureux
Qui, pour me trauailler, erroient de veine en
Ie pinçottoy mon luth sur la riue de Seine, [veine
Et charmois les poissons d'vn accord doucereux.

Ces moites habitans, aux accens douloureux
De mon luth attrayant, doux-sorcier de la peine,
Comme ayans à desdain & les eaux & l'areine,
S'empestroient de leur gré dans mõ ret frauduleux.

Alors, en deplorant la fin de leur passage,
Ie regrettoy le poinct de mon triste seruage,
O poissons, nous mourrons par vn semblable sort!

Vn luth vous a charmez afin de vous surprẽdre
Vn bel œil plein d'attrais, à mõ cœur s'en vint tẽ-
Il le prist aux desdains, les filets de ma mort. [dre

XX.

SVperbes cœurs, espris de vanité
De hauts desirs, excedant la puissance,
Qui desdaignez l'amour d'vne beauté,
Qui vous excelle en grace, en bien-vueillance.

Si l'imprudence ou la temerité
Ne vous regit, est-ce point l'impuissance?
Qu'esperez-vous? vne diuinité,
D'vn immortel, recherche l'accointance.

(Vains) vous pensez que les plus beaux sujects
Soient donc pour vous, indignement, abiects
Estans douez d'vn clair-poly visage:

Gardez (mignards) que par vostre mespris,
Ne vous perdiez (de vous-mesmes espris).
Comme Narcisse embrassant son image.

XXI.

IE ne suis point du nombre des amans
Qui perdent cœur apres la iouyssance:
Mon ferme amour prend nouuelle accroissance
Et germe au champ de mes contentemens:
  Quand ie ressens les amoureux tourmens,
Et les rigueurs d'vne ame d'inconstance,
Ie sens alors affoiblir ma constance,
Et mes desirs en sont moins vehemens:
  L'heur des amans, à qui le sort n'insiste,
Aux vrais effects vniquement consiste,
Et le malheur au desir imparfaict:
  De ces deux poincts telle est la difference,
L'vn effectuë, & l'autre est sans effect,
L'vn est le fruict, & l'autre l'esperance.

XXII.

VN iour Susanne & moy, reuenãs de la chasse,
Dãs vn pré fleurissant, entre vismes Amour,
Qui honteux se cachoit sous les fleurs d'alentour,
Sanglottant desarmé, sans bandeau sur sa face.
  Il vient deuers ma belle, & contẽplant sa grace,
Son carquois, ses beaux yeux, de ses feux le seiour,
S'agenouille disant : Nymphe, voicy le iour
Auquel, sans ton secours, le destin me terrasse.
  Las! ma mere (dict-il) recreu ie sommeillois,
Susanne m'a rauy mon voile & mon carquois:
(Royne) veux-tu permettre vne telle victoire?
  Non, dict-elle, Archerot, ie ne suis pas Cipris,
Pren tes traicts, & luy dis que ie les auois pris,
Et que ces deux amans en possedent la gloire.

SONNETS.
XXIII.

Vne fois l'archerot de sa mere repris
De lâcher ses traits d'or toujours à l'auãture
Et ne toucher les cœurs dignes de sa pointure,
Naurant imprudemment les plus rudes esprits.

Plorant, luy respondit (ô puissante Cipris)
Ainsi, mescognois-tu quelle est ta creature,
Ailez sont mes desirs, aueugle ma nature,
Et suis de tous les cœurs egalement espris :

Vn iour qu'il esprouuoit ses amoureuses meches,
Passant, ie ressenty ses rougissantes fleches
Qui m'alloient peu à peu tous les esprits charmant :

Tu meurs, &, dit Amour, ta belle n'est esmeuë,
O Dieux ! pour vn moment redonnez moy la veuë
Pour blesser vne Dame, & sauuer vn amant.

XXIIII.

Vous qui, l'auril de vos ans, consommez,
A courtiser vne belle Deesse,
Et qui l'amour des bergeres blasmez,
Voyez les yeux de ma douce maistresse.

Que ie vous plains, car en vain vous aimez
Vne beauté, qui pour toute caresse,
Rit de vos plainéts, de vos vœux animez,
Charmant vos maux d'vne voix piperesse.

Ce feinét amour est vn flatteur tourment,
Celuy qui naist vn doux contentement
Est l'amour vray, dont l'autre n'est qu'ombrage.

Le mien se voit, le vostre esuanouyt :
Venez apprendre en l'amoureus bocage
Que ce n'est pas aimer, qui ne iouyt.

A monsieur le Bossu, Secretaire du Roy.

XXV.

Comme vn soldat qui voyant que sa trouppe
Pille, saccage, & met villes en feu,
Gauchit au mal, & n'est non plus esmeu
Qu'vn eschançon qui renuerse vne couppe:

Comme vn Patron qui commande à la poupe,
Ayant de loin les grands flots apperceu
Ne s'espouuente, ains sage il a pourueu
Pour ne porter des rauages en crouppe.

Ainsi parmy les humaines fureurs,
(Mon cher Bossu) au milieu des erreurs,
En sa candeur, ta pieté demeure:

Ainsi parmy les flots malicieux
De ceste mer, ton ame se r'asseure
Pour aborder l'extreme port des Cieux.

La fourmy.

XXVI.

La fourmy mesnagere & sage & preuoyāte
Ne se tiēt paresseuse au trōc d'vn arbre creux
En la ieune saison du printemps odoreux,
Que l'on entend Progné qui son Itys lamente:

Elle vient, elle va, sans cesse, diligente,
Pour son viure amasser pour l'hyuer froidureux,
Elle ne s'accroupit en l'Esté chaleureux,
Ains garnit pour l'Automne, & bien munit sa tente.

Ainsi deuons-nous faire, & soigneux amasser
Au printemps de nostre aage, & pendant ne cesser,
Car quand de nostre Esté les ardeurs sont passees,

L'hyuer nous viēt surprēdre, & la vieillesse aussi
Que nous trainons en peine, en regrets, en soucy,
Pour nos commoditez n'auoir pas amassees.

XXVII.

Bienheureux est celuy qui le Seigneur honnore,
Bienheureux est celuy, qui ne suiuāt vn Roy,
Escoule ceste vie en liberté chez soy,
Heureux, qui son thresor, insensé, ne decore.

Bienheureux, qui n'a soin d'aucun procez encore,
Heureux est celuy-là qui, franc de tout esmoy,
Sans crainte d'ennemis vit aux champs à recoy,
Où le soucy rongeard son esprit ne deuore.

Heureux qui, sans muer, de Rome est reuenu,
Qui se passe du ieu bien-heureux est tenu,
Heureux qui ne ressent l'amoureuse sagette:

Heureux qui, rapportant des Indes grand thresor
S'exempte de peril, & plus heureux encor
Qui, sans cornes, possede vne beauté parfaicte.

XXVIII.

N'Esperons que du mal en ce bas vniuers,
Si nous somes deux iours à couuert de la peine:
Nous esprouuons cent iours de maux tristes-diuers,
Ainsi nous a creez la nature mal-saine.

O muable bon-heur, comme vn vent tu te perds,
Le Ciel verse d'enhaut, comme d'vne fontaine,
Mille maux, mille ennuys, sur nous fragiles vers,
Pendant que nous iouons ceste farce mondaine.

La fiebure, qui nze mois a vescu de mes os,
Puis esperant iouyr de l'ombre d'vn repos
Vint en mon estomach la colique bourrelle,

I'eu puis vn mal de rate, vn os pour m'acheuer
Se ficha dans ma gorge, & me pensa creuer,
La vie est de douleurs vne source eternelle.

B iiij

SONNETS.
XXIX.

Que le monde est constant en instabilité,
  S'il on iouyt d'vne aise, au moins de l'appa-
Tantost le sort muable en tranche l'esperance, [rece,
Et tout est enuieux de la felicité.

  Or i'estois desdaigné de la feinte beauté
Qui, par mille tourmens, la prouué ma constance,
Ores, de mes douleurs, elle prend cognoissance,
Puis volage se rit de mon infirmité.

  Helas! tous les malheurs sont la mesme asseurãce,
Et l'espoir, icy bas, l'ombre d'vne esperance,
Qui, vaine, se presente, & trompe nos mal-heurs:

  L'heur du monde, & d'amour, est vne ioye amere,
Car le monde n'est rien qu'vn enfer de misere,
Et l'amour en effect qu'vn monde de douleurs.

XXX.

Qui desire sçauoir qu'est Amour en effect,
  Sa puissance, son arc, sa nature, son estre,
Qu'il aime, & ce faisant il pourra recognoistre
Quel il est, quel il naist, comme il naist, ce qu'il faict.

  Ainsi qu'vn ieune enfant on peinct cet indiscret,
Dautãt qu'on voit l'amour de iour en iour accroistre:
Puis au monde, sans veuë, on nous le fait paroistre,
Ou bien les yeux bandez sa figure on pourtrait,

  Monstrant, qu'à la raison il sille la paupiere,
Et que la passion le priue de lumiere,
On le peinct empenné, car il est tres-leger,

  Aussi, que la pensee à l'amour animee,
Enleue les esprits d'vn vol doux & leger,
Hors du cœur de l'amant, pour viure en son aimee.

SONNETS.

A. Y. D. F.

Le premier iour de l'an 1602.

XXXI.

LE beau soleil, & mon parfait amour,
Font apparoir des effects dissemblables,
Ores qu'ils soient en essence semblables,
(Car mon amour est pur comme le iour.)

Ce grand courrier qui commence son tour,
Pour colorer de ses rais agreables
Du haut pourpris les voultes admirables,
Rode sans fin, sans espoir de seiour:

Mais mon amour, qui tousiours renouuelle,
Est animé d'vne cause si belle,
Qu'il doit vn iour paruenir à son poinct:

Le prompt soleil fait son cours circulaire
Sans s'arrester: mon amour au contraire
Se meut sans cesse afin de se voir ioinct.

T. D'ITAL.

XXXII.

AMour, où niches tu, qu'aucũ ne te peut voir?
Est-ce aux yeux de ma belle, ou plustost dans
mon ame?
Si comme tu reluis ie te veux entreuoir,
Ie contemple, rauy, les soleils de madame:

Mais si comme tu brusle, & monstres ton
pouuoir,
Archer, ie suis l'Ætna de ta cuisante flamme.
Helas! si tu cognois mon mal, à mon douloir,
Pren pitié de mon cœur qu'vn œil charmeur en-
tame.

Si de mon pauure cœur tu cheris le seiour,
Espure son vlcere, ou bien (puissant amour)
(Pour demonstrer en nous le pouuoir de ta grace,

Et l'effect merueilleux de ton alme pouuoir)
Desloge de mon cœur pour luire sur ma face,
Et sors de ses beaux yeux pour son cœur esmouuoir

SONNETS.

A ——— le premier May.

XXXIII.

Tv m'as donc pris sans verd, & bien ie le
  confesse,
La rigueur en est cause,& mes peines aussi,
Mon cœur est nud d'espoir & vestu de soucy,
Et la douleur pesante atterre ma foiblesse.

Sois plus douce ennemie, ou moins fiere mai-
  stresse,
Restaure vn pauure amant de misere transi,
Aumente ses douleurs d'vn clin d'œil adoucy,
Afin que ce beau iour limite sa destresse.

Desia dans ces ver-bois le gasouillant troupeau
Desgoise son ramage, & le gay pastoureau
Enfle la cornemuse, & sa Nimphe contemple.

Veux-tu que ie sois seul à plaindre mes lan-
  gueurs,
Pren soucy de mon cœur, obiect de tes rigueurs,
Si ce n'est par amour, que ce soit par exemple.

XXXIIII.

Dans vn pré tapißé de fleurs & de verdu-
re,
De mon luth doux-parlant les languettes touchāt
Rauy de mes pensers, ie trouuay d'aduanture
Deux Nimphes que i'allois dés long temps recher-
chant.

L'vne portant vn arc & des traicts pour pa-
rure,
Me charma de ses yeux, me rauit de son chant:
Et l'autre qui fait honte au bien-disant Mercure,
Alloit de ses douceurs mes esprits allechant.

Ie nommois celle-cy du beau nom de Minerue,
L'autre belle Venus, qui vit mon ame serue,
Touché dés ce moment d'amoureuse langueur:

Pour ces deux seulement, amour, i'aime la vie.
Tout à elles ie suis, außi ie leur dedie,
A celle là l'esprit, à celle cy mon cœur.

A. M. D. F.

XXXV.

Ie ne sçay quel bon astre au poinct de ma naissance
Favorisa mon estre, & d'vn aspect si doux
Daigna verser sur moy vne telle influence,
Que ie m'oste de moy pour me donner à vous.

S'il est vray que l'amant se transforme & s'eslance
En son sujet aimé, ce n'est plus qu'vn de nous,
Viuons deux comme vn seul soubs la loy de constance,
Amour mesme sera de nostre amour ialoux.

Et comme d'vn soleil la lumiere est parfaicte,
Ie ne voy que par vous, & rien plus ne souhaitte
Sinon que d'obseruer les vœux de nostre loy,

Il faut que vous m'aimiez s'il faut que ie vous aime,
Mais en m'aimant aussi vous aimerez vous mesme,
Car ie suis plus à vous que ie ne suis à moy.

SONNETS.
XXXVI.

———— mon soucy, seul obiect de mon ame,
Quand ie suis prés de vous, ie ne suis plus à moy,
Et quand ie suis à moy, helas! ie meurs d'esmoy,
Pour reuiure en vos yeux, dõt la douceur me pasme.

L'archerot courroucé me poursuit & me blasme,
En ton cœur est graué le cachet de ma loy,
(Dit-il) & ie n'ay point de retraicte chez toy,
Ton cœur seroit-il point consommé dans ma flâme?

Et quoy? (luy di-ie) (amour) ne te souuient-il pas
Qu'au poinct que tu le pris prisonnier en tes lacs
Par l'attraict d'vn bel œil où son desir recele,

Que tu fis ceste loy, qu'il feroit son sejour
Au cœur de la beauté dont tu nasquis (Amour)
Si ie n'ay point de cœur, suis-ie donc pas fidele?

XXXVII.

Qvand au cristal de vos yeux ie me mire,
Mon cœur touché d'vn doux rauissement
Part de mon corps, & en eux se retire,
Car ces beaux yeux luy sont vn firmament.

Il plaint, il meurt, & sa mort il souspire,
Si son destin l'en priue vn seul moment,
(Yeux) qui vous voit, & point ne vous admire,
S'il n'est sans yeux, il est sans iugement.

Si sur ma bouche est depeint le silence,
C'est qu'elle donne à mon ame audience,
Pour admirer vos attraicts gracieux.

Sors donc (mon cœur) de ta masse imparfaicte,
Et dans ces yeux à iamais te delecte:
Il faut quitter la terre pour les cieux.

XXXVIII.

Bouche de mes pēsers, l'entretien le plus doux:
Bouche, le paradis d'amour & de ma vie,
Bouche, de mes desirs la douceur & l'enuie:
I'ay peur que vous voyant l'aube n'entre en cour-
 roux:

Bouche, ie ne crains point de vos astres les coups
Quand ma vie se pasme en vos liqueurs rauie,
Heureuse trois fois l'ame à vos loix asseruie,
Mon cœur ne peut rien voir qui soit si beau que
 vous.

Belle bouche riante en corail esleuee,
Fay que de ton nectar soit mon ame abbreuuee
Quand ton bel œil voudra d'vn regard l'embra-
 ser.

Prononce vn doux arrest en faueur de mon
 ame,
O Bouche, approche toy pour addoucir ma flame,
Vois-tu pas que mes yeux respirent vn baiser?

SONNETS.

XXXIX.

LE Paphien qui regne aux beaux yeux de ma
belle,
A, pourtraicts, ses regards, autheurs de ma langueur,
Pour arc & pour carquois l'vne & l'autre prunelle;
Pour flambeau leurs rayons qui m'enflamment le
cœur:

Ses yeux le paradis où mon desir recelle,
Infusent en mon ame vne douce liqueur,
Qui rauit mes esprits, les pasme & les rappelle:
Par eux ie suis vaincu, par eux ie suis vainqueur.

En ses yeux l'Archerot allume mille meches,
Et naure autant de cœurs qu'il decoche de fleches,
Par eux il dompte tout, il est tout glorieux:

Amour sortant d'iceux en mon cœur se vient
rendre,
Mes plus secrets pensers pour ailes il vient prendre,
Et tout armé s'enuole au cristal de ses yeux.

Allez

XL.

ALLEZ, pensers, allez trouuer ma belle,
Allez la voir, n'y faictes long sejour,
Afin qu'au moins, à vostre prompt retour,
I'aye ce bien d'entendre parler d'elle.

Sortez donc tous de mon ame fidele,
Pour contempler l'obiect de mon amour:
Quoy? vous craignez; est-ce le brillant iour,
Est-ce l'ardeur de sa viue prunelle?

Allez, pensers, si tous vous n'aimez mieux
Me voir languir que viure par ses yeux:
Ne tardez plus, vous retardez ma vie.

Allez, pensers, puis reuenez à moy,
(Doux entretiens de mon ame asseruie)
Vostre retour charmera mon esmoy.

P. M. C.

XLI.

AV poinct que i'apperceu de vos astres l'aspect,
Ie vis Amour paroistre à l'esclat de leur
flame,
Et voyant que mon cœur leur portoit du respect,
Il sortit de vos yeux pour entrer en mon ame.

Il me fit esprouuer la poincte de son traict,
Et l'ardeur de son feu, qui mes esprits enflame,
Leur imprimant au vif les graces du suject
Qui, present, me rauit, & dont l'obiect me pasme.

Soudain que Cupidon, cet archerot vainqueur,
A ses traicts rauisseurs eust asseruy mon cœur,
D'vn doux-charmeur attraict vos astres l'attirerẽt:

Et mon desir espris de ce diuin sejour,
A l'instant fut porté, sur les ailes d'Amour,
Au ciel de vos beautez, qui mon cœur enleuerent.

A Madame de Montluet.

XLII.

L'Heureuse antiquité, qui fait honte à noſtre
    aage,
Honnoroit la vertu, faiſant les vertueux
Triomphans, cheminer au rang des demi-Dieux,
On cheriſſoit Pallas, on luy rendoit hommage,

Auiourd'huy la vertu marche en pauure equi-
    page,
Et ſon celebre nom nous eſt ſi odieux,
Que l'on craint de la voir d'vn œil doux-gratieux,
Et celuy qui la voit luy fait mauuais viſage.

La vierge qui ſortit du cerueau du grand Dieu,
Pour le palais celeſte a quitté ce bas lieu,
Mais ce myſtere cy merite qu'on l'explique.

C'eſt la noble vertu, qui, odieuſe à tous,
Dignement eſt receue en triomphe de vous,
Faiſant de voſtre eſprit ſon palais magnifique.

C ij

SONNETS.

A. M. B. F. D.

XLIII.

FRere, il faut admirer vne amitié si belle,
Auoir vny nos cœurs, couplez heureusement,
Faire agir nos desirs d'vn egal mouuement,
Sont-ce pas les effects d'vne amour mutuelle?

Mon ame bienheuree, où ton desir recelle,
Ton cœur, d'où mes desirs naissent secrettement,
C'est vn cœur de deux cœurs formé mistiquement,
Pour viure deux en vn soubs la loy fraternelle.

Ceste loy que nature engraue au cœur humain,
A ne sçay quoy de grand qui semble sur-humain,
Mais la loy d'amitié est encore plus grande:

Du signe fraternel, beny soit l'heureux iour,
(Douce fraternité qui prins estre d'amour)
Ie te fais de mon cœur vne fidele offrande.

A la France.

XLIIII.

France, que ie te plains, de voir, le cœur m'en creue!
Tollir à tes enfans leur franche liberté,
Ils boiuent des meschans l'amere indignité,
Leur nauire, en temps calme, est agité sans tréue.

O France, ne sommeille, on affile le glaiue
Pour occire les tiens: pren les à sauueté:
Preserue des malheurs ton alme dignité,
Et terrasse le bras qui contre nous s'esleue.

Tout chante, mais en vain, ce doux nom de repos,
France, car tes enfans sont rongez iusqu'aux os:
Les Poetes feignoient l'oyseau de Promethee,

Mais le cruel vaultour qui nous ronge sans fin,
Nous faict imaginer (France) que ton destin
Te veut voir dans le port comme en mer agitee.

Sonnets.

Sonnet faict pour vn quidam ioüant du luth.

XLV.

———— Ne ioue plus, car ta main flateresse
Pince si grauement ce luth harmonieux,
Que i'ay peur de mourir du son melodieux
Que rend à mon ouyr sa corde enchanteresse.

Cesse donc ie te prī, non non, pour Dieu ne cesse,
Tu charmes doucement du bel air gracieux
Des accordans accords de ton ieu glorieux
De mon cœur ennuyé l'ennuyeuse tristesse.

Ha, quel plaisir, quel aise, ha quel contentement,
Ha ce n'est vn plaisir, c'est vn rauissement,
————Rauy moy donc, ha i'ay l'ame rauie!

Cesse vn peu (mon———) rauy, l'esprit me faut,
C'est tout vn, ioue encor, si mourir il me faut,
Ie veux que tes douceurs donnent fin à ma vie.

ELEGIES.

HYMNE DE LA CLEMENCE.

AV ROY.

TOVS les plus beaux effects naiſ-
ſent de la vaillance,
Et toutes les vertus cedent à la
Clemence,
Vertu de ſi haut prix, que l'eſ-
prit n'a pouuoir
De bien l'imaginer, meſmes d'en conceuoir
Les merueilleux effects: car la toute-puiſſance
Pour ſe faire admirer ſe ſert de la Clemence.
 Puiſque ceſte vertu (SIRE) ſe loge en vous,
Puiſque voſtre cœur noble eſt magnanime & doux,
Permettez que ie loüe, & que ie chante encore
Ceſte graue vertu au ſon de ma Pandore,
Que ie faſſe mes airs eſclatter dans les cieux,
Chantant ceſte vertu, rare treſor des Dieux.
 SIRE, c'eſt ce treſor qui vos grandeurs decore,
C'eſt la perfection qui fait qu'on vous adore,

C iiij

ELEGIES.

Grand Roy, c'est la vertu qui vous faict estimer,
La valeur vous fait craindre, elle vous fait aimer,
Puis s'est vaincre deux fois l'ennemy deplorable,
En l'ayant surmonté se monstrer pitoyable,
Et la plus part des Rois qui sont soubs le Soleil,
Ores qu'ils sont vainqueurs, sont vaincus de l'or- [gueil,
Et leur cœur animé, aueuglé de la gloire,
Ne sçait pas pardonner au gré de la victoire,
Ne se laissans guider que par leurs passions.

Mais vous, Prince bien nay, de qui les actions
Nous seruent de miroir, vostre douce clemence
Vainc autant d'ennemis que fait vostre vaillance,
Si bien que le vaincu obtient mesme guerdon
Que s'il estoit vainqueur, en luy faisant pardon:
Vn grand aimeroit mieux voir son ame captiue
Au ioug de vos grãdeurs, que de Prince qui viue.

Aussi ce grand flãbeau dont l'esclair est si doux,
Ne voit rien auiourd'huy qui soit si grãd que vous,
Il ne laisse glisser sa clarté donne-vie
Sur monarque mondain qui vn tel heur n'enuie:
La gloire, la douceur, l'honneur, la pieté,
Brillent au bel aspect de vostre Majesté:
L'on vous nõme (grand Roy) par ceste masse ronde
Le vray ciel de l'honneur, & la gloire du monde.

Et pour mieux ressembler à la diuinité,
Luit en vos actions vn rayon de bonté,
,, Les Dieux sont recogneus par la seule clemence,
Et vous, à leur exemple, en remettant l'offense,
Vous faictes icy bas estimer immortel,
Perdant par vos vertus le tiltre de mortel.

LA NAISSANCE
de la Hyacinthe.

MVSE, c'est trop oser, (ô penser
 odieux!)
D'escrire le mal-heur d'vn fa-
 uory des Dieux,
De ce gentil enfant, ce mignard
 Hyacinthe
Dont nasquist vne fleur apres sa vie esteinte.
 Nymphe, ne sçais-tu pas que le Dieu porte-luths
Tenoit ce damoiseau pour vn de ses esleus?
Vierge, ne crains-tu point qu'vn iour il s'en irrite?
Onc vne infauste amour ne doit estre redite.
C'est tout vn, conte moy, d'où ceste fleur de prix
Qui te naist du soucy, son origine a pris.
 Vn ieune Amiclean, issu de noble race,
Aussi rare en beauté, qu'en douceur & en grace,
Qui, mignard & courtois, se faisoit desirer,
Et de qui la vertu le faisoit admirer.
 Apollon, aux vertus, voyant son ame apprise,
Et le voyant si beau, en eust la sienne esprise,
Il le faict son mignon, Zephire mesmement
(Cruel competiteur) l'aimoit vniquement,
Tous deux voulans rauir ceste fleur agreable
Prouuerent la fureur du sort inexorable.
 Ainsi que plusieurs mains lancees à la fois

ELEGIES.

Pour cueillir vn beau fruit, ou bien la fleur d'vn
bois,
S'empeschent bien souuent, fletrissent les fleurettes,
Font tomber, à l'enuy, leurs fueilles tendrelettes:
De mesmes ces Amans espris de ceste fleur,
Ternissent son beau teint, & perdent sa couleur:
Hé! Dieu que ie te plains! O gentil Hyacinthe,
D'estre aimé de ces deux pour aymer par côtrainte.

 Le charmeur Delien Dieu du mont aux neuf
sœurs,
Appastoit ce mignon du suc de ses douceurs,
Occupant son esprit à diuers exercices,
Il voyoit escouler ses beaux iours en délices,
Apollon luy monstroit à courir, à sauter,
A descocher vn traict, & la pierre ietter,
Et croy qu'il en estoit à peu prés idolatre,
Ores pour recreer son ieune esprit folastre
Il luy monstroit son luth des Muses tant prisé,
Dont l'air doux-rauissant le rendoit extasé:
Le voyant ennuyé des ieux, & de sa lyre,
Il presente au mignon tout cela qu'il desire.

 Ainsi ce ieune fils, ce douillet enfançon,
Folet, se laissoit vaincre aux airs de sa chanson.
Pendant il fait languir le parfumé Zephire,
Qui l'aime, le cherit, le courtise, & l'admire:
Mais quoy, tous ses appas sont foibles au respect
Des attraicts d'Apollon au gratieux aspect.

 Le doux soufflant Zephir, vagabond & volage,
Luy iette, en caressant, de la poudre au visage,
Ternit sa blanche chair, & hasle son beau tein,

ELEGIES. 19

L'embrasse, l'importune & le soir & matin,
Corrompt son chapeau fait de mainte fleur exquise,
Mesle ses blonds cheueux, deffraise sa chemise,
Actif, met en desordre & rompt à tout moment
Les plis bien agencez de son beau vestement.
 Toutesfois le mignard en tiroit du seruice
Quand molesté du chaud, ou de quelque exercice,
Ou quand, à l'ombre assis, ou bien se promenoit,
Cet amoureux Zephir doucement l'aleinoit:
Mais tous ses doux attraits, & ses belles promesses,
Estoient en son endroict de trop vaines caresses:
Et bien qu'il luy promist le rendre auec le temps
Sey des plus riches fleurs du coloré printemps.
En vain il le courtise, en vain il le supplie,
Car vn plus fort amour estroittement le lie,
Ses amoureux desirs enclinent seulement
A son bel Apollon qu'il aime vniquement.
 Zephire, ce pendant, a la teste saisie
D'vn martelant soupçon, d'extreme ialousie,
Se voyant desdaigné, & n'osant rechercher
Le bien qu'il estimoit, de son mieux, le plus cher.
 Depuis il conuertit vne affection telle
En vne triste haine à iamais immortelle:
Et bien qu'il eust au cœur de payer vn tel tort
(Comme il fit outrageux) d'vne funeste mort.
 Vn iour, pour terminer ceste amoureuse guerre,
(Comme ils passoient le temps à reietter la pierre)
Apollon la iettoit, & Zephire à propos
Pour naistre le mal-heur, or' qu'ils fussent dispos)
Destourna le haut coup d'Apollon, de fortune

ELEGIES.

Sur le pauure Hyacinthe, ô cruelle infortune!
Et tombant sur sa teste, helas! il le meurtrit,
Soudain il perd le poux, & sa beauté fletrit,
Couché tout roide mort estendu sur la place,
Sans ame, sans vigueur, tout aussi froid que glace,
Sans que cet Apollon, le diuin medecin,
Peust arriuer à temps pour puis le rendre sain,
Car l'ame, abandonnant le tronc de la nature,
Auoit desia franchy la dentine closture.

Phœbus confit en dueil, cherement l'accolant,
Va dix mille regrets de sa leure escoulant,
Transy de desespoir, il se pasme, il souspire,
Ses yeux noyent sa face, il accuse Zephire:
 Ah, ialoux vent, dict-il, m'as tu bien faict le
  tort
D'exposer, sans raison, mon espoir à la mort?
O fuyard, ô poltron, instrument d'inconstance,
Estoit-ce pour prouuer ma diuine constance?
Ma voix cesse tes plaints, mes yeux cessez vos
  pleurs,
C'est du cœur gemissant que partent les douleurs,
Aussi toute la mer en larmes conuertie,
Ne sçauroit reuoquer le moindre esprit de vie,
Si vne fois le corps reste sans mouuement,
Allant, pasle, habiter le triste monument.

 A ce funebre accent il finit sa complainte,
Sanglottant bassement le doux nom d'Hyacinthe.
Son beau sang espandu, son œil iadis si cher,
Eust esmeu à pitié le plus dur d'vn rocher,
Eust fait sourdre des pleurs des pierres insensibles.

ELEGIES.　　　　20

…s maraſtres douleurs aux fleches inuiſibles,
…nfantêr par nos yeux les pleurs, ſœurs des ennuis,
…omme les arbres font leurs fueilles & leurs fruits.
　Ha, muſe, tu taiſois que la mere commune
…e tous les animaux, triſte de l'infortune,
…itoyable, prenant de l'vn compaſſion,
…, de l'autre, plaignant l'extreme paſſion,
…roduit, au meſme inſtant, du pur ſang d'Hyacinte
…ne mignarde fleur, heureuſement depeinte,
…t pour mieux faire foy du mal'heur nompareil,
…raua deſſus la fleur les marques de ſon dueil,
…ortant de ſon doux nom le piteux caractere,
…ur eſleuer l'eſprit à quelque beau myſtere.

ELEGIES.

PLATTE PEINCTVRE
de la maison du Pin.

AV poinct que la claire Aube in
fusoit parmy l'air
Mille douces vapeurs, & qu
d'vn rouge esclair
Elle annonçoit le iour, & chasso
les estoiles,
Desuelopant le ciel tout entouré de voiles,
Quand le Coq matineux, horloge du labour,
Saluë de son chant le pur-iaunissant iour:
Ie dessille mes yeux, moites de ma saliue,
Pour voir du blond Soleil la clarté douce & viu.
Et sautant de mon lict, ie banny promptement
Le paresseux sommeil qui m'alloit assommant,
Lors i'entens des oisons la game interrompuë,
Des poules le cocqret, langue entr'eux recognuë,
Des cocq d'indes gourmands le langage turquois,
Des amoureux pigeons la murmurante voix,
Des cochons la voix roque: or ioyeux ie m'esueille
Au concert des oiseaux qui chantent à merueille:
Ie prens mon hocqueton, ou bien mon saye gris,
Bordé d'vn passement inuisible, sans prix:
Ie descends en la court, où sont les grasses poules
Qui grattent tant le iour qu'au soir elles sont soule
Leurs fourmillans poussins au langage affeté,

ELEGIES.

Et puis ie voy les Rois de ce peuple cresté,
Qui combattent ensemble en ceste cour champestre,
Monstrant qu'vn prince vnique au Royaume doit
　　estre.
Lassé de ce combat plein de temerité,
Comme on est amoureux de la varieté,
Oyant, des aignelets la voix & douce & pleine,
I'entre en la bergerie où mon plaisir me meine,
Ils bélent haut & bas, & font en ce discord
Recognoistre, sans art, vn agreable accord.
Puis ie laue mes mains à la claire fontaine
Qui se glisse au vinier sur la pierreuse areine.
Fontaine faicte d'art & naif & plaisant,
Qui soulage les pas de l'ingrat paisant.
　Puis ie m'assieds au bord du vinier aquatique,
Où nage le canart estrange & domestique,
Où Zephire s'esgaye, où en toutes saisons
Se glissent, par troupeaux, les bourbeteux oisons,
Où naissent en tout temps carpes en abondance
Par le frayer du masle, & mesmes sans semence.
　Recreu de ce deduit, satisfaict & content,
Naist vn nouueau desir en mon ame à l'instant,
Qui me meine au iardin où coule la fontaine,
Où ie vay, d'Helicon, celebrer la neufuaine,
Où ie vay, les matins, me lauer par neuf fois,
Afin d'entretenir ma prophetique voix.
　Ayant consideré la fontaine superbe
I'entre dans vne allee, & me iette sur l'herbe:
Ie voy de belles fleurs au parterre vermeil,
Et, sly celles qui plus satisfont à mon œil:

ELEGIES.

Puis ayant admiré la fontaine argentine
Qui s'escoule au bassin, ie vais à la cuisine,
Ie tourne vn robinet, ie me laue la main,
Ie prends vn peu de lard, vn quartier de bis pain,
Et i'entre dans le clost que le Louche on surnomme
Là ie ne perds le temps à mascher vne pomme,
A gouster vne poire, ou quelque fruict nouueau:
Mais ie contemple, seul, le sain-foin du preau,
Du verd-prè bigarré de mille fleurs diuerses:
Ainsi, d'aise rauy, me couche à la renuerse
Sur la fraiche herbelette, où le belier cornu
(Tant elle est belle à voir) n'est encores venu
Brouter l'escorce tendre, où mesmes les fleurettes
N'ont encores senty les douces bouchelettes
De l'auette qu'on dit estre fille du ciel,
Faisant, par son moyen, le doux-vtile miel:
En passant ie diray que la soigneuse Aueille
Est à l'esprit humain vne rare merueille,
Elle honnore son Roy qui n'a point, ce dit-on,
(Tant belle est la douceur) de piquant aiguillon.

 Lors voyant dans ce clost tant de nouuelles enti[tés]
Ie dis, (ô beau verger) hé que tu me contentes,
Verger, tu n'as brin d'herbe, ou de foin, ou de fle[urs]
Qui ne vaille vn lingot à la iaune couleur,
Si cil qui vit content en richesses abonde,
Ie suis, en vous voyant, le plus riche du monde:
Beau pré, car mon esprit ne souhaitte autre bien,
,, Qui desire tousiours il ne possede rien.

 Ayant bien admiré ceste pree accomplie
De couleurs, & de fleurs, & de parfums rempli[e]

ELEGIES.

Pour fuyr les regards du soleil radieux,
Ie descends en l'obscur d'vn valon gracieux,
D'vne secrette allee où la fraischeur domine,
Où le brulant archer fixement ne chemine,
Car elle est dessous terre, & plusieurs arbrisseaux
Vmbragent son berceau de leurs branchus rameaux.

A costé de ce lieu se releue vne allee
D'entes, arbres fruictiers, richement accolee,
D'où le beau ieune bois se peut apperceuoir,
Qui sera quelque iour fort agreable à voir.

Delà ie vais errant par les herbeuses sentes,
I'esmonde, en me iouant, ce qui nuit à mes entes,
Et tout le superflu des arbres d'alentour,
Et puis ie m'en retourne en la rurale cour,
Riche cour nourriciere, & qui mesmes surpasse
En bonté, ceste cour, qui tous vices embrasse.
Viuãt aux cours des Rois, on meurt cẽt fois le iour,
Mais, en toy, chere cour, l'aage nous semble cour:
Ceux de la cour Royale en vn duel s'appellent:
Et ceux de ceste cour qui bondissent & belent,
S'entrechoquent l'vn l'autre, & s'escornent souuẽt,
Leurs paisibles debats se terminent en vent,
Mais vn rien à la cour, où l'homme de bien treble,
Enfante la querelle & la mort tout ensemble.

En la mondaine cour se couue inimitié,
En celle-cy, des œufs, & parfaicte amitié.
Les fumiers qui se font des vasches domestiques
Pour la terre abonnir, sont des cheres reliques:
Les chaleureux pigeons, & les brebis encor
Confisent du fien qui vaut son pesant d'or.

D

ELEGIES.

Contemplant de ma sale vn parterre estimable,
Ie hume le doux air d'vne veuë agreable,
Puis ie voy dans la Cour les genisses qui vont
Sucer les gras pastis, comme leurs meres font,
Nourrices qui de laict fecondement regorgent,
Et qui, leurs trayans veaux, debonnaires, engorget.
Peu apres i'apperçoy le Taureau furieux
Qui caresse vne vache, & luy faict les doux yeux.

Ha! quel plaisir de voir nostre troupe folette
Qui broutte, sans arrest, la perleuse herbelette!
Quel aise d'engloutir vn quartier de pain bis,
Voyant vn doux aigneau qui tire sa brebis,
Sa brebis qui l'alaitte, enseignant à nature
De n'espargner aux siens l'humaine nourriture:
Que vo⁹ estes heureux, petits veaux nouueau-nez,
O tendres cochonnets, n'estes-vous fortunez?
Las! au moins vne truye a de vous quelque cure
Et, comme à des goulus, donne ample nourriture.

Mais entre les humains ne regne aucune loy,
Auiourd'huy nous viuōs & sans regle & sās foy.
On se bousche les yeux pour ne voir la misere
De son proche affamé, qui, nud, se desespere.

Apprenons desormais, mondains, à faire ainsi
Que font les oisillons qui n'ont autre soucy
Qu'à voleter par tout pour chercher nourriture,
Aux petits empochez de la douce pasture
Qu'ils trouuent, furetans en mille lieux diuers.

Heureux l'homme qui voit ses lauriers tousiours
 verde
Croistre de iour en iour, & graue sur leurs fueilles:

Les louanges de Dieu, le pere des merueilles.
Heureux qui se promeine en sa petite cour,
Dont les toits sont couuerts de chaume tout autour.
Le tonnerre esclattant esloigne les logettes,
Les royales maisons y sont plustost subiectes.
　Dessous vn humble toict, en chacune saison
Le somme semble doux, on n'y craint le poison,
Que volontiers aux Rois sommeillans, on prepare,
C'est le lieu du silence, vn tantare, tantare
Ne resueille en sursault les hommes à minuit.
Heureux qui fuit la cour, & le vilage suit,
Y plantant, curieux, des entes, pour memoire,
Dont vn iour ses nepueus luy donneront la gloire.
　La Cour a pour visage vn masque contrefaict,
Elle parle de tout, ne met rien en effect,
La Cour pleine de fard, vaine, effrontee & chiche,
Fait mourir l'indigent, & destrousse le riche.
En Cour tout est confus, tout chemine à l'enuers,
On n'y cognoist la feste & dimanches diuers,
Que lors, que, paresseux, dans le somme on se pasme,
Et que l'on voit le fard luire au front de Madame,
Qu'on ioue apres disner, consommant tout le iour
Aux plaisirs de la gueule, aux delices d'amour.
　Mais aux festes, aux champs, le pain benist s'y
　　donne,
On pare les Autels, sans cesse on carillonne,
Les festes on commande, & monsieur le Curé
D'vn surplis venerable & de chape, paré,
Explique aux laboureurs la tressaincte euangile,
Sans art, fidelement, & leur est fort vtile.
　　　　　　　　　　　　D ij

ELEGIES.

Il reprime le vice, & plein de pieté,
Sur tout leur recommande & paix & charité.
 Et puis apres disner les naïfues fillettes
Vont trepigner au bal les moles herbelettes,
Passant ainsi le cours de leur ieune saison,
En tenant compagnie à leur pere grison.
 Heureux cent & cent fois qui son iardin defriche,
Et deuore, sur l'herbe, vn fromage, vne miche,
Et sans se soucier d'vne illustre maison,
Mange le cochonnet & la poule & l'oison,
Paisible, en son hostel que son chien tres-fidele
Prend le long de la nuict en sa seure tutelle,
Fortuné le grison qui passe ainsi ses ans,
Blanchissant poil à poil, autour de ses enfans,
Où sa foible vieillesse encore se contente
D'entrenoir les beaux fruits que la nature enfante.

EGLOGVE.
IANOT pasteur, FLORIN pescheur, CLAVRIS berger.

IANOT.

A l'Aurore se leue, & Phebus
   sous-riant
Vient faire son entree en l'Indique
   Orient,
Déja les oisillons par ces forests
   iargonnent,
Et, châtres de nature, à qui mieux mieux fredõnẽt.
Ia le prince cresté a chanté par deux fois,
Mesmes i'oy le bouuier corner à haute voix :
Que fay-ie, paresseux, sur ceste molle paille ?
Quentine, Marion, debout, debout canaille,
Qui vous rend accroupis dans ce lict casanier ? [nier ?
(Sourdauts) n'oyez vo° point le haut cry du meus-
N'oyez-vous le vascher : il faut doncque ie lasches
Moy-mesme les pourceaux, les bouueaux & les
   vasches :
Appellez-moy Tout-blãc, appellez moy brissaut,
Belot & mon Barbet qui iamais ne me faut :
Ca du pain, ça du lard que i'emplisse mes poches,
Car i'iray boire à mesme à ces fontaines proches.

D iij

ELEGIES.

Allons mes beaux moutons, brouter les gras pastis,
Marchez douces brebis, allons grossir le pis,
Venez faire du laict pour donner nourriture
A vos blancs aignelets, la douceur de nature,
Allons braue Tout-blanc, ie te vois estendu,
Veux-tu t'anonchallir sur ce sien my-fondu?
Allons paoureux beliers, allons laictieres cheures,
Vos cheureaux mouchetez, il est tëps que ie seures,
Voyez les sautelans sur ces tertres herbus :
Ha! quel contentement de voir ces boucs barbus
Courtiser ces brebis, & se donnant carriere,
Se heurter, se tourner, puis deuant, puis derriere :
Ces tendres aignelets qui grattent le pastis,
Voyez ce grand cheurueil, voyez ces deux petits:
Voiez ces deux poulains, qui pieds liez, bondissent,
Ces deux boucs haletans, qui, fermes, se roidissent.
Voyez, cheres brebis, ce combat amoureux,
Cestuy liure l'assaut, cet autre fuit paoureux.
  Donnez treue aux debats, limitez la carriere,
Et paissez d'appetit, ceste herbe nourriciere,
Non, ne l'espargnez point, plus en naist vne nuict
Que n'ë broute, en huit iours, la troupe qui me suit.
Mais i'entreuoy quelqu'vn, qui, chãtãt se promeine
En ce prochain valon d'où sourd vne fontaine,
Vient-il point du costé du riuage Marnois :
C'est quelque bon pescheur, & croy que le cognois,
Il a tous ses engins, & les rets, & la ligne,
Du patient pescheur le plus asseuré signe.
Il me semble qu'il vueille accoster cet ormeau,
Mesme il vient d'essuyer son resonant pipeau,

ELEGIES.

Si ie voy qu'en ce pré, sociable, il s'amuse,
I'haleineray ma voix dedans ma cornemuse.

FLORIN pescheur.

Pasteur, ie m'aduanture à te dire bon-iour,
Ie croy bien que tu fais en ce pays seiour,
N'es-tu point du Pinot, cinq lieuës du petit monde
Où le grand Henriot en grands troupeaux abonde?
N'es-tu pas ce Ianot qui remplis tous ces champs
De bœufs & de moutons, & de lyriques chants?

IANOT.

Ianot est mon vray nom, Pin t'est mon village,
Pā est mō seul Seigneur, & trēte ans, c'est mō aage.
Le grand Roy de la mer preserue ton basteau
De l'orage des vents, de la fureur de l'eau,
Soit aux riues de Marne, ou de la mer extreme,
Qu'en peschant ton poisson tu te saues toy-mesme.

FLORIN.

Pasteur, sçaches mon nom, ie me nomme Florin,
Ie n'ay iamais pesché dedans le flot marin,
Et n'ay pas mesmement la grand' mer recogneuë,
Sinon de la distance où tend l'humaine veuë:
Ie suis pauure pescheur sur le fleuue Marnois,
Ie suys, heureusement, le train du villageois,
Ie suis garny d'engins, & de ligne & de lesche,
Ie prens quelque poisson, & ie vis de ma pesche,
Ie tends les reths subtils, & le croche hameçon,
Ainsi ie les attrape en diuerse façon:

D iiij

ELEGIES.

Ie fay glisser sur l'eau, mon batteau gaigne-vie,
Cet humain cours volant, escoulant sans enuie.
I'ay ma basse logette, où ie serre mes reths,
Enuiron deux cens pas du chasteau de Forests.
I'ay quarante ans passez, & deux petites filles
Sous l'aile de la mere, à pescher bien habilles.
  Toy, superbe Ianot, tu fourmilles en biens,
Tes biens sont infinis, & tu vois tous les miens,
Tu vis, riche, à ton aise, & moy, pauure, n'ay cure,
Qui, demain, me donra l'humaine nourriture,
Mal-heureux est celuy qui s'en tourmente aussi,
Le diuin pouruoyeur, pour nous en a soucy.

IANOT.

O bien-heureux pescheur, heureuse ta fortune,
Qui, te voyant dormir, ton repos n'impertune,
Tu dors, gentil pescheur, tandis qu'ambition
Agite les grands Rois d'ardente passion :
Cependant qu'vn seigneur, aux honneurs, se dispose,
Aspire aux grands tresors, heureux, tu te repose,
Las! ainsi faisons nous: & parmy ces beaux chāps,
Esloignez du commun, nous fuyons les meschans:
Nous suyuons l'innocence, & francs de toute enuie,
Rendons paisiblement les abbois de la vie.
Les Rois sont au palais sous vn daix diapré,
Nous foulons, libertins, les herbages d'vn pré.
Les Rois sont assistez de mille halebardes,
Nous sommes entourez de mille fleurs mignardes,
Bien souuent les palais sont comblez de douleurs,

ELEGIES. 26

Icy le miel coulant succre les belles fleurs,
Le foudre estincelant tombe sur les montagnes,
Et la douce bruine arrose les campagnes:
Dans vn palais fourmille vn tourbe qui bruit:
Que nous sommes heureux! le silence nous suit,
Celuy suit la vertu qui suit le train champestre,
Puis que, toute vertu, le silence fait naistre:
Sans toy, silence doux, tous nos pensers sont vains.
  (Pensers vrais truchemens des mysteres diuins)
Vous nous faictes comprendre en l'esprit des mer-
    ueilles,
Qu'on ne peut conceuoir par les promptes oreilles,
Ny mesme par l'effort des cinq sens naturels.
,, Heureux qui peut dompter ses desirs corporels,
,, Et des almes pensers du cœur plein d'innocence,
,, Visite incessamment le lieu de sa naissance.
  C'est assez, donnons fin à ces graues propos,
Florin, pren ton flageol, & si tu es dispos,
Enflons la cornemuse, & faisons vne danse,
Nous verrons nos aigneaux sauteler en cadence.
  Cessons aucunesfois, & reprenons souuent,
Cesse, ie te supplie; ah, ah, ie perds le vent:
L'autre iour vn grãd loup me vit dans ceste plaine,
(Ne t'en estonne point) il me huma l'haleine.

FLORIN.

Cessons, car i'entreuois vn berger dans ce bois,
Arraisonnant d'echo la repliquante voix:
Il s'approche de nous auec sa troupe blanche,

ELEGIES.

Ie le voy, ie le perds, ie le vois, il se panche,
Pour nous enuisager d'entre ces deux ormeaux,
Qui paroissent à l'œil, & si droicts & si beaux,
Que la chaste Daphné, d'Apollon tant aimee,
N'eust mesmes desdaigné d'y estre transformee.
 Le vois-tu (mon Ianot) prés ce charme branchu,
Il porte pour houlette vn beau baston fourchu
De buis, enuironné d'vne viue graueure,
Dont l'art tres-excellent fait honte à la nature.

IANOT.

Ie le voy maintenant: vn blond crespe mollet
Ne faict or' que friser son menton rondelet:
Il porte son doux luth en guise d'vne gaule,
Tantost dessous le bras, tantost dessus l'espaule.
,, Le Luth, vnique Roy de tous les instrumens,
,, N'enfante des plaisirs, mais des rauissemens.

CLAVRIS ieune Berger.

Ne vous destournez point (beaux pasteurs) ie
 vous prie,
Chantez, esbattez-vous sur l'herbette florie,
Ie ne suis pas venu pour troubler ce repos.

IANOT.

Doux-aimable berger, tu viens tout à propos
Pour rendre le concert d'autant plus admirable,
Car ie te voy gentil & d'humeur sociable.

ELEGIES.

CLAVRIS.

Ha! qu'il fait bon icy, que d'arbrisseaux diuers,
Que pures sont les fleurs, & les herbages verds,
Que l'air y est serain, que la plaine est vnie:
Vn Zephir y souspire vne odeur infinie:
Ce beau lieu nous inuite à charmer dans ces chãps,
Les eaux & les rochers de nos airs allechans.

IANOT.

Berger, nous passerons ce beau iour pacifique
A conter sa fortune, à faire la musique,
Mais de grace dy moy le nom de ce hameau,
Où loge le buron de ton ieune troupeau.

CLAVRIS.

Ie suis, braue pasteur, du Pinot beau vilage,
De mille pas d'icy distant, & dauantage.
Ie me nomme Clauris, veux-tu sçauoir comment
Ie meine ces brebis? pour mon contentement.

IANOT.

Clauris, en mesme bourg nostre troupeau repose,
Et moy, de mon buron, selon ton gré dispose:
Nous aurõs ce bon-heur de nous voir tous les iours:
Repren, gentil berger, le fil de ton discours.

.ELEGIES.

CLAVRIS.

Sçache, benin pasteur, & toy, pescheur fidele,
Que i'ay long temps erré par la Cour infidele,
Par ceste indigne Cour, où regne le discord,
De tous vices la vie, & des vertus la mort.
Cognoissant que mon cœur desdaignoit les delices
Des courtisans lascifs, de tous maux les complices:
Voyant que la vertu traisnoit l'aile à tout pas,
Et que tout se faisoit sans reigle & sans compas,
Que l'on laschoit la bride aux vices execrables,
Refrenant à l'enuy les vertus plus louables.
Mon penser conferant auecques mes desirs,
Sceust distraire mon cœur de ces mondains plaisirs
Mon cœur à mon esprit annonçant son enuie,
Ie quittay de la Cour la languissante vie:
Deslors chãgeant d'habit, d'humeur & de sejour,
Heureux vins habiter la pastorale Cour,
Où de peu de deniers qui me restoient encore
Acheptay ce troupeau qui ce ver-pré decore:
Lors ie vy bien content, loin des vaines erreurs,
Et i'abhorre l'estat des graues Empereurs,
Des Monarques, des Rois, qui souuent voudroient
    estre
De la condition d'vn pastoureau champestre.

FLORIN.

Quand ie te voy si beau, pasteur, quãd ie te ve

Tenant ce luth mignard qui charme tout esmoy,
Me semble que ie voy, tant ton œil me delecte,
Ce pasteur qui en sceptre eschangea sa houlette.

CLAVRIS.

Pescheur, ie te diray, dés l'aage de dix ans,
(Mon pere Robertet ayant plusieurs enfans)
I'apprins ce doux mestier, & celuy de la Muse,
Où pour me contenter quelquesfois ie m'amuse,
Si bien que dans ces bois sur les arbres diuers
Ie graue, en m'esgayant, dans l'escorce mes vers,
Ie les dis aux echots, les echots aux montaignes,
Les montaignes aux eaux, & les eaux aux cam-
    paignes,
Ainsi i'appren mes airs, & mes basses chansons
A mes douces brebis, aux arbres, aux buissons.

IANOT.

Beny soit le moment du iour qui m'a veu naistre,
Puis que le sort me faict ce bien de te cognoistre :
Nous coulerons le temps au son des chalumeaux,
Nous entrecherissant comme font deux iumeaux,
Ie mesleray ma tourbe auec ta belle troupe,
Tes biens auec les miens, ta souppe auec ma souppe,
Et si tu as à gré, nous viendrons tous les iours
Au murmur de ces eaux parler de nos amours.

CLAVRIS.

Ie le veux (mon Ianot) mon cœur te sert de gage,
Amy tu ne pouuois m'obliger dauantage.
Quel signe d'amitié, se vouloir, pour m'aimer,
D'vn amy tres-parfaict en frere transformer!

IANOT.

Allons en ma cabane, où le soupper s'appreste,
Pour terminer eu ioye vne si douce feste:
Allons, mon cher Florin, prendre nos passetemps,
Il n'appartient qu'à nous à se dire contens.

ELEGIES. 29

E penser d'vn amant n'abandonne son cœur,
Et le trenchant regret est son triste vainqueur,
Ie le cognois en moy qui repense sans cesse
A ma perte passee, à ma chere maistresse,
Pour qui tant de sanglots & tant de plaints diuers
Agitent mon esprit, & desolent mes vers.
 O penser outrageux, vray motif de ma peine,
I'estois franc de tourmens, tu me remets en gesne!
Penser qui me reduis l'obiect deuant les yeux
De celle qu'on nommoit le miracle des Cieux:
 Ah! penser, vain penser qui me fais plaindre encore
Ceste vnique beauté, cest esprit qui decore
Les champs Elisiens (ô penser rigoureux!)
Tu me desplais autant qu'au songeard amoureux
Tu donnes de plaisir, car la douce pensee
Qui son ame entretient, soudain prend sa visee
Vers le suiect aimé, quand priué de le voir
Des foibles yeux du corps, il ranime l'espoir,
Pensant à la beauté pour laquelle il souspire.
 Faut-il renouueller mon languissant martyre?
Hé! pourquoy veux-ie encor rechanter mes douleurs,
Versant sur ce papier mes plaintes & mes pleurs?
Doit-on ramenteuoir vne peine passee,

ELEGIES.

Et la recacheter sur la mole pensée?
Non, non, les maux presens nous bourrellent assez
Sans se ressouuenir de nos malheurs passez:
Toutesfois elle estoit, en beautez, infinie,
Il ne faut donc que soit ma complainte finie,
I'ay les regrets en l'ame, & les larmes à l'œil,
Et le dueil m'ouurira la porte du cercueil.

Au poinct que ce Soleil abandonna le monde,
Le ciel versa des pleurs sur la terre feconde,
L'air estoit adombré d'vn noircissant brouillats,
On n'entendoit que cris, & que piteux helas!
La Seine lamentoit, l'immortelle Nauonde
Troubloit de ses souspirs le cristal de ceste onde,
Les Sœurs, au desespoir, erroient parmy les bois,
Et rechantoient son nom d'vne funebre voix:
Les Charites couroient & par monts & par riues,
Annonçans leur regret par leurs chansons plain-
tiues :
De desplaisir Diane en brisa son carquois:
Et l'Amour, qui commande aux Princes & aux
Rois,
Abandonna sa Cour, & quitta son Empire
Pour l'horreur des deserts, où, dolent, il souspire.
Depuis ce triste iour Palas n'a reposé,
Cipris a son cercueil de ses pleurs arrosé:
Les Pasteurs, qui suiuoient leurs douces camusettes,
Ne châtoient à l'instant que tristes chansonnettes.

Si doncques chacun a deploré mon malheur,
Ne suis-ie pas esmeu d'vne iuste douleur?
Amant infortuné, ta liberté perdue

T'est

ELEGIES. 30

T'est malheureusement par le destin rendue!
Ah! serue liberté, viens-tu pas me reuoir,
Pour m'asseruir aux maux, & pour me deceuoir?
Le ioug qui m'asseruoit m'estoit doux & non rude,
Et telle liberté m'est vne seruitude.

 A quel poinct desastreux helas! suis-ie reduit!
Le Soleil qui pour tous par tout clairement luit,
Ne verse plus sur moy sa plaisante lumiere:
Le iour m'est vn tenebre, & la nuict sommeillere
Destinee au repos des humains oppressez,
Rengrege les douleurs de mes esprits lassez:
Si ie suis en mon lict, ie plains & me lamente,
Mon lict est espineux, & mon ame dolente
Ployable à ce regret, veut suiure sa moitié:
Hé! qui de mes clameurs n'auroit quelque pitié!
Quel antre, quel desert, quelle grotte sauuage,
Quel caverneux rocher, quel escarté riuage
Me faut-il rechercher pour tesmoins de mes pleurs?
Tout est sourd à ma voix, muet à mes douleurs,
Tout se rid de mõ mal, tout de mes plaints se moque
Le desespoir naissant tous mes esprits suffoque.

 Dieux! où sont ces momens, ces instans bienheu-
  reux,
Tous ces contentemens, ces plaisirs langoureux?
Où sont tant de baisers, & sauoureux delices,
Tant de moites regards, & tant de doux supplices?

 Au poinct que cet Amour qui commande aux
  amans
Nous rendoit bienheureux, affranchis de tourmẽs,
Au poinct que de ses feux il animoit nos ames,

E

ELEGIES.

Brulans egalement aux amoureuſes flames,
Au poinct que ie croyois mon heur eſtre aſſeuré
Pour iouir de ce bien que i'auois eſperé,
Le deſtin enuieux d'vne telle fortune
Briſa ce doux eſpoir d'vne main importune,
Et me martyriſant d'vn outrageux effort,
Me fit ores ſentir les peines de la mort,
Me priuant de tout bien, me comblant de detreſſe,
Cruel il me rauit mon cœur & ma maiſtreſſe,
Maiſtreſſe que ie veux à iamais regretter,
Car l'vnique regret me pourra contenter:
Ah, quel contentement! la plus viue conſtance
Dont mon cœur eſt ſaiſi, vers la parque m'eſlance.
Las! il faut que ie meure, hé, ſuis ie encor viuant!
Non, non, mon corps lãguit, mais mon eſprit ſuiuãt
Ce bel eſprit là haut, dit que les belles ames
Ne ſuruiuent iamais au ſujet de leurs flammes.
Auant que de mon bien, le radieux Soleil,
Marquaſt ſon occident aux ombres du cercueil,
Auant que ma Deeſſe abandonnaſt la terre,
Pour le ſejour du ciel qui dignement l'enſerre,
Pour mouuemens derniers de ſa lãgue & ſes yeux,
Me regardant, me tint ces propos gracieux;
Elle me dit ainſi, la parole mourante,
Las! il faut que de toy (ma moitié) ie m'abſente,
Il faut qu'à mon regret ie te quitte (m'amour)
Mon cœur guinde ſon vol du celeſte ſejour,
Car mon corps deſolé, tout deſnué de force,
Me preſſe de partir, & ma langue s'efforce
De proferer ces mots, Ie me deuls, non de quoy
Ie change de ſeiour, la mort (mon doux eſmoy)

Aussi sera ma vie, & le ciel la demeure
De mon ame fidele, helas! mais tu demeure
En vn val de miseres, vn mal me fait mourir,
Te voir, & ne pouuoir, mon cœur, te secourir,
Te laissant veuf de moy, tu finiras ta vie,
Souspirant tristement ta maistresse rauie:
Et me prenant la main, trois fois me la serra,
Lors de nouueaux regrets mon ame s'empara,
O poignant souuenir qui iamais ne s'efface!
En pensant luy parler ie tombay sur sa face:
Garde bien ce baiser (dit-elle) me baisant,
Et qu'il aille ton dueil (petit cœur) appaisant,
Il faut quitter le monde: Heureux on ne peut dire
Aucun auant la mort: le destin ne peut nuire
A ceux qui sont couchez au tombeau paresseux,
Mais le monde est semé de tout mal angoisseux:
Las! ne souspire point (chere part de ma vie,
Qui par ce doux souspir m'est doucement rauie.)

A ce mourant souspir, à ce dernier adieu,
Ie tombay demy-mort, & ie remply ce lieu
De mes piteuses pleurs, en extase, impassible,
Ayant l'esprit touché d'vn regret trop sensible:
Puis reuenant à moy de ceste pasmoison,
Ie fis vœu de n'entrer iamais en la prison
Des yeux d'autre beauté: Comme la Tourterelle
Plaint sur vn arbre sec sa compagne fidele,
Comme elle meurt ainsi veufue de ses amours:
Ainsi ie traisneray le reste de mes iours,
Regrettant ma maistresse, & n'auray nulle enuie
D'aimer vne autre Dame en ceste instable vie.

E ij

ELEGIES.

MAISTRESSE, ie te prie, escoute le suiect
Qui te fit de mon cœur le seul
& doux obiect,
Escoute comme amour, qui nos desirs enflamme,
Me tenoit garroté dans ma premiere flamme,
Ayant liuré mõ cœur prisonnier aux beaux yeux
Qui n'ont apres les tiens leurs pareils sous les cieux:
En bref ie te diray quels estoient nos delices,
Nos passetemps d'amour, & nos beaux exercices,
Et comme Cupidon pour moderer l'aigreur
De nos futurs ennuis, nous paissoit de douceur.
 Ceste Nimphe estoit ieune, & Susanne s'appelle,
Aussi douce que chaste, aussi chaste que belle,
Et son esprit qui fut l'obiect de mon soucy,
Est de toute beauté le portraict raccourcy;
C'est, pour le faire court, le sainct & le vray tẽple
De la perfection, le modele & l'exemple
De toutes bonnes mœurs, & de toute vertu,
Aussi de toute grace il sembloit reuestu.
 Mais ceste belle fleur alors me fut rauie,
Que ie pensois cueillir les doux fruicts de la vie:
,, Quand on pense iouir de son bien esperé,
,, C'est ores que l'amour le rend desesperé.
I'esperois de gouster du fruict de mon attente,
Ia goustant la douceur que premiere il presente,
Ores il me naissoit maint amoureux desir

Que ie rendois esteint par l'aise du plaisir,
Tantost ie m'appuyois dessus son beau visage,
Sa main pour m'arrester tissoit nouueau cordage,
De sauoureux baisers mon cœur se repaissoit,
Et maint autre desir à l'enuy renaissoit,
De succer les douceurs de sa mignarde ioue,
Tantost ie la baisotte, & tantost ie m'y ioue,
Enyurant tous mes sens de maints friands appas,
Par ses yeux esprouuant cent mille doux trespas.
Puis demy furieux, pour mes desirs esbatre,
Ie baisois son blanc sein, & sa gorge d'albastre,
Ores en folastrant ie glissois à taston
Auide de plaisir ma main sur son teton,
Et puis ses blonds cheueux, folet, ie venois mordre,
Puis i'y faisois cent nœuds, puis ie les voulois tordre
Et puis les frisotter, & ne prenois plaisir
Qu'à complaire, folastre, à son ieune desir.
  Mais côme de l'amour sieureuses sont les flames,
Et comme ses plaisirs s'enuolent de nos ames,
Des lors de nostre amour le desduit effrené
Soudain s'esuanouit ainsi qu'il estoit né:
Amour à des tourmens rend nos ames subiectes,
Et les fait consommer au feu de ses sagettes:
Amour n'est Dieu d'amour, c'est vn Dieu de malheurs,
Son plaisir s'alanguist auprés de ses douleurs:
Amour est vn enfant de peruerse nature,
Amour est vn archer qui tire à l'aduenture,
Amour pour vn penser nous fait noyer en pleurs,
,, Amour est vn serpent que l'on couure de fleurs,
E iij

ELEGIES.

Ainsi ie dis adieu à l'instable fortune,
Qui ia commençoit d'estre à mon ame importune,
M'ayant auparauant appasté de douceur,
Pour me monstrer l'effort de son bras punisseur
En me precipitant du plus haut de sa rouë,
,, Celuy peut bien danser à qui fortune iouë.
Ie prins infortuné congé de tout bonheur
Pour me donner en proye au funeste malheur :
Ceste beauté naifue accomplie & parfaicte
Ores commença d'estre à la douleur subiecte,
Elle qui de ses yeux rasserenoit le iour,
Qui, constante, essuyoit les larmes de l'Amour,
A l'instant ie muay mes yeux en deux fontaines,
Qui distiloiẽt des pleurs, les tesmoins de mes peines.
Alors ie me trouuay comblé d'affliction,
Qu'on parloit de la mettre en la religion,
Où elle est, la pauurette, ayant son pere enuie
Qu'elle y coulast les iours de sa dolente vie,
Ce qui fut arresté : mais auant que partir,
Fidele elle me vint sanglottant aduertir
De ce triste depart, me parlant en la sorte,
Les yeux cauez de pleurs & la face mi-morte ;
C'est à ce coup (mon cœur) qu'il faut que malgré
 moy,
Maudissant mon destin, ie m'esloigne de toy,
C'est maintenant qu'il faut que mon cœur fonde en
 larmes,
Opposant mes souspirs à ces tristes allarmes :
O parens sans pitié, peut estre quelque iour
Verray-ie heureusement reünir nostre amour !

Adieu mon bel obiect, adieu chere pensee,
Adieu pour qui ie meurs, & mon ame est blessee,
Adieu mon bien, mon tout, seul & premier soucy
De mon cœur amoureux, & le dernier aussi.

Oyant ces tristes mots, ie tombe sur ma couche,
Où pour dernier adieu, de sa plaintiue bouche
Elle me vint donner vn baiser qui rauit
Mon esprit hors de moy, qui soudain la suiuit,
Laissant le corps sans ame, & le cœur sans courage.
Ie te laisse à penser quelle excessiue rage
Mes pensers agitoit. Ie ne redis icy
Mes funebres discours, ny mes adieux aussi,
Ce seroit t'ennuyer, & ie ne pourrois mesme
Exprimer dignement ceste douleur extreme.

Ainsi ie fus deux ans à plaindre mon malheur,
Me paissant de souspirs, de pleurs & de douleur,
Ie recherchois par tout les lieux plus solitaires
Pour lamenter ma perte, & mes pasles miseres,
I'aimois & ie suiuois le troupeau deploré,
Et n'auois autre obiect que d'vn desesperé:
Lors estoit vn desert mon lieu plus desirable,
Et ie me complaisois à chercher mon semblable:
Et comme le malheur fut la mort de mon mieux,
Sa mort fut le tombeau de mes iours radieux,
Alors auoiët mes yeux fait naistre deux fontaines
Qui faisoiët aux amas gouster l'eau de mes peines.

Errant, pasle & desfait, ie demeuray deux mois
Appellant demy-fol Susanne par les bois,
Mon ame de regrets sans treue poursuiuie;
Ainsi ie lamentay ma douloureuse vie,

E iiij

ELEGIES.

Iusqu'à ce que tes yeux, doux obiects de mon bien,
Asseruirent mon cœur en vn second lien:
Lors ie te desdiay tous les vœux de mon ame,
Iurant de ne seruir iamais vne autre Dame:
Derechef ie le iure, & par le mesme Amour
Qui fit de mõ malheur renaistre vn plus beau iour:
Par tes cheueux dorez, les liens de ma vie,
Par tes astres iumeaux, des Dieux mesmes l'enuie:
Quand nous desesperons de tout humain bonheur,
C'est or qu'à nos desirs s'asseruit le malheur:
,, Fortune au desespoir est souuent opportune,
,, Et le malheur fait place à plus belle fortune:
Ie le cognois en moy qui n'auois nul espoir
En la grace d'Amour, de iamais me reuoir,
Mais ce puissant archer, prince de mon courage,
Assubiettit mon ame aux loix de ton seruage.
 Tien doncques ie te pri', bel astre de mon iour,
Mon desir immortel, & constant mon amour,
Extreme est ta beauté, ma passion de mesme,
Ta grace est infinie, & mon amour extreme:
Et si croistre pouuoit ta parfaicte beauté,
Mon grand amour croistroit, & ma fidelité.

D'vne absence.

E blond soleil redore chacun iour
Cet vniuers, & Diane à son tour,
En se parāt d'vne robbe argētee,
Blanche, esclaircit la courtine voutee:
Les fixes feux, & ceux qui sont errans
vont des hauts cieux le pourpris par-courrans,
Or' que la nuict a fait glisser en l'onde
Le clair flambeau qui descouure le monde:
Les iours ne vont les nuicts interrompant,
Et chacun est des deux participant:
Mais i'ay perdu la lueur agreable
De mon soleil, en vertus, admirable,
Qui d'vn seul clin de son aspect iumeau,
Precipitoit tous mes maux au tombeau.
Las! où luis-tu? astre de mon delice,
Pourquoy fais tu vne si longue esclipse?
Ne sçais-tu pas que, priué de tes yeux,
(Palais d'amour où loge tout mon mieux)
Ie suis aueugle, & mon cœur est sans flame?
Car sans tes yeux ie suis vn corps sans ame.
  Comme le iour va deuançant la nuict,
L'astre brillant qui pour moy plus ne luit,
A' deuancé ma presente infortune
De la douceur à tous amans, commune.

ELEGIES.

Mais dés le poinct que son œil admiré,
Se fust helas! loin de moy retiré,
Le sort, troublant le calme de ma vie,
Rendit aux pleurs ma lumiere asseruie,
Ma voix aux plaincts, & mon cœur aux ennuis,
Depuis mes yeux n'ont rien veu que des nuicts
Et des vapeurs de ma douleur extresme,
Car d'elle, absent, ie suis loin de moy-mesme.
  Ah! que le ciel, & le destin fatal,
Sont animez (d'vn desir tout esgal)
Contre mon bien, qu'ils ont voulu seduire,
Pour au cachot du mal-heur me reduire.
  O Ciel, par qui tant de flambeaux diuers
Rodent la nuict, le brillant vniuers,
O Ciel, par qui le soleil sort de l'onde
Pour esclairer le haut & le bas monde,
Par qui les nuicts donnent place aux beaux iours;
Fay que le sort, propice à mes amours,
Change l'horreur de ceste triste absence
Au doux aspect de la belle presence
Que ie regrette & plaincts à tout moment.
Lors orphelin de tout contentement,
Ma voix demande à mon cœur des complainctes,
Et mes discours ne sont que vaines plainctes.
  Sans mes pensers, mon violent desir
M'auroit ja fait par la parque saisir,
Sans le penser, ie mourrois à toute heure,
Car mon destin ordonne que ie meure;
Mais vn espoir s'opposant aux rigueurs
De mon mal-heur, adoucit mes langueurs.

Comme la paix est douce apres la guerre,
Et le temps calme apres vn fier tonnerre:
Comme le iour semble aux humains plus beau
Apres que l'air a versé son tonneau.
  Aussi le bien que i'auray (mon bel ange)
Faisant du mal au bon-heur vn eschange,
Sera plus doux qu'on ne peut exprimer;
Il faut souffrir pour dignement aimer,
Puis la douleur le plaisir assaisonne,
Et du trauail, le repos on moissonne.
  Face l'Amour que i'ay' l'heur de te voir,
Pour recueillir le fruict de mon espoir,
Sans luy mon ame au ciel seroit rauie,
Sans luy mes pleurs eussent noyé ma vie.

ELEGIES.

S. L. B. D. M. B.

AMY pour qui, ces vers, piteusement ie trace,
Pour qui i'aimois la vie, & pour qui ie trespasse,
Ie ne sçay si ie dois, ou louer, ou blasmer
Celuy, qui de ta mort vint mon cœur entamer,
Qui, croyant m'annoncer vn malheur veritable,
(Heureusement deceu) me rendit deplorable:
Lors ie tenois mon luth, sorcier des cœurs humains,
Charmé de la douleur il me tomba des mains,
Tout mon sang deuint trouble, & ma voix tremblottante;
Mes poulmons sanglottans, mon ame chancellante,
Mes yeux parauant clairs se grossirent soudain,
Comme on voit s'esleuer vn nuage marin.
 Le funebre porteur de ce mal-heur extresme,
Me voulant consoler comme vn autre soy-mesme,
Me dit, pour moderer la pointe de mon dueil,
Celuy pour qui tu meurs ne repose au cercueil,
Ains viuant, en son lict: & quant à sa blessure,
N'en ayes nul soucy, car le ciel en a cure,
Il est son medecin, & le temps mesmement
Seruira de barbier & de medicament.
 L'oyant ainsi parler, ma parole secrette

seiche au creux de ma bouche, & mon desir vo-
lette
A l'entour de celuy qui n'est qu'vn autre moy,
Pour prendre la moitié de son fatal esmoy.
Soudain ie le vay voir, mais las! de quelle veuë?
Les yeux recreus de pleurs, & l'ame toute esmeuë,
I'approche de son lict, le cœur pasle & transy:
Hé (dy-je) en quel estat, amy, te voy-je icy!
Lors i'accoste sa iouë, &, pasmé, ie frissonne:
Las! voila, ce dict-il, les fruicts que ie moissonne,
Le prix & le loyer de mes douces humeurs,
I'estois chery de tous, & toutes-fois ie meurs.
Quatre tigres felons ont quitté l'Hircanie
Pour esprouuer sur moy leur maudite manie,
Las! ils se sont seruis des tenebres espois
Pour exercer sur moy ce qu'on ne fait aux bois,
Aussi pour estre humains ils estoient trop enormes,
Ils paroissoient humains sous leurs hideuses formes,
Mais ie croy que le cœur qui flotoit dans leurs corps
Estoit d'vn cruel ours, ou d'vn serpent retors.
A temps i'enterrompis sa funebre parole,
Et plorant ie luy dis d'vne voix basse & molle:
Or' il faut (cher amy) ta pensee absenter
Du mal-heur que ta voix me veut representer,
Pour soulager vn mal qui nostre ame possede,
Il le faut oublier, & songer au remede:
Or celuy que l'on doit rechercher plus soudain,
Ne gist à se douloir, mais à te rendre sain.
Ie sçay que ton beau cœur tres-iustement desire
La prise des meschans qui te vouloient occire,

ELEGIES.

Des peureux chats-huäts, qui, l'ombre, vōt suiuāt,
Fuyant, comme la mort, d'vn homme, le deuant:
Mais la mort de plusieurs, à qui l'ame est rauie,
Ne sçauroit restaurer, d'vn mort, la prime vie:
Vy donc, & te console, & croy moy que le sort
Ourdit secrettement la peine de leur mort:
Ia ils souffrent le mal, car vne telle engeance
Trouue lieu de seurté, mais non pas d'asseurance.
Helas! qui l'eust pensé, que ce terrestre val
Eust porté des mortels pour te vouloir du mal!
Vrayement, si ces mastins eussent veu sur ta face
Le ris & la douceur, le lustre de ta grace,
Bien que desnaturez, si n'eussent-ils pas pris
Vn pasle repentir, mais vain, à si haut prix:
Mais le ciel l'a permis, aussi quoy qu'il aduienne,
Il faut qu'incessamment de luy nous ressouuienne:
Effaçant les pensers de tes presens labeurs,
(Amy) pense à tes coups, doux traits de ses faueurs:
Entre tant d'ennemis, la grace supernelle
(Il le faut croire ainsi,) te sauua sous son aile:
Par sa permission le tout est aduenu;
Or le decret d'enhaut est à l'homme incognu:
Ne pensons à la perte, ainçois à la victoire,
Et des euenemens rendons à Dieu la gloire.

DE L'ESTAT DE LA
FRANCE.

COMME cil qui flottant sur le
dos de Neptune,
De ses biens, de sa vie, aiāt couru
fortune,
Par la faueur d'Eole, en fin arri-
ue au port
Malgré les flots irez qui coniurent sa mort,
Lors se gabant du flot, du vent & de l'orage,
Se pensant reposer en ce calme riuage,
A peine a-il passé le sueil de sa maison,
Que deux ou trois sergens le meinent en prison:
Ainsi le sort cruel, sans luy donner haleine,
Le tirant d'vn peril, l'expose à ceste peine.

La France qui voguoit sur l'orageuse mer,
Serue des flots mutins qui pensoient l'abismer:
Ia desia se noyant aux ondes de la guerre,
Par la faueur celeste à la fin a pris terre,
Franche de ce peril, en benissant le sort
Qui la faisoit surgir à ce paisible port.

Mais entrant chez les siens elle a veu quel'enuie,
Infidele, leur a la liberté rauie,
A veu que sous couleur d'vn nom confit en miel,
On repaissoit leurs cœurs & d'absinthe & de fiel,
A veu l'estat des grands, & veu que l'on viole,
Infideles Chrestiens, ses vœux, & sa parole,
A veu que sous le pied on auoit mis la foy,

ELEGIES.

Qu'on n'obseruoit les poincts de la diuine loy.
  France, que ie te plains, France, que ie deplore
Ton miserable estat, & ta police encore:
France, si tu sçauois ce que dit l'estranger
De l'humeur du François vacilant & leger,
Et ce qu'il dit de ceux qui tiennent la balance,
Mesmes de ceux qui ont sur toy toute puissance,
Helas! que dirois-tu? que ie plain tes mal-heurs!
France, ie le sçay bien, les communes douleurs
De tes tristes enfans te rendent esperdue:
France, que feras tu? ta franchise est perdue!
L'estranger est, chez toy, tousiours le bien-venu,
Le François est traitté comme quelque incognu:
France, qui te souuiens de ta perte aduenuë,
Quoy, de ton fils aisné, es-tu donc mescognuë?
Las! ce n'est plus toy-mesme: hé! n'auois tu assez
Enduré de trauaux en ces troubles passez,
Sans parmy ceste paix vaine, non actuelle,
Souffrir encor ce mal, qui tes maux renouuelle?
Mais quoy, ceste douleur te lime sourdement,
Toutes-fois ce mal sourd n'en est moins vehement
Au profonds de ton cœur, il agite ton ame,
France, tu n'en dis mot, c'est le mal qui te pasme:
Hé! quand vomiras-tu la peine qui te poind!
Plore, plore sans treue, & ne te lasse point:
Si tu sens la douleur qui iamais ne nous laisse,
Que ton cœur desolé, de souspirer, ne cesse,
Non plus que le malheur n'a fin à nous greuer:
Au milieu du repos, nous falloit-il prouuer
Ces penibles labeurs? nous ressemblons, ô France,

              Le

ELEGIES. 38

Le pelerin lassé, qui, ayant esperance
De prendre son repos dans vn lict, molement,
Des espines, la nuict, le resueillent, dormant:
Las! esperant trouuer repos à nos miseres,
On nous fait ressentir des poinctures seueres,
On nous presse, on nous pique, on succotte nos os,
Priuant le cœur de ioye & les sens de repos.

Si le ciel d'vn œil doux ne regarde la France,
Ses chetifs nourrissons viuent sans esperance
De se reuoir iamais au sein de liberté:
Las ils sont alaittez du laict d'impieté.
Puissions-nous estre vnis comme freres ensemble,
Afin qu'au nom François toute l'Europe tremble.

O France, sans regret tu me verras mourir,
Si ie puis voir vn iour ce Royaume florir,
Si ie voy les petits aux grands faire seruice,
Si ie voy les plus grands faire aux humbles iustice.

F

A. M. C.

Epigramme.

Toute chose creée (ô seconde Ciprine)
　　　A ta beauté s'encline,
Les flambeaux de la nuict qui brillent dãs les cieux
Cedent à la lueur de tes flammes iumelles:
Que dy-je, tu fais honte aux lumieres plus belles,
Tu as l'aubre en la face, & le soleil aux yeux.

STANCES.

EN fin pour bien aimer il faudra que ie meure,
Abſent de ta beauté, ſans ame ie demeure,
Priué de la clarté de tes aſtres ſi doux:
Aumoins, pour ton ſujet, s'il faut que ie periſſe,
Prononce ma ſentence & m'enuoye au ſupplice,
Mais i'y ſuis à toute heure, où i'eſprouue tes coups.

Quel teſmoin d'amitié n'ay-je produict (Madame)
Quel deuoir n'ay-ie fait pour aſſeruir mon ame
Et mes affections au ioug de ta beauté?
Quelle iniuſte rigueur n'ay-je encores ſouffertes?
Quel inhumain tourment? n'ay-ie beny la perte
De mon fidele cœur, & ſa captiuité?

Vn iour tu me donnas vne vaine eſperance
De vouloir alleger en l'eau de iouyſſance
Le feu de mon deſir en mon cœur allumé,
Lors à la mienne eſtoit, ta paſſion, eſgale,
Croyant te poſſeder, mais tu fus deſloyale,
Ton cœur aux cruautez & ſe vit animé.

F ij

STANCES.

Et pour salaier ma peine, & ma constance,
Tu me voulus payer d'vne feincte impuissance,
D'vn refus à demy, d'vne excuse en effect,
Mais l'excuse n'a lieu qu'aux volotez mauuaises,
Les bonnes n'en ont point, & peuuent à leurs aise
Leur deuoir obseruer, & rendre satis-faict.

 Contre ma seruitude & que peux-tu produire?
N'as-tu veu mes discours aux vrais effects reluire
M'as-tu rien commandé que ie n'aye obserué,
N'ay-je pris le refus pour faueur ordinaire?
Dy moy, que n'ay-je faict afin de te complaire,
Cruelle, & donc pourquoy suis-ie de toy, priué?

 N'ay-je pour t'obeir desguisé mon langage,
Masqué mes passions sous vn ioyeux visage,
N'ay-je monstré l'effect contraire aux volontez,
Les propos, aux pensers, tous differens, de sorte
Qu'on me iugeoit content ayant l'ame my-morte,
C'estoit pour agréer à tes dignes beautez.

 Et si cela n'a peu contenter ton enuie,
Permets (chere beauté) que i'immole ma vie
Pour office dernier de mon affection:
Beaux yeux princes d'amour, si ma mort vous contente,
Que ie suis fortuné! car ma peine s'absente,
,, Heureux celuy qui meurt au temps d'affliction.

 Au poinct que Phœbé luit, le clair pere du mōde
Visite le palais de la Royne de l'onde,
Et la belle Aube annonce au matin son resueil:
Mais pour moy mal-heureux, est la nuict eternelle,
Tous mes plaisirs sōt morts, ma peine est immortelle

STANCES.

Mes yeux estans privez des rais de mon soleil.

Au fort de tant d'ennuis si le sort favorable
Mettoit fin à mes maux par la mort desirable,
Mais helas de mon bien les destins envieux
Veulent que ie languisse, & m'ont osté les armes
D'espoir & de constance, il me reste des larmes
Qui, comme vne fontaine, escoulent de mes yeux.

Mais comme auec le temps vne pierre s'entame,
Et comme l'eau la creuse, à la parfin vne ame
Se mine, peu à peu, par l'eau de la douleur :
Ma douleur est cruelle, & ma peine mortelle,
Estant doncques mortelle elle n'est eternelle,
Elle peut prendre fin malgré tout le malheur.

Heureux! si le penser ne me suit au supplice
Pour me ramenteuoir quelque passé delice :
(Le plus grand desplaisir que reçoiue l'amant)
Ah! qu'il est plus fascheux de perdre ainsi sa dame
Apres auoir gousté des douceurs de son ame,
Que viure sans espoir, & languir en aimant!

Adieu beaux filets d'or où Cipris est cachee,
Beaux cheueux qui teniés ma pauure ame attachee
(Liens) vous m'estiez doux, rude ma liberté:
Adieu front esleué, belle table neigeuse,
Par qui mon ame fut à l'instant amoureuse,
T'ayant leu les loix de l'archer indompté.

Adieu iumeaux soleils, les prisons de ma vie,
Où mon ame estoit libre, & libre, est asseruie,
Beaux yeux dont les regards sont autant de doux
   traicts:
Adieu diserte bouche empraincte en ma pensee,

F iij

STANCES.

Qui as le triste arrest de ma mort prononcee,
Adieu chers entretiens pleins d'amoureux attraits.
Adieu pomme iumelle, adieu mignarde ioüe
Où mainte abeille vole, où Cupidon se ioüe,
Adieu puissantes mains qui sceustes m'attacher,
A l'egal d'Apollon vous sonnez de la lyre,
C'est vous qui commandés sur l'amoureux empire,
Et sçavez mieux qu'amour des fleches descocher.

Et toy divin esprit qui formes sa parole,
Las! ie te dis adieu, car mon ame s'envole
Dans les cieux annoncer le poinct de son resueil:
(Belle) si quelque iour quelque pitié te touche,
Tire vn accent plainctif du profonds de ta bouche,
Et de tes tiedes pleurs arrose mon cercueil.

A SA PENSEE.

Au retour de Florence.

MAIS d'où vient que mes yeux
  (n'agueres deux ruisseaux
 Coulans incessamment les larmes
   de mes maux)
  Loin de ton doux empire,
Ont laissé la douleur pour la ioye
   & le ris?
Les feux de tes soleils les ont-ils point taris
  Pour finir mon martyre?
Hé! d'où vient que mon cœur agité de souspirs

STANCES. 41

N'agueres regrettoit ses amoureux desirs,
  Entretiens de sa vie,
Et nage maintenant sur la mer de douceur?
C'est qu'il gouste le suc qui part de ta faueur
  Qui sa peine a rauie.

Qui vo° peut esmouuoir? dites-moy (mes esprits)
De quel feu, de quel astre, estes vous donc espris:
  Qui, vos forces rappelle?
Tantost ie vous ay veu, sans flamme, deffaillir,
Est-ce point que ses yeux vous ont faict rejallir
  Quelque viue estincelle?

Heureusement pour moy le sort est inconstant,
I'estois tout miserable, & ie suis tout content
  Prés toy (chere pensee)
Vn moment de repos me vaut cent mille ennuis,
Quand, fauory du Ciel, deuant tes yeux ie suis,
  (Mon immortelle idee.)

Ha! que ie suis heureux! & la diuinité
Mesme enuï'ra le bien de ma felicité,
  Prés toy me voyant estre:
(Nimphe) ie veux finir auprés de tes beaux yeux,
Puis que l'on doit en gré prendre la mort de ceux
  Qui nous ont donné l'estre.

    F iiij

STANCES.

PEVT-ON imaginer vne chose
si belle,
Hé! pourroit-on bien croire vne
fille estre telle
Que celle que i'adore & ie crains
& ie sers?
Helas on le peut bien, car en chose diuine
Est requise la foy, & l'esprit imagine
Des miracles des Dieux, des Cieux, & des enfers.

Cachez vous au respect de sa beauté diuine
(Beaux miracles mondains) la finale ruine
De ce rond vniuers, vous fera tresbucher:
Beauté fleur de ieunesse, est vray'ment perissable,
Son extreme beauté sera tousiours durable,
Le corps meurt, & l'esprit est au ciel tenu cher.

Diuins hostes du Ciel, lieu remply d'allegresse,
Hé! n'enuiez-vous point ceste belle Deesse
Qui faict honte aux rayons du cler-voyant soleil?
Quand, daignant honnorer le monde de sa veuë,
Elle ouure ses beaux yeux dont la couleur est bleuë,
Haussant son voile d'or, au poinct de son resueil.

Et vous cieux ynoirins de couleur azuree,
N'auez vous point rauy à ceste Citheree
Ses plus rares beautez pour vous en decorer?
L'yuoire & le cristal embellissent sa grace,
L'azur de ses beaux yeux colore vostre face,
Mais vous pouuez-vous bien à elle comparer?

Et vo⁹ tristes enfers pleins d'ennuys & de larmes,

STANCES. 42

où les plaints & les pleurs sont les plus fortes armes,
Vous n'auez tant d'effroy, tant de feux ny d'horreur.
Qu'elle a de traicts ardans dans ses yeux amiables,
Mais d'autant qu'ils sont doux, ils me sont fauorables,
Elle est toute douceur, & vous toute terreur.

 Les plus dignes beautez sont feintes auprés d'elle,
Il ne faut s'estonner, puis qu'elle est donc si belle,
Si le plus beau miracle à son respect n'est rien,
Si les Dieux, enuieux de sa beauté supreme,
L'admirent de tout poinct, comme vne chose extreme,
Les Cieux pour se parer ont emprunté son bien.

A MONSIEVR D'ANTIN
ADVOCAT GENERAL DV
Roy à Bourg en Bresse.

ESPRIT enfant du ciel, le miracle des Dieux,
Ciel de perfection, sejour des belles ames,
De tes rares vertus les esclairs radieux,
Font naistre en vn moment mille immortelles flames.

STANCES.

Soit que tu coule (esprit) le miel en tes escripts,
Soit que ta graue voix annonce ta science,
Tu rends les plus sçauans de ta douceur espris,
Enyurant les esprits des eaux de l'eloquence.

Tu dis ce que tu veux, & mieux qu'humainement,
Qui peut, qu'en se taisant, exprimer ta louange,
Si le Ciel t'a donné, t'aimant extremement,
Le sçauoir de Mercure, & la parole d'Ange?

Où voles-tu, ma Muse, & quoy? ne sçais tu pas
Que ce brillant soleil fillera tes paupieres?
(Dit-elle) Ie le sçay, mais doux est le trespas,
Au prix d'estre priué de si douces lumieres.

Ce sujet est si beau, que i'aime mieux mourir
Annonçant ses vertus, que viuante les taire:
Ie veux de Phaëton le destin encourir:
Vne haute entreprise aspire à grand salaire.

P. V. B. D.

VN homme est fol d'aimer vne fiere beauté,
D'engager tous ses vœux, sa chere liberté,
Aux beaux yeux d'vn sujet qui mesprise sa peine,
Celuy qui sans raison aime sans estre aimé,
Espere de l'amour d'vn roc inanimé,
Repaissant ses esprits d'vne esperance vaine.

Le desdaigneux Amour & les yeux que ie sers
Sont de mesme nature : Amour porte des fers
Dont les cœurs il attache, & puis il en dispose,
Amour est rigoureux, ses yeux pleins de rigueur
Portent des traits ferrez dont ils blessēt mon cœur,
Cupidon & ses yeux sont vne mesme chose.

Chose estrange ! ses yeux ont fait naistre l'Amour,
Et le veulent priuer des lumieres du iour,
Ils veulent meurdrir ceux à qui ils ont dōné l'estre :
Helas ! dois-ie esperer d'vne telle beauté
Que des glacez desdains, & que desloyauté :
Que sera-ce de moy si elle occit mon maistre ?

Elle a le ris si doux, & l'œil si noir & beau,
Que si comme Venus elle auoit vn flambeau,
Pour elle on la prendroit, tant elle est agreable :
De Cipris elle peut differer d'vn seul poinct,

STANCES.

Ciprine a de l'amour, ma belle n'en a point,
Las! ce seul poinct la rend à mon dam dissemblable.

Plorant, desesperé, mon angoisseux esmoy,
I'esclatte mes hauts cris, mais se moquant de moy,
Dit qu'vn homme mi-mort, a foible, la parole:
Ie luy dy que tant plus que le foudre qui bruit
Est pressé de tomber, tant plus il fait de bruit,
Et qu'il en est ainsi d'vne ame qui s'enuole.

I'ay trop peu de feintise, & trop de passion,
Elle a trop de beauté, & trop de fiction,
Son beau visage est doux pour tromper ma misere,
L'aspect de son bel œil est doux & gratieux,
Son langage adoucy, c'est pour me tromper mieux,
Douce n'est sa beauté qu'afin de m'estre amere.

De mille feux ardans mon cœur est le journeau,
Où mon ame se brusle: Amour est le bourreau
Qui saccage, cruel, ma vie, en pleurs feconde,
Las! ie suis tout en feu, i'arderois tous les lieux
Par où passe mon cœur, sans l'humeur de mes yeux,
Et mesme sans mes pleurs i'embraserois le monde.

Mon Dieu, que le monde est redeuable à mes
  yeux,
Yeux qui l'ont rachepté de l'effort glorieux
Que leur brassoit mon cœur au moyē de ma flame:
Quel miracle! Mes pleurs qui peuuent amortir
Les feux qui pourroient tout en cendre conuertir,
Ne peuuent amortir ceux qui bruslent mon ame.

Si ie dis au Zephir, ton flair renforce vn peu,
Helas, souffle plus fort pour alleger mon feu:
Mes flairs ne peuuent pas penetrer dedans l'ame,

STANCES.

(Me dit-il) mais tu peux amortir ceste ardeur,
Ta Dame est tout de glace, elle n'est que froideur,
Va t'en donc la trouuer pour esteindre ta flame.

   En vain ie presche Amour, il est sourd à ma
      voix,
En vain, aueugle enfant, archer porte-carquois,
Ie te monstre ma playe, & te conte ma peine:
Qui se plaint à vn sourd, il est bien malheureux,
Qui attend guarison d'vn poison dangereux,
Et qui suit vn enfant pour son vray Capitaine.

   Belle, tous les desdains de vostre cruauté
Iamais ne pourront rien sur ma fidelité,
Et quand vostre rigueur auroit meurdry ma vie,
Toutesfois mon amour ferme demeureroit,
Toutesfois mon amour iamais ne finiroit,
Car estant immortelle elle est donc infinie.

   Vos ingrates rigueurs m'eslancent au trespas,
Mais vos feintes beautez (belle) ne veulent pas
Que d'vn iniuste mort soit ma peine suiuie:
Belle, si la douceur a place en vostre cœur,
Donnez moy de l'espoir, ou que vostre rigueur
Borne cruellement mes peines & ma vie.

STANCES.

A. S. C.

HEVREVX le iour fatal où ton
astre vainqueur
Charma si dextrement mon ame
volontaire,
Heureux cent fois ce iour que ie feste en mon cœur,
Qui deslors à tes yeux se rendit tributaire.

Puisse l'Amour, autheur de l'estre des amours,
Qui donna, ce beau iour, à nos flames naissance,
Nos desirs de façon cultiuer tous les iours,
Qu'ils arriuent en fin en parfaite accroissance.

Ie voy dans tes soleils tant d'attraits gratieux,
Tant de douces beautez, obiects de l'esperance,
Que ie serois sans cœur, sans esprit ou sans yeux,
Si ie manquois d'amour, de vœux & de costance.

QVE me sert-il d'aimer vne Dame
    amoureuse,
Dont les yeux m'ont sceu vaincre
    & me rendre vainqueur,
Puisque pour m'affliger la fortu-
    ne enuieuse
Me priue sans espoir des appas de mon cœur?
  Il semble que le sort, aux ailes inconstantes,
Ait declaré la guerre à nos belles amours,
Desvnissant, cruel, deux ames si constantes,
Il borne du malheur de nos aises le cours.
  Les cœurs (en faict d'Amour) qui ne peuuent
    atteindre
Au fruict de leur attente, au but de leurs desirs,
Ils meurent de regret, & ne font que se plaindre,
Tesmoin leur triste voix, leurs pleurs & leurs souf-
    pirs.
  Mais ceux qui, fauoris d'vne douce maistresse,
Ignorent les desdains, les refus, le mespris,
(Ie dy ceux que sans fard, fidele, elle caresse)
Ne sont-ils pas de ioye heureusement espris?
  Grand miracle qu' Amour monstre en deux bel-
    les ames!
Deux cœurs n'estant qu' vn cœur, sont subiects aux
    douleurs,
Ah! sort, ne sont-ce point tes violentes flammes
Qui nous ont suscité tant & tant de malheurs!
  Non, ce n'est pas le sort, trop foible est la fortune

STANCES.

Au respect de l'Amour, de tout maistre en effect,
Non, ce n'est point Amour qui nostre aise impor-
   portune,
Las! il ne voudroit pas perdre ce qu'il a faict.
   Or pendant que mes plaints accompagnent mes
   larmes,
Que ma voix va chantant la cruauté du sort,
Amour & le destin se liurent maints allarmes,
Mais helas! contre Amour inutile est l'effort.
   Il faut dire qu'Amour se soit rendu ployable
Aux foiblesses du sort, pour puis mieux le saisir,
Ou bien qu'il vueille vn temps me rendre mise-
   rable,
Disant que l'amertume est le suc du plaisir.

VN malheureux Demon, ennemy
   de nos ames,
Voulant cruellement aneantir nos
   flames
Dans les piteuses pleurs de nostre
   esloignement,
Helas! m'a faict couler vn siecle de miseres
   En vn soudain moment,
Mais vn beau cœur ne cede aux fortunes ameres.
   Il a de nos malheurs semé toute la terre,
Pour retirant nos cœurs de l'amoureuse guerre,
A des sanglant debats, cruel, les animer:
Ses enuieux desirs en fin n'ont peu distraire
   Mon ame de t'aimer:

Mon

STANCES. 46

Mon cœur est plus constant en fortune contraire.
  Ce funeste corbeau plein de ne sçay quels charmes,
Croassant nos malheurs, a souhaitté des larmes,
Las! il a veu nos cœurs distiler tout en eau:
Ie souffre constamment, pourueu que son repaire
  Soit vn croisé tombeau,
Croyant que son destin luy garde vn tel salaire.

  Sans toy ie ne voy rien qu'vne nuict solitaire,
Sans toy ie ne suis rien qu'vn esprit tout austere,
Qui se mire, pensif, à l'obiect de son cœur,
Ie suis le blanc du sort, & le sort imployable
  Bornera sa rigueur,
Plustost que ie me die, en t'aimant, miserable.

  Les plus fieres douleurs sont douces à mon ame,
Mon amour est sincere, & constante ma flamme;
En fin le sort lassé de me voir languissant,
Cognoissant ses rigueurs trop douces à ma vie,
  Les ira finissant,
Et pensant m'outrager, changera son enuie.

G

STANCES.

DIEV! qu'il est malaisé d'aimer & de se feindre,
De porter vn martyre, & n'oser pas le plaindre,
Hé! qu'il m'est ennuyeux de ne voir seulement
Les yeux qui m'ont blessé d'vn seul traict, d'vne oeillade,
De n'oser requerir remede à mon tourment,
Malheureux est l'esprit, du mal d'Amour malade.
 Beaux yeux, petits archers, qui m'auez rauy l'ame,
Las pourquoy m'auez vous faict sentir vostre flame?
Hé! que ne iugiez vous ne me pouuoir guarir!
Ces traistres yeux, ialoux du bonheur qui m'enuie,
Me font à tous momens, en languissant, mourir,
Mais pour mourir pour vous, que n'ay-ie double vie!
 (Seul & cruel motif des langueurs de ma vie)
Meschant qui retenez ceste Nymphe asseruie
Soubs les barbares loix de vostre cruauté,
La cachant à mes yeux vous augmentez ma flame:
 » Ores qu'on ne peut ioindre vne felicité,
 » C'est alors qu'on la suit au peril de son ame.
 Quand i'estois prés de vous, mon ame estoit contente,

STANCES. 47

Maintenant deſolee, & toutesfois conſtante,
Encore qu'elle eſpreuue vn enfer de douleurs:
En m'eſloignant de vous, ie voy couler enſemble
Mes iours infortunez, & la mer & mes pleurs,
Et d'autant plus au mort qu'au mortel ie reſſẽble.
  Belle, ſi quelquesfois quelque pitié te touche,
Fais que ton cœur inſpire & tes yeux & ta bou-
  che,
De couler quelques pleurs, & de me regretter:
Et comme mon amour ſe diſoit immortelle,
Et ta perfection qui me ſceuſt arreſter,
Ie veux auſſi que ſoit ma complainte eternelle.
  Adieu liens d'Amour à la treſſe doree,
Adieu beaux yeux pareils à ceux de Citheree,
Qui tant & tant de fois m'auez le cœur rauy.
Ie meurs, & mon eſprit ne fait plus ſon office,
Si ie meurs, c'eſt pour viure, ────── ſi ie reuy,
C'eſt pour l'eſpoir que i'ay de te faire ſeruice.

Que l'Amour est vn bien
à qui en vse bien.

CEVX qui chantent qu'Amour
est vne frenaisie,
Qu'il ruine les estats, & brouil-
le les citez,
D'vne aueugle fureur ils ont
l'ame saisie,
Ou bien ses passions les rendent transportez.

Comme la vertu cherche vne humeur moderee,
Et ne veut qu'on l'embrasse auecques passion,
Ainsi l'Amour se loge en l'ame temperee,
Et veut qu'on soit constant en son affection.

Si ie chante en mes vers de l'Amour la louange,
Ce n'est pas que ie sois vn mignon de sa Cour,
La seule Raison veut (qu'on ne le trouue estrange)
Que ie sois aduocat de la cause d'Amour.

Amour est en nos cœurs vne force paisible,
Vne douce puissance & chere affection,
Vn extreme plaisir, vn tourment insensible:
Qu'Amour cause du mal, ce n'est que fiction.

Mais qui peut estre icy si louable & vtile,
Que l'vsage ne tourne en vn mal apparant,
S'il eschet au pouuoir d'vn esprit imbecile,
En la discretion d'vn fol, d'vn ignorant?

Bornera-l'on le train de la Philosophie,

STANCES. 48

Pource qu'elle produit des discours allechans,
Des defauts, des excez de nostre barbarie,
Et qu'aucuns du bonnet ont esté tref-meschans?

Quoy? voudroit-on nommer la Medecine vile
Pour auoir enseigné le poison stigieux?
Voudroit-on appeller l'Eloquence inutile
Pour auoir mis en doute vn estat glorieux?

Voudroit-on abolir des armes la facture,
Pource que les larrons en portent de leur gré?
Que l'on n'ait des enfans par la loy de Nature,
Pource qu'Edippe occit qui l'auoit engendré?

Comme le feu & l'eau, de nature contraires,
Sont tref-pernicieux à qui en vse mal;
A qui en vse bien, ils sont tref-necessaires,
Non seulement à l'homme, ains au brute animal.

De mesmes que le vin qu'auec l'eau l'on tem-
  pere
Ne sçauroit faire mal, ains il nous fait du bien,
Ainsi l'Amour modeste est vn bien necessaire,
Qui, moderé, nous sert en ce val terrien.

Qu'on ne mesprise plus ny l'Amour ny sa mere,
Ils donnent à l'esgal du doux & de l'amer,
Si quelquefois leur flesche est à nos cœurs amere,
Elle augmente le bien qu'on attend pour aimer.

Ceux qui sont esgarez sur la mer orageuse,
Or' poussez à l'escart, ores contre vn escueil,
S'ils euitent en fin la fortune doubteuse,
Apres tant de trauaux quel gracieux sommeil!

Les Amans desdaignez du sort inexorable,
Mendians les faueurs d'vn sujet gracieux,

G iij

Stances.

S'ils en ont puis apres l'œillade fauorable,
Mon Dieu qu'ils sont payez d'vn loyer glorieux!
    Toy qui t'amuse en vain à des beautez discretes
Qui mesprisent tes vœux & ta fidelité,
N'accuse pas Amour, car ses loix sont bien faites,
Blasme ton infortune, ou ta temerité.

A vne Dame, sur la mort de son pere, & son frere.

J'ACCVSE de rigueur l'impitoyable sort
    Qui vous fait ressentir l'effort
    de son enuie,
    Vous faisant esprouuer les peines
    de la mort,
Auec l'eau de mes pleurs il fait couler ma vie.
    Vostre mort est ma mort, vos maux sont mes douleurs,
Vos peines mes tourmens, vos plaisirs mes delices,
Et si ie participe au bien de vos douceurs,
Si vous sentez des maux, ie souffre des supplices.
    Le rigoureux destin, pere de vos tourmens,
Non content du tresor dont veufue est vostre veue,
Dans l'enfer de vos maux prend ses contentemens,
Vous rauissant la fleur dont la perte vous tuë.
    Pour combattre auec vous ces ennuis soucieux,
Les regrets & les pleurs seront mes seules armes,

STANCES.

Si vous faictes couler vos douleurs par les yeux,
Mi-mort ie verseray la lie de mes larmes.
  Donnons treue aux souspirs, c'est par trop se douloir,
Les souspirs, les douleurs ne restaurent la vie,
Les plaintes, les regrets font naistre vn desespoir,
Qui, frere de la mort, rend la peine infinie.
  Priué du doux espoir, aussi l'on ne vit pas,
On ne fait que traisner sa vie miserable,
Pour ne flechir aux maux qui causent le trespas,
Consolez voſtre cœur d'vn espoir secourable.
  Celuy que dans la mort vos souspirs vont suiuãt,
A franchy, bienheureux, la mortelle carriere,
Las! il n'est pas perdu, il est passé deuant,
Il iouit dans le ciel de la saincte lumiere.

POVR VNE DAME
INGRATE.

HELAS! que dira-on d'vne ame si volage,
Les songes & le vent ressemblẽt à sa foy,
Ie croy qu'elle songeoit en me dõnant la loy,
Ou le vent d'inconstance agitoit son courage.
  Son humeur, qui n'est rien qu'vne metamorphose.

G iiij

ELEGIES.

Sa beauté qui ne vit que d'infidelité,
Honteuse a tourné teste à ma fidelité:
Elle se sert des cœurs comme on faict d'vne rose.

Si mon cœur en mesdit, sa cruauté l'excuse,
Si sa rigueur me blasme, hé! n'est-ce pas à tort?
Si mon cœur brusle encor, elle cause ma mort,
Qu'on ne m'accuse point aussi si ie l'accuse.

En vain ie la seruois, en vain i'estois fidele,
En vain ie consumois mes beaux iours à l'aimer,
En vain ie ne voulus d'vne autre m'allumer,
Mais vaine fut ma foy, car elle est infidele.

Et bien, i'ay triomphé de ma viue constance,
I'ay remporté l'honneur au champ de fermeté,
Et si ie suis vaincu de sa legereté,
Elle achepte la honte au prix de l'inconstance.

Au poinct que sa beauté fauorisoit ma peine,
Bruslant, ie ne pouuois l'aimer qu'extremement,
Mais son volage esprit fit naistre vn changement,
Dont mon ame conceut vne immortelle haine.

Remede contre les pasles couleurs.

VOVS qui brulez d'amour, & que l'amour possede,
Ne laissez prendre pied à ce mal nonchalant,
Le conseil n'y vaut rien, c'est vn mal violent,
Aux soudaines douleurs il faut vn prõpt remede.
 Vn expert medecin, auec vne recepte
Fait languir vn malade, il ne vous peut guarir,
Allez chez vn barbier, à peine d'en mourir
Qu'il sonde bien auant, le mal, de sa lancette.
 Endurez vn effort pour deuenir bien-saine,
Et puis vous sentirez vne demangeaison,
Signe tres-asseuré de vostre guerison,
,, Le bien semble plus doux apres vn peu de peine.
 Choisissez pour barbier, vn amant qui s'embrase
Au feu de vos desirs (attains d'vn mesme feu)
Ardent, il sondera vostre mal peu à peu,
Et vos deux maux en fin ne seront qu'vne extase.
 (Dames) pour alleger ceste douleur extresme,
Prenez ce seul moyen qui vous peut secourir,
Il vaut bien mieux le faire ainsi, que de mourir,
Vsez de ce conseil, ie le prens pour moy-mesme.

STANCES.

A MONSIEVR
PILON.

A peincture & cest art qu'on nomme Poësie,
Sont deux differens dons par la nature, offerts,
Mais ils sont alliez, & l'vn monstre en des vers,
La cause d'vn sujet depeinct à fantasie.

Les admirables traicts de ton parfaict ouurage,
Sembleroient naturels s'ils auoient mouuement:
Lors ils sont animez, si le vray truchement
Des mysteres cachez, exprime leur langage.

Les sujects (mon PILON) que ton esprit figure
Sont peincts & releuez d'vn artifice tel,
Qu'il semble que ce soit le mesme naturel
Naifuement graué en l'art de la peincture.

D'vne masse de terre où ton esprit s'adonne,
Tu trompes nos pensers, ton ouurage auiuant,
Et, pensant qu'il ait vie, on embrasse le vent,
Il rauit nos esprits autant qu'il les estonne.

Sur toutes les vertus i'admire la peincture,
Elle sçait imiter le chef-d'œuure des cieux:
Les Anges peuuent peindre, en essence des Dieux,
Mais, à nous, ce n'est peu d'imiter la nature.

Si ma Muse en fartoit vne voix assez forte

pour penetrer les cieux de ton hautain sçauoir,
Elle s'exalteroit: mais en pensant te voir,
Loing de ses vains pensers, ton merite te porte.

DV MARIAGE.

OMME le mariage est conceu dans les cieux,
Hymen prince nopcier tient vn des premiers lieux
  En ceste cour terrestre;
Chacun suit ses faueurs, & les hommes mortels
Luy viennent faire hommage, ainsi qu'au Dieu de l'estre,
Et la pluspart des cœurs, luy dresse des autels.
  Cet accord de deux cœurs, ce sainct accouplemẽt
N'est rien qu'vn vnisson, ou qu'vn consentement
  De chacune partie:
Quelques-fois la discorde y mesle du courroux,
Mais comme en douce paix la guerre est conuertie,
A la fin des debats que le repos est doux!
  On compte qu'vn quidam vn iour se prosterna
Aux pieds de la iustice, & fol, se condamna
  A la mort deplorable:
Le iuge s'informoit, inclinant à pitié,
Las! dict-il, i'ay commis vn crime irreparable,
Esgaré de mes sens ie me suis marié.
  Tout hõme qui, prudent, s'allie aux bõnes mœurs

STANCES.

Non pas à la beauté, aux tresors, aux humeurs
    D'vn monstre plein de rage,
Heureux va desfiant les orages du sort,
Aussi l'auare Hymen, à l'homme est vn naufrage
Et l'Hymen vertueux est vn paisible port.

    La femme est vn Autan esleué sur la mer
Qui les hommes esmeut, & les fait abismer
    Dans l'onde furieuse :
La femme reduit l'homme au joug de sa beauté,
S'il est doux, s'il est bon, la femme curieuse
Faict, de sa douce vie, vne captiuité.

    La femme blandissante est vn doux animal
Qui charme tous nos sens, vn necessaire mal
    Qui les esprits agite :
La femme est vne mer où l'iniuste malheur
Dans ses flots deceptifs les hommes precipite,
Pour les donner en proye à l'ingratte douleur.

    Vous qui portez au front la liuree d'honneur,
Qui souhaittez la mort, ains que le des-honneur
    S'oppose à vos merites :
Non, ce n'est pas pour vous que ie trace ces vers,
Vous estes de nos cœurs les douces calamites,
Et celles que i'entends, l'enfer de l'vniuers.

    Et bien, que cest Hymen, creé de nos desirs,
Verse sur les mortels, en suitte des plaisirs
    Vne amere influence :
On ne doit perdre cœur au temps d'aduersité,
La femme est, ce dit-on, vn dueil de consequence,
Et le prudent pardonne à sa fragilité.

    Le sacré mariage, & la vieillesse encor

sont deux differens poincts, plus souhaittables
   qu'or,
       Dont l'vn se peut eslire :
Le desir nous y porte, & quand nous nous voyons
paruenus à cet heur, où la pluspart aspire,
vn pasle repentir faict que nous larmoyons.
   Concluons qu'il vaut mieux en ce mōde espouser
Ce sexe violent, qu'ingrat se reposer
       Sur la terre fertile :
Et si quelque enerué vouloit lire ces vers,
Qu'il sçache qu'en effect ie blasme l'infertile,
Et que ie loüe ceux qui peuplent l'vniuers.

STANCES.

J'AY consacré mon ame à l'aute
de constance,
Et ton cœur sacrifie à la legereté,
Vn foible esprit se plaist à la varieté,
Mais ie veux trop de mal à la vaine inconstance.

L'inconstance est vn vent qui ton esprit agite,
Et qui le rend ployable au premier mouuement:
Tu te peux bien ietter au sein du changement,
Sans craindre toutesfois que mon ame t'imite.

Crains-tu point qu'on te nōme vn muable Protee?
Protee est d'vne humeur que ie ne puis aimer:
Es-tu du naturel des ondes de la mer,
Que ton ame se voit d'vn Zephir irritee?

L'esprit qui erre ainsi par le vague du monde,
Et qui, volage, quitte vn fidele sujet,
De digne qu'il estoit, en fin se rend abiect,
En imitant de l'air la troupe vagabonde.

Mon cœur à peine croit que tu m'ayes quittee,
N'ayant occasion, que ta legereté:
Seroit-ce vn vain mespris qui t'auroit agité,
Pour loger en haut lieu ton amour esuentee?

Si c'estoit le mespris, que tu serois pariure!
M'ayant donné ta foy, m'ayant voüé ton cœur:
Ce cuisant souuenir sera ton creue-cœur,
Mais ton courage grand est plus fort que l'iniure.

Si ton corps, dedans soy, ne receloit vne ame
Qui peust vaincre les cœurs les plus constās de tous,

STANCES.

(Si tu n'auois trouué le changement si doux)
Aumoins que n'auois-tu vn courage de femme.

Qu'as-tu fait (vagabond) sur la mer écumeuse,
Si tu n'as contemplé l'immuable rocher
Que le vent, ny le flot ne peuuent arracher?
Qu'en as-tu retenu ceste humeur genereuse?

Helas! le moindre flot a noyé ta constance,
Ainsi c'est par humeur que tu changes souuent:
Ie voy que tu retiens la nature du vent,
Veux-tu faire ton cœur vn ioüet d'inconstance?

Non, non, ie ne me deuls que tu m'ayes laissee,
I'ay banny ton amour loin de mon souuenir,
Et le ciel ne me peut plus aigrement punir
Que te representer a ma douce pensee.

(Ingrat, qui seruiras aux amans de risee)
Entends nostre destin, par ces vers confirmé:
Ie mourray de regret de t'auoir tant aimé,
Et toy de desplaisir de m'auoir mesprisee.

STANCES.

A. S. C.

Naissance d'Amour.

QVAND mon cœur fut nauré
de tes yeux pleins d'amours,
Le soleil nous fit voir sa face plus
ardente,
Pour te signifier, qu'il brulera
tousiours
Espris, pour ton suject, d'vne flamme constante.
 L'archerot empenné qui blesse, audacieux,
Les cœurs plus esleuez, te sembloit trop volage:
Belle, tu te seruis d'vn traict d'or de tes yeux
Pour obliger mon ame à l'amoureux seruage.
 Ce grand œil tout-voyant, (qui rayõnoit sur nous,
Lors que d'vn seul attraict fut mon ame rauie)
Ne peut rien contempler qui soit si beau que vous,
Ny d'astre plus heureux que l'estat de ma vie.
 Ton flambeau Ciprien, est l'astre de mon iour,
L'estre de mon bon-heur & sa cause premiere,
Il a seruy d'Aurore à mon fatal amour,
Par tes yeux, mon amour a perceu la lumiere.
 Mon cœur, comme engourdy, ne pouuoit respirer
Infinis beaux desirs, dont mon ame est suiuie:
Mon cœur, sans cet amour s'en alloit expirer,
Car tes yeux sont l'amour, & l'amour est sa vie.
 Mõ cœur n'estoit sensible aux fleches de l'archer,

Mon ame sous ses loix ne se peust voir pressee,
Ton vnique beauté la pouuoit attacher
A tes yeux, obligeant ses vœux & sa pensee.
 Vos yeux se sont voulu de mon ame saisir,
Pour n'estant plus rien seul, n'estre plus qu'vn vous mesme:
Ie ne vous puis aimer que d'vn ardent desir,
Car d'vn si beau sujet naist vn amour extreme.

P. S. C.

Plaincte d'vne absence.

EN ce lieu plein d'horreur, ie frissonne à toute heure,
 Et ce triste seiour, sujet de mes souspirs,
 Agree à mon humeur, & non à mes desirs,
Car ie meurs de reuoir celle pour qui ie pleure.
 Si par le seul penser tout le temps se mesure,
Trois siecles sont roulez depuis qu'à mon malheur
I'erre dans ce desert, tout transy de douleur,
Où le regret m'effraye, & l'espoir me r'asseure.
 Tandis que les pasteurs iouent de leur musette,
Estendus mollement dans ces prez odoreux,
I'accorde à mes ennuys, mes sanglots douloureux,
Priué de ce bel œil que mon ame regrette.
 Ie veux conter ma peine à la riue voisine,

H

STANCES.
Mais à peine vn accent peut sourdre de mon cœur,
Tant la plaintiue Echo,tesmoin de ma langueur,
Redit piteusement ce doux nom de cousine.

Adieu à sa pensee.

DE poinct en poinct s'approche
l'heure
Qu'il me faut changer de demeure,
Eschãgeant ma vie au trespas;
Le sort,mon bien si fort enuie,
Que si mon cœur vouloit la vie,
Mon ame ne le voudroit pas.

O lampe des cieux la premiere,
Que ne retiens-tu ta lumiere?
Tu vois en quel estat ie suis,
Tu luis pour les viuantes ames,
Helas!ie voy mourir mes flammes,
Ce n'est donc pour moy que tu luis.

Mon ame est de douleur pressee,
Mais ie ne change (ma pensee)
De cœur en changeant de seiour,
Si i'approche de mes supplices,
Si ie laisse mes chers delices,
Ie ne laisse pas mon amour.

Mon cœur me quitte,& te veut suiure,
Helas!ton Souçy ne peut viure
Priué des regards de ton œil,

STANCES.

Mon bien, ma clarté m'est rauie,
Le soucy perd-il pas la vie
S'il ne voit tousiours le soleil?

Ma vie, à tel poinct, est reduitte
Qu'elle n'a point autre conduitte
Que celle des fieres douleurs;
Elle est du desespoir battue,
Heureux! si le mal-heur la tuë
Par les regrets & par les pleurs.

Adieu ma vie, adieu ma flame,
De mon corps se bannit mon ame,
Mon cœur se retire de moy,
Ie voy bien qu'il faut que ie meure,
Au Ciel, mon ame a sa demeure,
Mon pauure cœur se loge en toy.

(Mon cœur) au moins, ie te supplie,
Honnore celle qui te lie,
Mon Dieu! que ton seiour est doux!
Ha! que la nature cruelle
(Nimphe) tout cœur ne me fit elle
Pour demeurer auecques vous!

H ij

Stances

A ses freres allant en Florence.

ADIEV.

OVRQVOY fiere douleur
maistresse de ma vie
Ne me veux-tu donner vn mo
ment de loisir?
Ne m'arrache le cœur, hé! per
mets que ie die
Vn larmoyant Adieu pour plaire à mon desir.

Mais las! si ie prononce vne seule parole,
Mon esprit, de mon corps se voudra departir,
C'est tout-vn i'aime mieux que mon ame s'enuole
Que ne vous dire adieu deuant que de partir.

Et quoy? priué de l'ame, helas se peut-il faire
Que la langue & les yeux ayent leur mouuement
Nenny, mais mon esprit actif en ceste affaire,
Dira l'adieu funebre à ce departement.

En vn petit moment se finira ma vie,
Puis que mon ame veut demeurer auec vous:
Ie n'ay plus desormais de viure aucune enuie,
Si ie meurs maintenant, que le mourir m'est doux

O Parques qui filez ma fatale quenouille,
Helas! tranchez le fil de l'auril de mes ans.
Mon ame se debat, & ma face se mouille,
Mon cueur est desolé, mes esprits languissans.

Et toy ciel, qui cognois l'aigreur de ceste absence,

STANCES. 56

Qui sçais comme mon cœur regrette ce depart,
Donne-moy moins de mal, ou plus de patience,
» Et le mal & le bien nous viennent de ta part.

Pendant l'ennuyeux cours de ceste triste absence,
Vos idees seront compagnes de mon dueil :
Mes pensers gousteront l'heur de vostre presence,
Et viendront essuyer les larmes de mon œil.

A ses freres retournant à Paris.

ADIEV.

ESLOIGNE vos douceurs,
dont le depart me pasme,
Ie m'absente de vous, sans me
priuer de vous;
Car des yeux de l'esprit on voit
son sujet doux,
Et les yeux corporels cedent à ceux de l'ame.

Mon mal-heur renaissant m'incite à me complaindre,
De mon cœur desolé i'y suis mesme inuité,
Mais ie n'ay pas assez en ceste extremité,
De larmes pour plorer, ny de voix pour me plaindre.

Ah! que le ciel ialoux à mon bien porte enuie!
Que le sort est contraire à ma felicité!
O Ciel qui vois icy mon bon-heur limité,
Veux-tu qu'au gré du sort mon mal-heur prenne vie?

H iij

STANCES.

(Mes Germains) si les pleurs, les regrets, & la plaincte,
Donnent ormais la vie à ma triste langueur,
Et si l'ennuy se rend le maistre de mon cœur,
Faictes que d'vn espoir mon ame soit atteincte :

Afin que ce vain corps que le regret entame
Pour luy rauir le cœur qui vous doit demeurer,
Du suc de ses douceurs se puisse restaurer,
Ie ne suis plus que corps, vous auez toute l'ame.

Ie meurs (mes chers Germains) car mon ame est contraincte
De perdre, vous perdant, tous ses contentemens :
Mais helas! il luy reste au fort de ses tourmens,
L'espoir, & les desirs, compagnons de la craincte.

STANCES.

Adieu à vne Dame.

PLOREZ, plaignez, sanglotez, souspirez,
Mes yeux, ma voix, & mon cueur, & mon ame,
Et desormais aucũ biẽ n'esperez
Si vous perdez Madame.
Soyez, mon œil, vn larmoyant ruisseau,
Soyez, ma voix, vn Echo deplorable,
Vous, pasle cœur, recherchez le tombeau,
Mon ame est miserable.
Adieu beautez qui m'auez allumé,
Adieu baisers d'amour, premier salaire,
Adieu beaux yeux qui, doux, auez charmé
Mon ame tributaire.
Adieu regards aux attraicts sauoureux,
Adieu deduicts de la nuict amoureuse,
Que, des instans qui furent bien-heureux,
La perte est douloureuse.
Adieu ma belle, adieu tous mes plaisirs,
Adieu pour qui mon ame est insensee,
Auecques vous ie laisse mes desirs
Et ma chere pensee.

STANCES.

Epitalame, sur le mariage du Roy HENRY IIII. au mois de Nouembre 1601.

N fin le Ciel esmeu de nos iustes
souspirs,
Parfait du grand HENRY la
royale alliance,
Et veut pour agreer à nos ardens desirs
D'vne immortelle paix feliciter la France.

En fin pour conuertir en ioyes, nos tourmens,
Et rendre de nos ans la course fortunee,
Il ordonne à deux cœurs mesmes contentemens,
Rendant, de nos malheurs, la trame terminee.

Phebus s'en resiouit de nostre heur soucieux,
Tout rit, & de nos pleurs est la source tarie,
Ha! mon Dieu que ce iour est pur & radieux!
Le Soleil des François luit au gré de MARIE.

Soudain qu'elle le voit, son cœur en est rauy,
Aussi tost qu'il la void, las! il perd la parole,
Le ROY dict en son cœur, ie ne sçay si ie vy,
Lors il semble à la voir que son ame s'enuole.

Tous souspirent de ioye à cest embrassement,
Chacun fait de son cœur à son ROY sacrifice;
Puissiez-vous (belle couple) en cet assemblement
Faire naistre vn DAVLPHIN qui le mõde regisse!

Toy qui n'auras vn iour que le ciel infiny
Pour ta gloire borner (selon ta destinee)
Tu es (ROY triumphant) de ton peuple beny,
Hymen, heureux Hymen, fauorable Hymenee.

SUR LA NAISSANCE
DE MONSEIGNEVR LE DAVLPHIN, qui nasquit à Fontainebleau, le Ieudy 27. Septembre 1601. à vnze heures du soir.

ENfin, FRANCE, nos vœux
se voyent accomplis,
Pour borner nos malheurs, vn
DAVLPHIN l'on voit naistre,
O miracle! en Automne, il germe vn si beau lys,
Dont la blanche vertu le faict seul recognoistre.

Son autheur qui l'aimoit, l'a produit icy bas
Au poinct que le Soleil a borné sa carriere,
Afin que terminant tous nos sanglants debats,
Parmy l'ombre des maux il soit nostre lumiere.

Il nasquit vn Ieudy, cest espoir souhaitté,
Iupin versa sur luy vne douce influence,
Il sera, de l'Europe, ains du monde, exalté,
Mille angeliques voix tesmoignent sa naissance.

S'il retient, de son Mars, l'inuincible portraict,
Les Monarques ploy'ront au iuug de sa puissance,
Il les domptera tous, mais d'vn different traict,
Les puissans, de valeur, les foibles, de clemence.

Stances.

EPITALAME, SVR LE MARIAGE DV SIEVR PILON.

Voicy venu le iour par le Ciel inspiré,
Souhaitté de plusieurs, & de deux esperé:
Voyés le blõd Phœbus, qui, ioyeux sort de l'onde,
Tesmoignant que luy mesme il veut solemniser
Ceste nopciere feste en tous esbats feconde,
Où se ioignent deux cœurs qu'on ne peut diuiser.

Couple heureuse & constante en ce lien fatal,
Tu possedes vn heur à ton merite egal,
L'vn de l'autre contens, & l'vn de l'autre dignes:
Face le Ciel, autheur d'vn si sainct Hymené,
Accroistre vos amours & vos vertus insignes,
Rendant la couple heureuse, & le lict fortuné.

Tout chãte cet Hymen, l'air en tressault d'amour,
Le celeste element illustre ce beau iour,
Les ruisseaux sont parez de leurs robbes perleuses,
La terre retentit de sons harmonieux,
On n'entẽd rien que voix sainctement amoureuses
Quel bon-heur auiourd'huy nous ont versé le Cieux!

STANCES.

Aussi tost que la nuict, mere de tous esbats,
Empestrera le iour en ses funebres lats,
Les Astres dans le Ciel entreront en cadance
Pour l'Hymen celebrer, en leurs prompts mouuemens:
(Beaux Amans) si pour vous tout s'esgaye &
　toutdance,
Ne differez le poinct de vos contentemens.

　Couple, la nuict approche, il vous en faut aller,
Voyez-vous que ceux-cy ne veulent que baller?
Le coche vous attend prés le sueil de la porte:
Ie sçay que ceste dance esueille vos esprits,
Mais quoy, vous ballerez tãtost d'vne autre sorte,
Comme on balle au palais de la douce Cipris.

　Quelle tourbe les suit, hé! voyez que de feux
(Amis) brillent par tout pour voir ces amoureux!
Quelle sourde rumeur par les ruës s'entonne!
Ie croy que chacun dit en son cœur, bassement,
　Hymen, l'heureux PILON, moitié de
　　MAGDELONNE,
　S'en va cueillir la fleur de son conten-
　　tement.

SONGE.

J'AY songé ceste nuict (Susanne mon amour)
Que nous estions privez du clair pere du iour,
Que nous estiõs tous deux prests à reduire en cedre,
Et que l'on nous alloit dans la fosse descendre,
Qu'on auoit assemblé les meilleurs medecins,
Pour, ouurant nos deux corps, cognoistre aux intestins
Le principal motif de nostre mort subite:
On t'ouurit la premiere, on cogneut qu'il habite
Deux cœurs dedans ton corps; Songe trop impertun!
Et dans le mien, chetif, ne s'en trouua pas vn.

D'vne ieune fille à qui l'on vou-
loit donner vn vieillard
pour mary.

FAVLT-IL que mon Printemps se fanne
   & se ternisse
Pour le fascheux Yuer d'vn vieillard ri-
   goureux?
Frilleux, il peut geler vn Esté chaleureux,
Ce n'est pour luy que i'ay l'amoureuse iaunisse:
Si vous me contraignez (mon pere) de le prendre,
(Pensant vnir en vn deux esprits amoureux)
Pardonnez si ie prens vn aide voire deux:
Le vieillard seul ne peut à mon affaire entendre.

SOVSPIR.

Traduict d'Italien.

MON cœur, ne languis point, tu fais languir
 mon ame,
Oy ces profonds souspirs, souspiraux de mon
 dueil,
Helas! la pitié mesme à la douleur s'entame,
Mourāt pour ton amour ce m'est vn doux cercueil.
 Si ma mort te pouuoit naistre vn allegement,
I'eslirois telle mort pour te donner la vie:
(Belle) mais celuy là mourroit iniustement,
Qui, viuant, a le cœur ioinct au cœur de s'amie.

QVATRAINS.

POVR MONSIEVR LE BARON DE TERMES,

QVATRAIN.

CE fils aisné de Mars mesprise en son
  Printemps
Au milieu des combats & la mort
  l'enuie:
Est-il besoin (dit-il) de viure si long temps,
Puisque la mort acquiert vne immortelle vie?

POVR MARGVERITE MARC.

DES plus exquises fleurs Marguerite estle
  nom,
Chacun la va nommant, des belles fleurs l'eslite,
Comme toutes beautez reuerent son renom,
Les belles sont le Marc de ceste Marguerite.

QVATRAINS.

D'vn Espagnol qui disoit n'estre hombre de tromperie.

IL est vray qu'il n'est pas ombre de tromperie,
C'est vn solide corps Espagnol & trompeur,
Pour faire quelque bien il est hombre sans cœur,
Mais il est corps & cœur pour vne piperie.

AMour à l'hospital ses soldats achemine,
Il encrue le corps au beau de son Printemps,
Il esgare nostre ame, & tout ensemble mine
L'ame, le corps, la bource, & consume le temps.

Ingrate

A. V. C.

INgrate qui charmant ma liberté premiere,
Enchesnas mon vouloir d'vn fragile lien:
Mon cœur n'emportera dans la fatale biere
Qu'vn pasle repentir: C'est d'auoir esté tien.

P. S. C.

C'Est abus que le cœur soit la source de vie,
Vos yeux & mes pensers mon cœur vont auiuant,
Vos yeux aupres de vous, où i'ay l'ame rauie,
Mes pensers loin de vous me les ramenteuant.

BElle, quand ie te vois, à ton astre vainqueur,
I'immole mes desirs, dont mon ame est le teple:
Absent de ta beauté, il se forme en mon cœur
Vn miroir, dans lequel tes beaux yeux ie cotemple.

De la Mort.

L'Extreme mort est la fin des trauaux
Qu'el'on essent en ceste vie humaine,
Si c'est vn mal, c'est donc de tous les maux
L'vnique mal qui ne faict point de peine.

ODES.

A MADAME DE SAGONNE,

Le premier iour de l'an 1603.

DES-IA l'Aurore renaissante
Paroist dans le ciel, rougissante,
Embausmant l'air de ses odeurs:
Le ciel nous presente la belle,
Et l'Aube, vne clarté nouuelle,
Le Soleil donne ses lueurs.

Chacun icy bas se dispose
A faire presens: mais ie n'ose
Vous offrir vn traict de mon art:
Ie vous pourrois tracer vne Ode,
Mais differente de la mode
De celles du docte Ronsard.

Souuent vn ieune ente rapporte

Aussi peu qu'vne branche morte,
Mes vers sont reiettons nouueaux;
Quand i'auray beu de l'eau sacree
Qui, les enfans du Mont recrée,
Ie produiray des fruicts plus beaux.

Muses, qui suiuez, comme guide,
Celle que (d'honneur trop auide)
Ie veux louer en mes escrits:
Pour elle trop basse est ma lyre,
Au moins faictes que ie l'admire,
Son los extaze mes esprits.

Mon ame en ses vertus medite,
Et me dit que son haut merite
Ne permet chanter bassement;
L'esprit n'en peut estre capable,
Il faut l'aduouer admirable
Pour l'admirer plus dignement.

A MONSIEVR LAIGNEAV.

COMME vn fier torrẽt qui roule,
Comme vn ruiſſeau qui s'eſcoule
Le long d'vn riuage creux,
Ainſi tes vers admirables,
Sont graues, ſont agreables,
Sont enflez, ſont doucereux.

Trop en vain donc ie m'amuſe
A faire dire à ma Muſe
Ces rudes vers empoulez,
Sinon pour ſeruir de luſtre
Aux chants de ta Muſe illuſtre,
Pleins d'accents emmiellez.

Si l'ardente Poëſie
Auoit mon ame ſaiſie
De ſes prophetiques airs,
Ie grauerois ta louange
Digne de la voix d'vn Ange,
Dedans le cœur de mes vers.

Laigneau (que le ciel appelle
A la couronne immortelle,
Loyer des vertueux faicts)
En ta vertu ie me mire,
En m'y voyant ie l'admire,
En l'admirant ie me tais.

SONNET DE MONSIEVR L'AGNEAV A HOPIL,

En eschange de ses Estreines.

LES doigts mignards que mon Hopil manie
Dessus son luth, ressemblent proprement
Aux doigts rosins dont l'aurore desplie
Le noir manteau du doré firmament.

Cest air si doux, la cadance accomplie
Qui tire l'homme à vn rauissement,
Egale en tout l'Angelique harmonie,
Qui rend tout beau le celéste element.

Ces vers encor qu'il enfante sans peine,
Et qu'il employe à nous donner l'Estreine,
Parfaists en soy donnent l'estre à ceux-cy.

Mais dans ses vœux il mesle certains charmes,
Qu'en se donnans, ils rauissent aussi.
L'ame en ses vers, & le cœur en ses carmes.

ODES. 65

COMME la Pastorelle,
En la saison nouuelle,
D'vn pied mignardelet
Foule les herbelettes,
Moles & tendrelettes
Dans vn pré verdelet:
Et comme elle prend garde
A sa troupe mignarde:
A l'ombre d'vn ormeau,
Elle voit des fleurettes,
Roses & violettes,
Elle en fait vn chappeau,

Comme ce desir passe,
Elle en est bien tost lasse,
Aimant la nouueauté,
Car rien ne la contente,
Et ne peut, inconstante,
Auoir rien d'arresté.

Tout ainsi, ma maistresse
M'a pris par sa finesse,
Soubs couleur d'amitié,
Pour me mettre en seruage,
Et n'a son fier courage
De moy nulle pitié.

Comme vn lyon qui flatte
Soubs l'effort de sa patte
Vn foiblet animal,
Il se ioüe, il le presse,

I iiij

Puis apres il le laisse
Sans luy faire aucun mal.
 De mesmes ceste fiere
A la fleche meurtriere,
Contente de l'honneur,
Et de la seule gloire
D'auoir sur moy victoire,
S'enfuit, à mon malheur.
 Mais il me la faut suiure,
Car ie ne sçaurois viure
Priué de mon soleil,
Ie plore & ie souspire,
L'excez de mon martyre
Me conduit au cercueil.
 Au moins (ma belle Dame)
Parauant que mon ame
S'enuole dans les Cieux,
Que ma mourante vie
Me puisse estre rauie
Aupres de tes beaux yeux!
 Ainsi Phœbus t'admire
Au doux son de sa lyre,
Ainsi le ieune Amour
Te cede la victoire,
Et ses traicts & sa gloire,
Son Empire & sa Cour.

ODES. 66

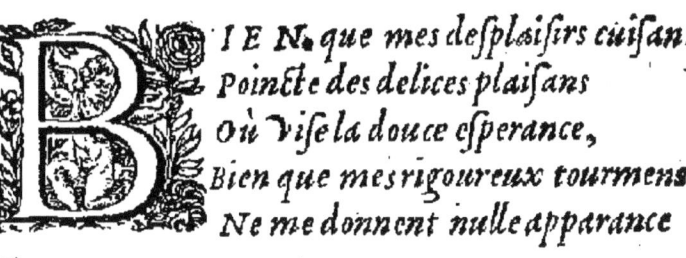BIEN que mes desplaisirs cuisans,
Pointe des delices plaisans
Où vise la douce esperance,
Bien que mes rigoureux tourmens
Ne me donnent nulle apparance
Des amoureux contentemens.

Si veux-je que ses astres fiers
Malgré leurs desdains meurtriers,
Demeurent maistres de ma vie :
Ha! que l'amant est fortuné
A qui le destin l'a ravie
D'vn beau suiet, passionné!

Ces nœuds qui lient en cent tours
Ses cheueux, sont autant d'Amours
Voletans sur sa blonde tresse :
Beaux nœuds, que i'enui' vostre bien!
Au moins vous seruës ma maistresse,
Et moy, ie ne luy serts de rien.

Vous chesnes qui faites maint tour
A son beau col, pilier d'amour :
Et vous, ô perles precieuses,
Son blanc sein, vous pouuez toucher,
Mon Dieu! que vous estes heureuses!
Helas! ie n'en ose approcher.

Beaux diamans, quand ie vous vois
Esclatter sur ses mignards doigts,
Hé! que ie vous porte d'enuie!
Las, pouuez-vous vaincre en durté

ODES

La belle qui m'oste la vie
Pour auoir trop de cruauté.

Et vous bracelets, qui tousiours
Tastez le poux de mes amours,
N'a-elle des rigueurs extremes?
Helas, vous ne m'en dites rien,
Seriés vous point ialoux vous mesmes
Si elle me vouloit du bien?

Et toy petit chien bien-heureux
Serré de ses bras amoureux,
Hé Dieu! que i'ennie ton aise!
Qu'elle te donne de pouuoir:
Cent fois le iour elle te baise,
Et seulement ne la puis voir.

Toy, faux visage mal-heureux,
Qui vois que i'en suis amoureux,
Qui vois que ie brusle pour elle,
Pourquoy voiles-tu son flambeau?
C'est vne Dame qui n'est belle
Qui doit auoir vn tel bandeau.

Nœuds, chaisnes, perles, diamans,
Qui volez mes contentemens,
Bracelets, chien, & faux visage,
Ie vous estime tous heureux,
Moy d'autant plus, si en seruage
Ie puis mourir d'elle amoureux.

Vn seul de mes tristes ennuis
Vaut mieux que les folastres nuicts
Où l'on contente son enuie:
Ie vy, mourant pour ses beaux yeux,

En les seruant qui perd la vie
Espouse vn trespas glorieux.

ODELETTE.

DANS vn bois j'apperceus vn iour
Cipris qui cherchoit son Amour:
Tu perds ta peine, (Nimphe belle)
Ce dy-je, en moy mesme, à l'instant,
Il vit bien-heureux & content
Dans vn bel œil qui le recelle.

Et la voyant flechir aux pleurs,
Son tein terny par les douleurs,
Ie luy dy, Nimphe, ie te prie
Cesse de souspirer ainsi,
De ton enfant n'ayes soucy,
Il est dans les yeux de Marie.

Odes.

D'VNE ABSENCE.

PAR les champs embaufmez
De fraifches herbelettes,
Par les prez parfumez
De fleurs mignardelettes:
Que Flore va renaiffant,
Dont elle va tapiffant,
Et les plaines & les prees,
I'efpands mes triftes chanfons,
Les oifeaux fement de fons
Les campaignes diaprees.
   Or que de belles fleurs
La terre eft acrouchee,
De foufpirs, de douleurs,
Mon ame eft empefchee:
Pendant que le clair foleil
En fon plus haut appareil
Fait voir les beautez du monde,
Mon cœur naiffant maint foufpir,
Dolent, ie me vay tapir
Dans le pafle obfcur de l'onde.
   Las! ce fombre manoir
C'eft le fleuue d'abfence,
Ou l'eau du defefpoir
Noye mon efperance.
L'an ne m'eftoit qu'vn inftant
Quand ie te tenoy content,

Mais dans l'obscur de ceste onde
Les plus beaux iours sont des nuicts
Qui font naistre tant d'ennuis
Qu'vn moment me dure vn monde.
    Absent de ton bel œil
Ie pren ma triste lyre,
Et pres de mon cercueil,
Souspirant, me faict dire:
L'eclipse de mon flambeau,
Me conduit à ce tombeau
Où ie verse tant de larmes:
Mais quand ses yeux reluiront,
Ses yeux mes pleurs tariront,
Amortissant mes allarmes.

P. M.

Un iour par la forest ramee
Ie chassois à l'accoustumee
Suiuy de mes chiens glapissans,
Disant, Heureux qui sans enuie,
Aux champs peut escouler sa vie,
Où vont tant de plaisirs à l'enuy renaissans.

Disant ces mots, Amour se treuue
Deuant mes yeux: qu'il ne m'esmeuue,
Helas! se peut-il autrement?
Il vainc les ames moins humaines,
Tirant des fleches inhumaines
Des venimeux cachots d'vn bel œil seulement.

Oyant, de mes chiens, le murmure,
Il lasche vn traict à l'auanture
Droict à mon cœur pour l'entamer:
Mon cœur rebouchant à la poincte,
Faict reiallir la fleche esteincte
Au cœur de l'archerot, le coup luy semble amer.

Lors s'escriant, il dict à l'heure,
Faut-il, indiscret, que ie meure
Par mon propre traict eslancé?
Quel cœur plus endurcy que marbre,
Quel dur rocher, ou bien quel arbre
Mon dard doux-penetrant helas! n'a-il percé?

Amour meurdry de sa main mesme,
Atteint d'vn desplaisir extreme,

Me cognut au son de mon cor,
Helas (dict-il) d'vne voix basse,
C'est ce cruel, cet aime-chasse,
Qui, repoussant ma fleche, a fait naistre ma mor.
 Amour, que vaine est ta sagette,
Vne belle ame n'est sujette
(Luy dy-je) à ton poison charmant,
Tes traicts, iamais ne pourront faire
Au cœur, vn amoureux vlcere
Sans que l'ame ait presté quelque consentement.
 En acheuant ceste parole,
Soudain ie pique, & ie m'enuole,
Porté d'vn cheual furieux:
Chantant, espris de saincte flamme,
I'ay meurdry la mort de mon ame,
N'est-ce pas vn triomphe à iamais glorieux?

ODES.

N dit que la colombelle,
Est à Ciprine la belle
Consacree, de tout temps,
Lasciue, aimant, de nature
La frequente couuerture
De l'amoureux passe-temps.

Mais ceste beauté cruelle,
Où ma pauure ame recelle,
Ne respire que rigueur:
Vain, est mon amour extresme,
Car c'est la cruauté mesme
Qui regne dedans son cœur.

A Venus, on attribue
Le mirthe qui l'homme imbue
De sa delectable odeur,
Car ses fueilles qui verdoyent
Tousiours deux à deux se voyent
Comme la Ciprine ardeur.

Or mon amour est semblable
A ce beau mirthe agreable
En ce qu'il est verdissant:
Mais ma Nimphe n'y ressemble
Ne voulant que deux ensemble,
Couplés, s'aillent enlassant.

I'ay beaucoup de simpathie
Auec la belle mirthie,
Elle porte du fruict noir,
Afin que ie recognoisse

Que

Que le fruict remply d'angoisse,
En amour, est mon espoir.

Encore on dit qu'on adresse
A la Ciprine princesse
La rose royne des fleurs,
Pour estre belle, odoreuse,
Et rendre l'ame amoureuse
De son muscq, de ses couleurs.

On ne luy sacre la rose,
Dans vn ver bouton enclose,
Seulement pour ses odeurs,
Ains d'autant que l'Adonine
Est entouree d'espine
Et de poignantes douleurs.

Au poinct que ie vey ma belle,
Sa viue rose iumelle,
Son tein, sa grace m'esprit:
Or, contrefaisant la douce,
Tira des traits de sa trousse
Pour charmer mon ieune esprit.

Comme l'enfant qui lamente
Se taist quand on luy presente
Du fruict, bien que plein de fiel:
Elle me charma, la feinte,
D'vn fruict plus remply d'absinte
Que de melisse, ou de miel.

C'est à l'amour, la coustume
De troubler son amertume,
Par l'ombrage d'vn plaisir:
Mal'heureux, qui à l'enchere

K

ODES.
Donne sa liberté chere,
Sous l'ombre d'vn fol desir.

ODELETTE.

PHOEBVS pere de la lumiere
Et des tenebres, oppresseur,
Communique à sa froide sœur,
Son ardante clarté, du monde, nourriciere,
Sans qu'elle s'allume à l'entour
De ses rayons, flambeaux du iour.
 Ainsi ceste ame rigoureuse,
Bel astre à l'aspect nompareil,
Reçoit de l'amoureux soleil
Des traits enamourez sans brusler, amoureuse:
Le feu d'amour la touche & poind,
Miracle! & ne l'enflamme point.

T. D'ITAL.

MA cruelle plaignoit vn iour,
Vn oiseau qu'elle aimoit d'amour
Qui auoit repris sa volee,
Parmy la volante meslee :
Mon cœur ardāment amoureux,
Pensant, du sort aduantureux,
Tirer vne heureuse allegeance,
Print de l'oiseau quelque semblance,
Et soudain vole dans son cœur:
Elle cognut à mon mal-heur,
Mon cœur qui sanglotoit pour elle,
Luy fit vne playe mortelle,
Et d'vn souffle de ses Zephirs,
Desseicha ses larmeux souspirs,
Se riant, tant elle est amere,
Du triste estat de ma misere.

K ij

Odes.

P. M. C.

ODE PLAINCTIVE.

E touche, en ce lieu solitaire,
Pour plaire à ma pensée austere,
Mon luth tristement adoucy:
Et seul, deux astres, ie regrette,
Ayant au cœur ce vain soucy,
De tenir ma peine secrette.

Mais dés que la troupe volante
Entend ma complaincte dolente,
Elle sçait quelle est ma langueur,
Puis ma voix, triste secretaire,
Redouble les plaints de mon cœur,
Helas! pour ne les pouuoir taire.

Si de regret i'ay l'ame atteinte,
Oiseaux, ententifs à ma plainte,
Au moins annoncez mes douleurs
A ces bois, à ma voix, sensibles:
Yeux, versés deux ruisseaux de pleurs
Las! si vous n'estes insensibles.

Ces ruisseaux qui sans cesse fluent
Et leur murmure continuent,
Imitent mes yeux larmoyans,
Mais ils ne noyent la campagne,
Et mes yeux enflez vont noyans
Mon visage, qui en pleurs bagne.

De mes yeux l'humeur embrasee
Sort à l'herbage de rosee,
Mes cris, aux arbres de Zephirs,
Mon plainct accompagné de larmes,
D'Echo, ramentoit les souspirs,
Et ses amoureuses allarmes.

　Ma voix se marie à ma Lyre,
Sans tréue mon ame souspire
L'absence cause de ma mort:
Hé! qui pourroit vivre en la sorte,
Si mon espoir n'estoit plus fort
Que le dueil qui me desconforte?

　Chantres des bois, lyre fidele,
Tous à tesmoins ie vous appelle,
De mes sanglots & de mes cris:
Souuenez-vous que sur l'escorce
Des arbres, ces plainctes i'escris,
Ma voix ayant perdu sa force.

MA belle ayant dans vne pree,
Rencontré Venus esploree,
Accusant la terre, & les cieux,
Luy dit, en essuyant ses larmes,
Amour ayant perdu ses armes,
S'est retiré dedans mes yeux.
  Venus toute esprise de rage,
Disoit, archer, ton grand courage
Est-il tellement abbattu,
Qu'ayant veu Mars sous ton empire,
Vne pucelle te retire
Pour triompher de ta vertu?
  Crois-tu trouuer ta trousse belle
Aux yeux d'vne fille mortelle?
Que ie te plains: (Enfant leger)
Si l'on t'auoit rauy ta flamme,
Vulcain qui les démons enflame,
T'eust peu d'autres armes forger.
  Cipris continuant sa plainte,
Ayant, de douleurs, l'ame atteincte,
Se mit au train du desespoir,
Souhaittant que la mort egale,
Aux Dieux comme aux hommes fatale
Voilast ses yeux d'vn crespe noir.
  Mais c'est en vain qu'elle souspire,
Et que son fils elle desire
Pour le restablir en sa cour:
Nimphe, si tu veux voir sa tresse,

Vien, vien contempler ma maistresse,
Ses beaux yeux sont le mesme Amour.

S I c'est le ciel qui gouuerne la terre,
Ou bien si l'homme est subiect au destin,
Quel ciel ialoux, ou quel astre mutin,
A mon bonheur peut faire ainsi la guerre?

Si c'est le ciel qui ma Deesse enuie,
Que peut ma force encontre vn tel riual?
Si le destin, ie n'en atten que mal,
Las! à quel poinct se reduira ma vie.

C'est vn grand mal qui nos ames possede,
Bien aimer ceux qui nous vont mesprisant:
Faire à l'ingrat de son cœur vn present,
C'est vn regret qui toute peine excede.

Faut-il qu'ainsi sans espoir ie languisse?
Puisse la mort limiter mes trauaux,
Puisque l'amour, artisan de mes maux,
Me veit languir, & rit de mon supplice.

L'escumeux flot de la mer implacable,
Fut le berceau de sa mere Cipris:
Ainsi naissant son naturel a pris
La triste humeur de l'onde impitoyable.

Responds, Archer, & me dy ie te prie,
Pourquoy ma belle est si fiere enuers moy,
Que luy pensant raconter mon esmoy,

K iiij

Pleine de rage, en fuyant elle crie.
Retire toy, n'importune mon ame,
O fol amant, ne sçais-tu pas qu'Amour
D'vn traict ferré me blessa l'autre iour,
Ayant perdu ses traicts d'or, & sa flamme?

Responds, Amour, il semble que tu n'ose
En deux accents, par pitié, m'exprimer
Pourquoy son cœur à mes vœux est amer,
A mes douleurs as-tu la bouche close?

Sans me respondre ainsi donc tu t'enuole,
Me laissant veuf & de bien & d'espoir;
Qui de guarir son amy n'a pouuoir,
Ne luy desnie vne seule parole.

Fol qui se fie à la feinte promesse
De ce pippeur qui flatte tellement,
Que soubs couleur d'vn seul contentement,
Il tient les cœurs en eternelle presse.

Ce ieune Archer est vn prompt capitaine
Qui les amans expose en vn combat:
Et quand il voit que sans feinte on s'y bat,
Lors il s'enuole & les laisse en haleine.

Las! c'est ainsi que ce traistre se ioue
De nos souspirs, de nos affections:
I'abhorre, Amour, tes foles passions,
Ie m'en retire, & le ioug ie secoüe.

FIERTE' VAINE.

HELAS! pourquoy suis-tu de mes funestes yeux,
si l'iniuste desir de ma mort t'accompagne?
Ie t'ay donné mon cœur, le plus beau de mon mieux,
Sois d'vn si bel amour, la fidele compagne.
Crois-tu que me fuyant, la Nimphe au voile noir
A l'instant me suiura pour me prendre (inhumaine).
Ah! belle, on ne meurt point sans douleur & sans peine,
Et qui n'a point de cœur, ne se peut pas douloir.

AMOVR CONSTANT.

MON amour, qui n'est rien qu'vne douleur mortelle,
A pour baze vne foy, immortel fondement,
Ie respire par elle, & meurs par le tourment,
L'vn m'enuoye au trespas, & l'autre me rappelle.
Mon cœur a desfié du martyre l'effort,
La plus forte douleur, ains la mort ie mesprise,
Ie veux donc que ma vie, & non ma foy, se brise:
Le change du desir est pire que la mort.

MA vie n'est en soy qu'vn côbat amoureux,
Mes pensers sont archers aux ailes inuisibles,
Ils decochent des traicts aussi prompts que sensibles,
Guidez du ieune Amour, conducteur rigoureux:
Chacun de ces Archers espere, ains se faict fort
D'acquerir de l'honneur: le camp est ma poictrine,
Là se liure l'assault, dont mon cœur est le signe,
Et le prix du vainqueur, c'est ma fatale mort.

EPIGRAMME.

Traduicte d'Italien.

L'Homme est vn petit monde en ce grand
vniuers,
Mais il est grand, vny, vniment à la fem-
me,
Leur volonté se lie, & de deux corps diuers
Se forme vne nature, & de deux cœurs vne ame.
L'hôme entant que mortel le monde le plus vile,
Contient mystiquement: & la femme a cet heur,
De contenir le monde, eternel, immobile,
Aux yeux le paradis, & l'enfer dans le cœur.

AVTRE EPIGRAMME.

AMANS qui languissez dans les
flammes d'Amour,
Ne craignez de l'Archer la flesche enuenimee,
Il a vuidé sur moy sa trousse desarmee,
Et veut dedans mon ame establir son sejour:
On ne le verra plus aux yeux des Dames belles,
En mon cœur tout ardent, il s'est bruslé les ailes.

A vn Iouuenceau qui parloit deshouncstement.

EN te voyant si beau qu'il te faut admirer,
Triomphant sur les cœurs d'vne douce victoire,
Ie m'estonne (folet) comme tu peux tirer
Vne lame de plomb d'vn beau fourreau d'yuoire.

SATYRE.

VOVS qui pensez que la rigueur
Ne se loge au feminin cœur,
Voyez vne ingrate Megere,
Qui, pleine de desloyauté,
Faict trophee de cruauté,
Pour plaire à son ame legere.

Son cœur à l'Amour s'immola,
Mais, perfide, elle viola
Les Vœux de ce doux sacrifice:
Et pour terminer l'amitié,
Voulut contre vne autre moitié
Exercer vn sanglant office.

Ie laisse le portraict ciré
Que, fole, elle auoit preparé
(Comme du desespoir suiuie)
Afin de fondre peu à peu
Comme la cire auprés du feu,
D'vn Amant l'innocente vie.

Ie sçay qu'vn miroir enchanté
L'on a souuent representé
A ceste Gorgonne effroyable,
Afin ou aussi tost elle sceust
Où il estoit, & qu'elle peust
Luy iouer vn tour execrable.

Peut-on pas faire parangon
De celle qui trompa Iason
A ceste femmelette impie?
Non, c'est vn Ange contrefaict,
Ou plustost vn monstre en effect,
Ou, pour mieux dire, vne Harpie.

Quiconque la voit, pour le seur
L'estime la mesme douceur,
Tant deceptiue est sa figure,
Mais quiconque la hantera,
Comme ie fais, il chantera
Que c'est la rage de nature.

De mille fards sophistiquez,
Par tes fauoris practiquez,
Tu frottes ta face iaulnie,
Si tu veux (Megere sans foy)
Bien tost te desfaire de toy,
Qu'vn Demon sçache ton enuie.

L'Ange à l'Ange peut s'allier,
L'homme & la femme se lier
Par vne douce simpathie:
Tu peux bien prendre tes esbats
Auec vn Demon de là bas,
Puisque tu es vne Furie.

Puisse le croailleux corbeau
Vn iour sur ton puant tombeau
Chanter ton obseque derniere:
L'ortie & les chardons aussi
Croistront autour de ces vers cy
Sur ta sepulchrale tasniere.

Cy gist l'abbregé de tout mal,
Cy gist le cœur plus desloyal
Qu'ait oncques formé la nature:
Cy gist vn corps, où fut caché
Vn esprit comblé de peché,
Soubs vne Angelique figure.

PLAINCTE DE D. C.
SVR LA MORT DE
sa femme.

N fin ceste belle ame au ciel est retournee,
De ses rares vertus seul & digne
 sejour,
Et la mienne icy bas se traisne, infortunee:
Mais si ie luy suruy, manque-ie point d'amour?
En la fleur de tes ans (belle) tu m'es rauie:
Parque, qui l'as cueillie au printemps de ses iours,
Pourquoy m'arraches-tu la moitié de ma vie?
Mais helas! ie perds tout en perdant mes amours.

Si ie plains son absence, & si i'espads des larmes,
Ce n'est pas que ie vueille enuier son bonheur,
Mais les pleurs, les regrets, sont les vniques armes
Desquelles ie me sers au combat du malheur.

Les Astres, qui sur tous versent quelque influẽce,
Sur nous ont faict tomber vn sort tout inegal,
Ils n'ont pour les mortels vne egale balance,
Car elle a tout le bien, & moy i'ay tout le mal.

Soudain que de son corps fut l'ame deuestue,
Ses parens, ses amis, de sa mort firent dueil,
De sa vie à l'instant l'Aube fut apperceue,
Venant d'vn mesme pas la nuict de mon cercueil.

Sa

Sa mort causa ma mort, vne mort auiuante,
Pire que mille morts; mais ie me deuls à tort,
De souspirer, mourant, pour vne ame viuante,
Las! que dy-ie, mourant, mais qui suis desia mort.

Ses beaux yeux s'esteignans, amortirent la flame
Qui r'animoit mon cœur tout transi de pitié:
Mourante, elle rauit la moitié de mon ame,
Ie meurs pour m'aller ioindre à ma chere moitié.

Tombeau de ladite Dame.

Le ciel m'ayāt rauy ma fidele Marie,
M'auoit laissé des yeux pour plorer
ma langueur,
Mais en vain, car leur source à l'in-
stant fut tarie;
Il faut aussi plorer ceste perte du cœur.
  Contente toy du nom de ceste chaste Dame,
Ne t'areste (passant) au poinct de son trespas;
Amour l'enseuelit au cachot de mon ame,
Ly donc ces quatre vers, & puis haste le pas:
  Soubs ceste pierre gist la vie de ma vie,
Mais la mienne est en peine, & la sienne en repos,
Et la terre & le ciel, ialoux, me l'ont rauie:
Le ciel a pris son ame, & la terre ses os.

L.

D. V. C.

Tombeau.

I'AVOIS rendu par mon espee
Au sang des ennemis trempee
L'orgueil à mes pieds abbatu,
Et comblé d'honneurs & de gloire
Triomphé d'autant de victoire
Que de fois i'auois combattu.

 I'auois, indomptable à la guerre,
Aux Rois les plus grands de la terre
Monstré l'effort de mes valeurs,
Et graué aux yeux de la France
Souuent par le fer de ma lance
Mon grand courage dans les cœurs.

 I'allois, franc de peine & d'enuie,
Coulant les instans de ma vie,
L'vnique espoir de mes amis,
Estant par vn effect contraire,
Bien qu'en ma valeur ordinaire,
L'effroy de mes fiers ennemis.

 Mon bras, rempart de ma patrie,
Des plus superbes fut l'enuie,
Chery des bons, & craint de tous:
De ma prudence i'ay faict monstre,
Aussi cruel à la rencontre,
Qu'en la victoire i'estois doux.

Descouurant les traisons publiques
Ie pery dans les domestiques
Au succez d'vn fatal dessein,
Comme vn dont la main secourable
Nourrit pour sa fin miserable,
La vipere en son propre sein.

D'vn proche la main sanguinaire,
Le seul sujet de ma misere,
M'a faict ceste sombre maison,
Meschant qui n'eust eu le courage
De me voir au plain du visage,
S'il ne m'eust pris en trahison.

Lasche qui vas encor au monde,
Attendant que Dieu te confonde,
Traisnant ta vie, sans honneur,
Qu'auras-tu si tu te viens rendre
Au pasle seiour de ma cendre,
Ou plus de honte, ou plus de peur?

Toy qui vois sur ma sepulture,
Peincte mon indigne aduenture,
Contraire aux effects de mon cœur,
Regrette la force rauie
De celuy qui fut en sa vie
Sur tout, fors sur la mort, vainqueur.

L ij

HYMNE
CHRESTIEN,
Des Elemens.

ILENCE (mon esprit)
j'entends par l'Vniuers
Vne tonnante voix enfan-
ter des merueilles;
Voy la terre beante, & les
Cieux entr'ouuerts:
Esleuons donc nos yeux,
preparons nos oreilles.

L'Eternel, qui des cieux nous verse tant de biens,
Par des canaux diuers, en ce lieu de miseres,
Ce semble, parle à nous par l'organe des siens,
A nous mescognoissans ses faueurs ordinaires.

Il semble qu'il nous die en des termes si doux,
Que tout ce qu'il a faict, à l'homme fait seruice:
Escoutez (vermisseaux) tout est creé pour vous,
Recognoissez, dit-il, vn si grand benefice.

Le ciel prend la parole, & par son mouuement
De ses conceptions donne l'intelligence:
Je t'anime, dit-il, & le sixe Element
Pour ton estre reçoit mon astree influence.

I. iij

C'est moy qui les clartez infuse dans tes yeux,
Qui suis ton luisant Phare, & tes pas illumine,
Qui fais paroistre l'Aube à l'aspect gracieux,
Et les feux estoilez quand la nuict tu chemine.

Alors vn grand esclair parut qui m'estonna,
Car on eust pris sa voix pour celle du tonnerre:
L'ame, peu s'en falut, le corps abandonna:
Qui n'en n'eust eu frayeur, s'il doit brusler la terre?

C'est moy, c'est moy, dit l'Air, qui te fais respirer,
Ton extreme chaleur, mon haleine tempere,
Sinon par mon moyen tu ne peux aspirer,
D'vn moyen incogneu tes mouuemens i'opere.

Mille sortes d'oiseaux i'ay dãs mes vagues chãps,
Qui recréent tes yeux, ton palais, tes oreilles,
De leur varieté, leur saueur, & leurs chants:
Beny le souuerain de toutes ces merueilles.

Quand l'Air, voisin du ciel, eust proferé ces vers,
I'entr'ouys vn murmur, vn grãd bruit, vn rauage,
C'estoit ce fier Torrent qui noya l'vniuers,
Toutesfois il me tint vn modeste langage.

C'est moy sans plus, dit-il, qui en propre saison
Abbreuue le grand sein de la terre alteree,
Qui te fais rafraischir en l'ardente saison,
Et dompte les fureurs du violent Boree.

Ces animaux diuers qui frayent dans les eaux,
Ie leur donne la vie afin qu'ils te la donnent:
Ie forme les destroits, afin que tes vaisseaux
Abordent les pays que mes flots enuironnent.

I'entends au mesme instant la Terre resonner,
Ie preste l'oreille à sa voix qui redonde;

Dit-elle, Escoute moy, mon fils, sans t'estonner,
Ie nourris en mon sein les quatre parts du monde.
　Toutes sortes de biens, fertile, ie produits
Pour les hostes mondains, aussi ceux des deux volés
M'appellent tous leur mere, ils viuët de mes fruits,
Et ie les porte tous sur mes fermes espaules.
　Sans cesse ie traffique auec les elemens,
Mon fils, & ie reçois l'influence celeste
Pour produire ta vie, & tous mes mouuemens
Ne tendent qu'à ce but, & le ciel i'en atteste.
　Cependant que tu vis ie ne puis te laisser,
Mesmes apres ta mort vn lict ie te dispose:
Viuant, de mes faueurs, ie te viens caresser,
Et mort, en mon giron, sans soucy tu repose.
　Voila, mon fils aisné, ce que ie fay pour toy,
C'est tout ce que ie puis: mais ie te pri' contemple
L'amour du Createur qui te loge dans soy,
Au partir de ce lieu, t'eslisant pour son temple.
　Hõme, penses-y bien, luy seul fait tout mouuoir,
Les cercles estoilez sans luy sont immobiles:
Il fait tourner les cieux & tonner & plouuoir,
Sa manne distilant dans mes flancs infertiles.
　Que tu es obligé à cet ouurier parfaict,
Que tu le dois aimer, mais d'vn desir extreme!
Pour toy seul, non moy seule, ains ce tout il a faict,
Et seul il t'a creé pour l'amour de luy mesme.
　Quand la mere commune eust ce discours finy,
Mon esprit rendit grace à l'autheur de la vie:
Mais plongeant mes pensers dans son los infiny,
Mes yeux furent troublez, & mon ame rauie.

QVATRAIN.

LE principe & la fin de toute œuure, c'est Dieu,
Aussi i'ay par luy seul ces œuures commencees:
Muse, ne voguons plus, iettons l'ancre en ce lieu,
C'est le port desiré de nos sainctes pensees.

FIN.

www.ingramcontent.com/pod-product-compliance
Lightning Source LLC
Chambersburg PA
CBHW050422170426
43201CB00008B/505